刘 刚 李冬君 寇德印 著

一个中国书生的编年史
来新夏学术纪事本末

下卷

海南出版社
·海口·

目录

纪年·下

1993年 71岁 / 407
一、学术的衰年变法 / 407
二、中国两故宫何时能相逢 / 410
三、学术还要上台阶 / 414
四、古今之变地方志 / 417

1994年 72岁 / 422
对蒙学的启蒙 / 422

1995年 73岁 / 427
志学通史通论 / 427

1996年 74岁 / 430
一、中日地方史志比较研究 / 430
二、以学术养老 / 435

1997年 75岁 / 438
一、为大众写作："还史于民" / 438
二、以书目提要清代学术 / 440
三、赘言病人与犯人 / 444
四、对照中国看美国 / 446
五、要利用、守护海外中华藏书 / 449

1998年 76岁 / 454
一、海峡两岸一国两"志" / 454
二、面向社会的《史记选注》 / 457
三、吐鲁番葡萄与"林公井" / 459
四、两岸史志求共识 / 463
五、已归将归港、澳观感 / 469
六、对张东荪"心有余悸"的评价 / 472

1999年 77岁 / 477
一、救救"老成"者 / 477
二、纵学术之一苇 / 480

2000年 78岁 / 484
一、且去填词与走读关山 / 484
二、学术的人情冷暖 / 487
三、剽窃者书话 / 489
四、近代中西图书会通 / 491
五、修成史学正果 / 496
六、给《北洋军阀史》定位 / 498
七、"恶"的历史学 / 503
八、治学四阶段及其学术贡献 / 507

2001年 79岁 / 512
一、为藏书人明志纪事 / 512
二、葛剑雄,好样的 / 515
三、齐藤,走好 / 517

2002年 80岁 / 523
一、认识自己的自选集 / 523
二、老马当出枥 / 525
三、春秋笔属来新夏 / 528

四、摇滚在中国的图书事业里 / 532
　　五、学术的厚度——"二寸" / 535
　　六、老来老来望老来 / 539

2003年　81岁 / 541
　　一、未了的学缘 / 541
　　二、结发情深 / 544
　　三、学术的命 / 547

2004年　82岁 / 551
　　一、"思白"兄的史与诗 / 551
　　二、"八角亭学派" / 553
　　三、未刊之访 / 557
　　四、师生深情 / 562
　　五、学术伴侣 / 564
　　六、奉命停刊 / 566

2005年　83岁 / 570
　　一、五十年来成一著 / 570
　　二、发掘新史源 / 573
　　三、打住吧"全译" / 576
　　四、仰望启功师 / 579
　　五、学术自纠二则 / 582
　　六、私淑顾廷龙 / 585

2006年　84岁 / 589
　　一、《儒藏》相争 / 589
　　二、挽留杨玉圣 / 593
　　三、"清道夫"傅耕野 / 596
　　四、生前有个死之约 / 598
　　五、与陶东风论"随笔" / 602

2007年　85岁　/ 607
一、书生身后事　/ 607
二、活在"民众阅览"里　/ 612
三、以美治学　/ 615
四、以文养病　/ 620

2008年　86岁　/ 624
一、倡导"地方文献学"　/ 624
二、流人学研究　/ 627
三、"我看国学"　/ 631

2009年　87岁　/ 634
一、文以哭友　/ 634
二、"五次撞击"理论　/ 638
三、修志"三新"说　/ 641
四、民间读书会　/ 644
五、回应钟叔河　/ 646

2010年　88岁　/ 650
一、还史于民之心　/ 650
二、缅怀严修　/ 653
三、书生的遗憾　/ 657
四、首倡天津邮政博物馆　/ 660
五、书生"经世"念　/ 664

2011年　89岁　/ 669
一、增订《近三百年人物年谱知见录》　/ 669
二、为《书目答问》作汇补　/ 671
三、李国庆襄助　/ 674
四、书痴韦力　/ 677

五、为往圣继绝学　　　　　　　　　　　／ 679
六、望九之作：林谱长编　　　　　　　／ 683
七、民刊之友　　　　　　　　　　　　／ 685

2012 年　90 岁　　　　　　　　　　　／ 690
一、九十"不辍"　　　　　　　　　　　／ 690
二、谁是《封建论》第一作者　　　　　／ 695
三、生死之际立定"生平"　　　　　　　／ 697

2013 年　91 岁　　　　　　　　　　　／ 701
一、两层情分的缘分　　　　　　　　　／ 701
二、太史心传　　　　　　　　　　　　／ 704
三、师承笔记　　　　　　　　　　　　／ 706
四、序言风波　　　　　　　　　　　　／ 709
五、为思想者哭　　　　　　　　　　　／ 712
六、大学国文教育　　　　　　　　　　／ 717

2014 年　92 岁　　　　　　　　　　　／ 720
一、读书过年　　　　　　　　　　　　／ 720
二、文献乡邦　　　　　　　　　　　　／ 722
三、书生之死　　　　　　　　　　　　／ 724
四、学术未亡人　　　　　　　　　　　／ 729
五、只是读书人　　　　　　　　　　　／ 732

―――― 后记　　　　　　　　　　　　／ 737

―――― 附录　附录一：来子家训　　　／ 743
　　　　　　　附录二：萧山来氏祖德传略　／ 747
　　　　　　　附录三：来新夏先生著述简表　／ 760

凡例

1. 本书以来新夏生平为中心，展示了近百年来的中国学术史，可谓"一个来新夏，半部学术史"（文史类）。

2. 其著作，《近三百年人物年谱知见录》和《书目答问汇补》，从大学时期，余嘉锡师布置的"作业"，到他临终前还在引领新人共同进行的一生的压卷之作，为我们重读梁启超和钱穆的《近三百年中国学术史》，提供了一个公共性的"为人之学"的学术平台，并准备了一套价值中立的考据学工具。

3. 本书叙述来新夏生平，采取编年体与纪事本末相结合的写法，使时代性与个体性均能得到恰如其分的表达。

4. 本书以来新夏"离休退任"为标志，分上、下卷。

5. 本书所说"先生"特指来新夏。

纪年

下

1993年 —— 71岁

一、学术的衰年变法

1993年，先生71岁。

3月，离休退任。

处理完毕相关手续，自此步入自己人生的全新阶段。

近几年来，诸务卸下，绝无留恋，一一具结。

有斯职，必尽斯力，个中甘苦，何足为外人道也。而肩上诸担渐轻，亦云幸事。先生所开创的事业，自有后人继承，当无可疑虑之处，而对于即将到来的退休生活，他也十分憧憬，谓之曰：悠游林下，做自己想做的事。

整理心情，从整理旧物开始。

在整理的过程中，先生偶然发现自己曾经用墨笔抄写的一段诗句，颇有所怵。

流水不回休叹息，白云无迹莫追寻。
闲身自有闲消处，黄叶清风蝉一林。

这首诗是唐朝僧人齐己所作,题为《遣怀》。先生所录,为该诗的下阕,另有上阕如下:

> 诗病相兼老病深,世医徒更费千金。
> 馀生岂必虚抛掷,未死何妨乐咏吟。

老、病相杂,此生已有定论,抗拒徒然,何妨顺受?齐己之诗上阕的意境,自有悲凉一面。但豁达情状,依旧毕现于纸端。

最妙在下阕。过往不恋,未来不求,以闲适之心,度余生岁月,这不正是先生离休后的追求吗?

"流水不回",是为忆往。先生生于乱世,步履仓皇,求学路上多少艰辛?日寇践踏,民族危亡,报国之门尝以鲜血叩撞。幸而光复,山河重整,但见诬陷构,被置危地,更是沉沦几回,终有文章百卷。若追溯,苦难也罢,荣光也罢,终究逝去,他"无怨无悔"。

"白云无迹",是为期待。古稀之年,天命已归,若仍不弃不舍,争名逐利,何处是个尽头?浮云在天,随风而散,闲身自有去处,当沉醉于一林黄叶,聆之半夜鸣蝉。对于未来,无欲无求,但尽本分而已。

何为本分?先生说,自己终究只是一位读书人:

> 我则志在淡泊,身无长技,数十年来只会抱书夜读,码字爬格子,既想变变原有的面目,又想轻松潇洒一点。于是乃就观书所悟,贡献点滴,冀有益于后来;窥世所见,析其心态,求免蜡炬春蚕之厄;知人论世,不媚世随俗,但求解古人故旧之沉郁。遂运以秃笔残墨,随意兴之所至,笔而书之,自诩为衰年变法……

原来,"闲身"仅指形式上的自由,各种职衔渐渐褪去,依旧不改读书人的底色。所谓"闲消处",仍在读、写之间。只不过,再也没有那么多的"命题作文",而要随意兴所致,漫笔人生。

这一阶段，先生谓之曰"衰年变法"，这是他学术的另一种升华。

先生治学，非求"立言、立德"之不朽，乃求"学以致用"。

学术乃天下公器，非私人所专。骎骎乎名望，非真学士所为。在他的学术格局里，"用"是中心。

论学之"用"，关乎国运、苍生。先生求学、治学，如蚕造丝，吐尽为止。究其一生，读书、著录何等勤苦？自有专精领域。但同时，他亲力而行"为人之学"、"普及之学"。

所谓"为人之学"，乃受教于陈垣先生，是为他人治学谋便利，自己披荆斩棘，编写工具书之类。先生几部重要作品，如《近三百年人物年谱知见录》《书目答问汇补》《清人笔记随录》等，皆是此类。

所谓"普及之学"，乃力求推广与普及知识。通常，所谓学术文章，多以论文、论著等形式呈现，但能读懂者，终究少数，或专家，或专才，皆囿于某些特定领域。先生此时，却能另辟蹊径，以通俗语言、通俗形式来启蒙，这部分作品，就是他晚年所写的"随笔"。

此际，先生以"闲暇"之身，写"闲暇"的文字，心中所求者，是将知识反哺于民众。

其实，如果细细品味，"普及之学"何尝不是另一种的"为人之学"？它也是在为别人的学问做启迪，做铺路。原来，所谓"衰年变法"，改变的不过仅仅是文章的体裁、形式而已，而先生撰文的宗旨，一以贯之，何尝一变？

身得自由，走读江山。

6月，参加《江阴市志》（1992年版）评议会，作《喜读〈江阴市志〉一文》。评议会期间，顺访华西村。

华西村位于江苏江阴市华西镇西部边缘，虽然面积不足一平方公里，人口四百余人，但却创造了中国农村经济发展的奇迹。

参观村工厂、花园、居民区等，还与村书记吴仁宝晤面，先生感叹、赞美之余，仍有思考：一些新兴村镇专务经济，却忽视了文化建设，而文化素质的提高，却是经济实力能否进一步发展、精神生活能否更充实的关键所在。

10月，应邀赴兰州，为甘肃地方志骨干培训班授课。

课后，赴青海，参观塔尔寺。

这座寺院位于青海湟中县鲁沙尔镇西南莲花山中，占地约六百余亩。它是藏传佛教善规派（俗称黄教）的六大寺院之一，是黄教创始人宗喀巴的诞生地。

不同中原寺庙的惯常模式，即以大雄宝殿为中心，形成前后几进的大殿、大阁，主要建筑都集中布局于一条中轴线上，塔尔寺依山起势，由几十座塔院组成，它的布局，皆围绕一座莲聚宝塔兴建。

据传，在宗喀巴出生时，他的脐带滴血处生长出一株白游檀树。在这十万片叶子上各现一尊狮子吼佛。信众以该神迹为祥瑞，于是在此兴建大灵塔，随后又以该塔为中心，建成一寺，用以纪念宗喀巴。

先生游时，不在法会期间，寺中行人略少，但仍有虔诚信众不远千里而来，他们伏身跪拜，躯干抵地，一路皆是如此，手掌被磨损，额头被碰伤……

在大金瓦殿前，由于信徒长期跪拜叩头等，入门处石地被磨光，上留人形或手足形的深坑。

令人感叹，信仰的力量。

二、中国两故宫何时能相逢

11月，赴台，参加由淡江大学主办的第一届"21世纪海峡两岸高等教育学术研讨会"。

会上，先生做了题为《中国的图书馆学、情报学教育及其未来》的讲演。

至台第三天，淡江大学黄中天博士邀请众人赴台北双溪故宫博物院参观。

故宫，对于所有中国人而言，应不陌生。凡至北京，必去一睹。但殊不知，在台北也有一处，虽无皇帝起居之陈迹，但它的收藏，仍很丰富，多为中华瑰宝，万金不易。

事情还要从"末代皇帝"说起。

1924年11月5日，清废帝溥仪被国民革命军逐离紫禁城。随后，当局成立清室善后委员会，专门登记、整理清宫文物，以及负责筹备故宫博物院。先生恩师陈垣即为该委员会成员之一。

经近一年准备，故宫博物院于次年10月成立，并向民众开放。曾特为一姓所独有的珍宝，如今被展示给万千大众，惠莫大焉。

可是政局变幻，外族侵凌，所藏文物命运多舛。

1931年九一八事变后，日军入侵华北。

于是，对于如何处置故宫文物，也有不同主张，有人竟然提出拍卖，用卖来的钱，预计可买500架飞机。

文化的根如何能断？那是一个民族的记忆，是一个国家的象征，更是抗战的底气。于是，有更多的人主张"文物南迁"。

从1933年2月5日起，至5月15日止，共运走五批文物，总计13427箱又64包。其中，书画9000余幅，瓷器7000余件，铜器、铜镜、铜印等2600余件，玉器若干，文献3773箱。

这些文物先至南京，后至西南，分南、中、北三路辗转，跨越两万里，历时十四年。当重返南京再行清点，几无一物损毁与遗失……

战争爆发，蒋介石败北。

1948年底至1949年初，国民政府拣选2972箱文物，悄悄运至台湾。其余大部分则是在1951年才被陆续送还至北京故宫博物院。

运抵台湾的这批文物，在1965年被安置于台北双溪新建的博物馆，仍名"故宫博物院"。内藏共有二十四万余件文物，皆精品之精品。

先生等参观时，正值文物展出季，一年仅仅一次，何其幸运。

观之展览，令人目不暇接。

有许多展品，闻名已久，今终获一见，如王羲之的《快雪时晴帖》、范宽的《谿山行旅图》等。而论诸瓷器，更是丰富。该院经研究整理，按历史时代排列，既有宋之钧瓷，也有晚至宣统的制品，纵览之后，不啻阅读一部中国瓷史。

赞叹之余，先生五味杂陈，若合北京、台北二处所藏，足使中华文化熠熠发光，而雄踞于世界文明古国之首。

惜乎，历史哪有"若"字可言？

对于台北故宫博物院文物的保管措施及管理水平，先生也极为称赞。他评价：展览陈设布局合理，展品典藏管理严格。

为了防止展品受外界空气影响，该馆每年要选择在最佳季节展出一次，而展柜的灯光设置，也仅有日光亮度的四分之一，这是最不损坏展品的光度。其他种种，仍有许多，整理之勤、保护之细，令人敬畏。

考察当日，由台北故宫博物院院长秦孝仪亲自接待。

副院长昌彼得也是一位目录学名家，先生与他神交已久。但当日，昌教授有会在外，未能亲临。先生留信致意。熟料晚间，这位教授竟能亲至先生所下榻的宾馆，请之共进夜宵。

谈论学术、畅叙友情。不觉间，酒已微酣，夜色深沉……

会议交流结束后，其他大陆学者陆续返程，而先生在台湾仍有牵挂，正是漂泊于此四十年的二弟新阳。

新阳先生居于台北，兄弟重逢，欢聚一番。于是，偕游花莲太鲁阁。

乘飞机从松山机场出发，沿东海岸，在太平洋边缘上飞行，历经半个小时，在花莲机场着陆。

花莲于先生而言，可称最心之所系的地方。

当年，新阳从上海随校迁往台湾，正落脚于此。

一家人漫长地等待，梦里，泪中，皆是这个地方。故而，睹景生情：

我默默地追忆那时尚未弱冠的稚弟，只身渡台，阻隔四十年，彼此存亡莫卜，而他孤军奋战，无所依傍，竟能成家立业，其艰苦备尝之境遇，当可想象。久别重逢，喜耶？悲耶？默祷上苍，这将永远是历史的陈迹。

郁郁葱葱的层山，眼前平坦地舒展着一条整洁的公路。

> 1993年11月，来新夏先生（右）与二弟来新阳（左）第一次在台湾相聚，同游太鲁阁

先生与二弟，乘车于太鲁阁幽峡之间游览。

当有特别诱人的景色时，司机会主动慢行，或停车注目，或允许客人下车步行一段，颇为贴心。

路边峭壁，山间溪流，偶有瀑布临风，增添无限乐趣。

在山顶吃过中餐，归程到"丰滨山地文化村"领略民族风情。这里包房装修不事豪华，自然而纯朴，先生等环坐之后，有阿美族姑娘穿着民族服装，绕着圈地载歌载舞。

新阳与先生并坐，两人正听得入神之际，忽有一位少女迎至面前，手持花环，轻套在新阳先生的颈间，并将他慢引至舞台中心，然后又在他背上绑住一把小竹椅，另一位小巧玲珑的阿美姑娘坐到椅子上，其余列在旁边，拍手欢唱，簇拥着新阳先生，让他背着姑娘舞蹈。原来，他已被"招亲成功"，成为了一位"垂老的新郎"。

不一会儿，所有客人都被拉入场中，结成对对"情侣"，先生也在其列，于是起舞翩翩。旁有照相者，逐一摄影留念。舞影婆娑中，一片笑语融融……

欢聚总是短暂，人生总要归途。

先生与新阳，北京故宫与台北故宫博物院，两相望矣，多少无奈？弱水一隔，手足两岸。同根同德，路阻且长。

三、学术还要上台阶

退休，退而不休。

人生七十，所谓中寿，回路坎坷，自有许多甘苦需要总结；又有言"七十不为老"者，勤勉如先生，遂重新规划，作《七十自赞》以励，全文如下：

> 七十年前，他兴冲冲地赶到热闹场，历经名师点化，怎奈智商不强。读书千卷求甚解，行路万里出过洋，侧身黉舍，误人子弟债难偿。著述三十种，撰文百余篇，那有什么新花样？官居品外尸位数年，名登辞书不胜皇皇。胸满暗箭瘢痕，背有插刀创伤，无忧无怨，意气坦荡，蒲伏默祷，合十上苍，只要不死，台阶还要再上。

该文载于《志域探步》一书封页。

是书，为先生历年钻研方志所得，于本年9月结集出版。先生遂以该书作为自己七十大寿以及出版社十年社庆的纪念。他写道：

> 世俗的寿诞燕聚非我所爱，而以文字自寿，不失雅趣，乃以《志域探步》自我纪念七十初度。二是欣逢南开大学出版社十年社庆。这是我曾奉职的单位，历任两届，难言业绩；但作为首任主持者也与有荣焉。一介书生，无所奉献，秀才人情，仅以《志域探步》为出版社寿。

方志一学，于先生而言，可谓"家学"。

祖父来子恂公，皓首穷经，尤重方志学研究。1948年，烽火弥漫之际，独立完成萧山县最后一部民国志书——《萧山县志稿》。还曾作《杭州玉皇山志》20卷、《萧山人物志》等，用力之勤，当可想象。

　　先生学术，开蒙于来子。嗣之祖业，责无旁贷。

　　他人生第一篇有关方志学的文章，题目为《萧山志要读后》，成文于1942年。是时，就读于辅仁大学，因藏书之便、专业所需，遂检读多种县志，得成此文。

　　他利用方志资料所完成的第一篇学术论文，题目是《试论清光绪末年的广西农民起义》，载于《历史研究》1957年11月号。这篇文章是受陈垣先生"史源学"注重开发史源的影响，利用多种方志资料，详介清朝光绪末年规模最大、影响最巨的一次农民反抗性运动。在文中，先生阅读了大量方志文献，如《陆川县志》《同正县志》《钟山县志》《昭平县志》《上思县志》《武宣县志》《武鸣县志》《上林县志》《雒容县志》等，是1949年新中国成立后，较早利用地方志的一篇论文。

　　先生不仅利用方志资料，研究方志理论，而且还躬身参与方志编写。

　　首次编志实践在"四史"运动中。

　　所谓"四史"，肇发于1963年5月，毛泽东曾就中共东北局与河南省关于农村社会主义教育运动的报告作出批示："用讲村史、家史、社史、厂史的方法教育青年群众这件事，是普遍可行的。"

　　此后，"四史"运动漫卷全国。

　　正当"四清"之际，先生被限制，不准参与诸如中国近代史等主干课的讲授与研究，遂转向"四史"编写，陆续编撰丰润县《丰润县志》片段、霸县《东台山志》和盐山县《南隅志》等。

　　其间，先生与梁寒冰交往频繁，并按梁先生嘱托，拟定"编志草案"，大有一展身手之势。孰料，"运动"骤起，万般皆废，修志被迫中断自不必说，他自己也因修志而遭受灾祸。

　　但这段经历，仍有两端可称之幸：其一，直接参与一线编撰，这是难得的系统修志实践，为他钻研志学积累经验；其二，受梁寒冰先生赏识，为日后参与及领导全国性新编方志伏下"机缘"。

20世纪80年代，新修方志被重新提上日程，梁寒冰则为主要擘画者之一，他在天津策划召开中国地方史志协会预备会，先生因之旧缘，奉命作《总结旧志，创编新志》的发言，进而撰成《略论地方志的研究状况与趋势》一文，这篇文章乃是先生在恢复修志后的第一篇成文，也是全国在此阶段有关修志的第一篇论文。

一路艰辛，多少坎坷？先生研习方志的过程，正如他过往的人生，起落沉浮，唯有植根于"韧""勤"，方有此番成就。

如今出版的《志域探步》，是先生这一阶段方志学研究和实践成果的体现，比较集中地表达了他对地方志编纂与研究的一些见解和观点。若探究先生方志思想与成就，该书不可不读。

全书25篇，分为上、下两编。

上编为综论，共7篇，彼此独立，却首尾连贯。

具体言之，第一篇介绍方志源流，第二篇介绍方志学研究状况，第三篇讲方志的利用，后三篇分述新修方志如何编写、如何审评，以及未来开拓等。最后一篇，专门介绍地方文献学前辈陈作霖。

为何为陈氏单列一篇？从全书体例言之，似有突兀。为之，原因有二：其一，新编方志中，对如何为人物立传，多有茫然，先生专列此文，当为示范；其二，陈作霖一生学术，最要者，则在地方文献领域，一生究学之勤、之苦、之韧，当为后世垂范，先生借此文，是在激励、鼓舞后学，继承方志优良传统，开拓方志领域。

上编内容，概括而言，是还本溯源、理论探讨、列举实践、发展预判、案例说明等，可谓：有理、有据、有识。

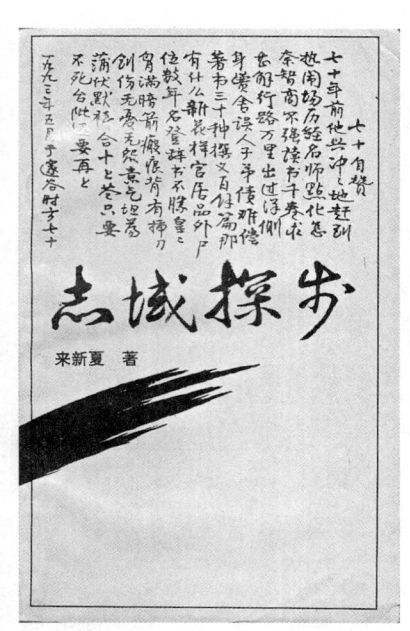

>《志域探步》，南开大学出版社1993年9月版

下编为散论，共 18 篇，主要是先生对各地新编方志所作的序评，集中体现了他对各地新编方志的一些具体看法和指导。

先生所写的序评，处处以实践者的身份，引导人们进入方志领域，从不以大家口吻指手画脚，这是他谦逊而真诚的学风体现。

一般人作序，碍于人情世故，多写好话，少言或不言缺点，但他则不然，不媚作者，不阿世态。如下一事，可资证明！

曾有人投书请益，书名为《新编宿松县志考评》。只览"考评"之名，即引先生卒读之意，一气读罢，不禁酣畅于心。是书对新编《宿松县志》进行全方位的批评，大者至于体例主旨，中者至于专志图表，小者至于数字年号。

先生欲提笔作文，写篇评论文章，却被多人劝阻。他们大致的意思是，对于《县志》与《考评》之间，相关情况外人不得而知，二者是否是纯粹的学术探讨，尚有可议之处，何苦无故卷入别人的"闲是闲非"？

亲友爱护，先生感念，但是非之间，岂能迁就？对于《县志》与《考评》，他无意周旋，也不愿深究，但言"考评"体例，岂于良志无益？

先生认为，设每一县志之评论均能有所改错，不仅能使当事人获取正确知识，也为下一代修志储料备征。这种"吹毛求疵"的志评，虽有苦口之碍，终有良药之利。

这是对事不对人，先生所执着的，是学术的"纯"与"真"。故而无须避讳，秉心而已。

四、古今之变地方志

古稀一叟，蜷居寒斋。室无如春之温，门有罗雀之憾；抬眼窗雪待融，俯首潜心读志，聊有所论，纯属一己陋见，不媚作者，不阿世态，是耶？非耶？同道者必有以教我！

上述文字，是先生为《江阴市志》作序评时有感而发。虽寒室寥落，略有寂寞，但徜徉志海，仍闲适而忘忧。

改曹操《龟虽寿》一诗，先生戏谑而曰：老骥出枥，"志"在万里。

原诗言"伏"，先生改而为"出"。

"伏"者，被动，总是无奈；"出"者，主动，年虽老迈，其"志"所在，何止千里哉！

《志域探步》一书，乃先生年届七旬的"从心所欲"之作，纵观全书，可见其贡献于"志域"的心血结晶。

特殊年代以后，先生倡修新志，参与文件起草，为修志立原则，定方法，面向全国，从宏观层次上，对各地进行指导。

于具体编修方面，则起范式，画轮廓，搭架构，择其要者，如置"概述"于卷首，乃旧志所未有；如"大事记"的写法，以"编年"与"纪事本末"相结合，即以时间为序，而全一事之始终。

还有，关于修志起讫，亦即如何断限问题，先生有两点主张：

第一，断限不可强求一律。关于上限，如历史沿革和建制，应该在什么时候，就从什么时候写起；如某类文物最早出现于什么时候，就应从什么时候记起；而关于下限，应该考虑阶段性，必须有大事件作界标。第二，关于领导换届。常有的情况是，新志编写断于前任，而成书出版则在后任。如此，后任政绩于新志之中，无一语提及，但若修改下限，则后任复后任，终无竟时。先生以为，可用《政事纪要》来解决，将断限后至出版前各年政要简记，如此既无续不胜续、牵一发以动全身之虞，又可弥补现任领导尽力而缺于记载之憾。

方志学理论，随方志普及而发展，新理论、新方法争鸣而出，先生也有许多建树，尤于方志起源、史志关系等，深入论述。

对于"史志关系"，有人主张"史纵、志横"，有人认为"史为史观，志为志实"，也有人以为"史有褒贬，志无褒贬"等。

先生认为，史、志"同源异流、殊途同归而相辅相成"，"没有必要也不可能分得那么清"。因此，作为理论争鸣，大可继续讨论下去，而在具体方志的编写过程中，史志的写法必须并用。

> 1993年9月，来新夏先生应邀至兰州指导甘肃省地方志工作时在著名雕塑"黄河母亲"身边留影纪念

先生以为，历史专著可以发表个人见解，地方志则不允许。

方志应该寓论断于叙事中，在讲清事实的情况下，把论点自然地渗透进去。对于资料，也不能一味地铺陈，甚至"有闻必录"，那是对资料缺少辨伪、整理与加工，是对历史的不负责任。

先生强调，新编方志应该为两个文明建设服务，因此，他特别重视对经济史料方面的搜集，尤其倡导编修企业史志等。

关于旧志，先生主张应该批判的有三方面：一为竭力宣扬封建统治者功业的内容，如立于卷首或独立成章的无关理要、专事粉饰之诏谕、诗文与言论；二为宣传封建伦常的内容，如诬反抗者为盗匪，颂扬所谓忠臣、烈妇、义士等事迹；三为不恰当的溢美之词。

旧志应该借鉴的也有两个方面：一是继承旧志合理的编纂体例；二是继承文献资料，以备征考和补缺纠谬。

先生指出，在整理旧志过程中，编制方志目录非常必要，并且强调要编纂"提要目录",使读者未读某志,先知大概。他一直有个夙愿,希望可以编纂出一部综录全国的方志提要目录,以便后人检索与利用,作为示范,曾于1992年主编出版《河北地方志提要》。

于创编新志方面,从搜集资料到运笔成文,几乎每一细节,皆有先生苦口婆心之劝。如,关于搜集资料,他以为,"资料工作是第二位的。它应该在一定的指导思想下进行工作。"

搜集资料,要坚持三个原则:一是先远后近,即先搜集整理早期少见的资料;二是先内后外,即先清理搜集本地区、本部门的资料;三是先活后死,即先抢救活人口述资料等。

辛苦搜集而来的资料,要及时分类、整理,先生甚至教人如何做卡片、写注释,他特别强调写卡片在注释出处时,不仅要写作者、书名、出版年代、页码等,甚至还要写藏者来源、书号,目的是在重新检索材料时,节省时间与人力。

为人物立传,是特别敏感的问题,但又不能不提。

首先,应该为何人立传?有人主张依身份和社会地位来衡量,例如,主张为地委书记、副教授以上者立传,此可行乎?

职位只是一种身份,位高者并非一定德高。试看当年庙堂上的诸位,现在又有多少已经沦为阶下之囚?平凡百姓,有不平凡之事业者,亦不胜枚举。故先生主张:应以社会作用为标准,要给正、反两面人物立传,顺潮流而动,促进社会发展的要立传,以流芳百世;逆潮流而动,阻碍社会发展的也要立传,使之遗臭万年。

因此,先生着重强调"生存人不录"的原则。生者尚在人间,褒贬自然难以直白,而此后人生还有多少贡献,或晚节不保,亦非所料,如何定性?与其曲笔迎合,不如不录。至于此人确有重大贡献或其他特别之处,可以仅叙其事,以备他年作传之用。

其他,如关于地方志编纂体例问题,先生认为,现在还不是定一尊的时候,非因时、因地而制宜不可,总要突出地方特色为先。各地的地方志应该是既有全面,又有重点。要有所侧重,须知,详其所当详,也是一种全面。

对于志书品评，先生也有标准，何以为据？四点原则：

其一，对待历次政治运动，要采取"宜粗不宜细"原则。

所谓"宜粗"，是指要反映事物的基本面貌，揭示事物的本质，但忌讳以人废事和文过饰非。所谓"不宜细"，是指不要过多地纠缠细枝末节，只记基本事实，少涉及人物活动；只记大略，不详述细节，只揭示问题本质，少追究个人责任。

其二，对于资料，要采取求"全"、求"真"、求"精"原则。

其三，对于论述，要采取有源有流——"考镜源流"的原则。

其四，对于文字，要采取考据的朴实无华、据实而言的原则。

以此，我们可见先生如何"通古今之变"及其对于"志域"的贡献。

1994年 —— 72岁

对蒙学的启蒙

1994年，先生72岁。

4月，邀约好友，商讨编辑《中华幼学文库》。

何谓幼学？该名始见于《礼记·曲礼上》："人生十年曰幼，学。"《孟子·梁惠王下》也有"夫人幼而学之"的记载。

幼学启人蒙昧，所以又称蒙学。

先生据《汉书·艺文志》考证，汉代以前识字课本有十家三十五篇之多，最早的是《史籀篇》，接着有《仓颉篇》《爰历篇》《博学篇》等，均已亡佚，现存最早的识字课本是汉元帝时史游所撰《急就篇》。继之者为南朝周兴嗣所撰的《千字文》。

至唐代，幼学教育已经基本完整、系统，内容主要包括识字、知识、道德三大系统，出现了一大批幼学读本，如《太公家教》《女论语》《兔园册》《蒙求》等。

一直延续至清代，蒙学基本模式没有发生大的改变，只是品种有所增加，如在宋代增加了《百家姓》《三字经》《十七史蒙求》《名物蒙求》《千家诗》《书言故事》等。明清时期又陆续出版如《小儿语》《弟子规》《鉴略》《幼学琼林》《龙文鞭影》《昔时贤文》等。

纵观传统蒙学，最富影响者，是"三、百、千、千"，即《三字经》《百家姓》《千字文》及《千家诗》。

上述四部，是幼童学校教育必读之书。另有一系统，是专为识字之用，不针对年龄，也不拘身份，主要读物就是因地制宜、因事制宜而以不同句式编排的各种"杂字"。

"杂字"数量庞大，内容深浅不一，全国通用者有之，地方独有者亦有之。在当时，许多人以为"杂字"为"小道"，故许多作者不肯具名。当然，也有例外，例如蒲松龄即亲作《庄农日用杂字》，以昭启蒙之心。

先生主编这套《中华幼学文库》，目的有两方面：

其一，存善本。当时，以弘扬传统文化为名，所谓"三、百、千、千"者，充斥市场，但良莠不齐，错印、错注者比比皆是。先生愤而斥之，岂为"弘扬"？简直糟蹋！遂打算编辑一套善本。

其二，为普及。自离休以来，"衰年变法"，写了一些通俗的随笔，目的是将知识普及。所谓幼学，肩负着对下一代进行抚育的职责，不能不重视，他是希望借此发蒙稚子，传承文化。

遂与众友拟定体例，编制大纲，分配任务。

全套丛书包括：《三字经》《百家姓》《千字文》《千家诗》《杂字》等五种，总的原则是：集多种版本及注本于一书，每种卷首撰写前言一篇。正文加标点和必要的注释与校勘，并附繁体字正文。

《三字经》编者为涂宗涛。共收录五部作品，需特别强调的是，其中《重订三字经》一书，为章太炎先生所著。太炎先生说："今学校诸生，或并《五经》题名、列朝次第而不能举，而大学生有不知周公者"，遂重订《三字经》，增入者三分之一，更定者亦有百之三四。

《百家姓》编者为陈作仪。共收录六部作品，其中，康熙《御制百家姓》，以"孔"氏开头，第二句继以"孟"氏，然后是孔门弟子之姓，以示大清王朝尊崇孔孟圣贤之道，这是特别版本；王相《百家姓考略》，除了对姓氏来源作了详细考证，还指出该姓的郡望以及对个别难认和读音特殊的姓氏作了注音，极为难得。

《千字文》编者为张格。共收录十一部作品。其中，《梵语千字文》为唐代义净所著，他在咸亨（670—674）初年往通西域，遍游三十余国，历二十五年，求得梵文本佛经四百部，该部《千字文》是为学习梵语、翻译佛经之用，梵、汉对照，所载皆"当途要字"。这个版本特别珍贵，是张格先生辗转由日本觅得。

《千家诗》编者为马光琅。共收录四部作品。其中《太平天国幼学诗》，是太平天国以诏书形式颁行使用，有诗三十四首，先记"拜上帝会"，如《敬上帝》《敬耶稣》；再论伦常，如《君道》《臣道》《家道》；之后为告诫规劝之类，如《心箴》《目箴》《耳箴》；最后以《天堂》收尾。

将《杂字》列入幼学文库，是先生的建议，其蒙学指向，非由仕途，乃实用一路，以教人识字、营生为目的，将识字与日用相结合，故其所收之字，多为生活用语及农、工、商、医等行业专用词语，因此，能反映当时社会生活的基本面貌。

《杂字》部分整理者为李丽中、高维国。所收《杂字》共有四部，其中《新锲鳌头备用杂字元龟》《新镌便蒙群珠杂字》均为明代刻本，特别珍贵。《聊斋志异》作者蒲松龄所作《庄农日用俗字》也被收录，计有一万四千余字，分身体、庄农、养蚕、饮食、菜蔬等三十一章，以七言韵语的形式写就，便于诵读、记忆，可谓《杂字》中的上品。

关于这套《中华幼学文库》所收录的书目及版本、校注等信息，详见下表：

	书名	作者	注者	版本
《三字经》	《三字经注解备要》	王应麟	贺兴思注解，岳门朗轩氏校正	南京李光明庄刻本
	《重订三字经》	章太炎重订		双流黄氏济忠堂甲戌精刊本
	《广三字经》	蕉轩氏著，王晋之、张谐之重订		清光绪癸未津河广仁堂校刊本
	《太平天国三字经》			江苏人民出版社1961年影印《太平天国印书》第四册
	《共和新三字经》	小楼氏著		上海鸿才书庄1912年3月石印本
《百家姓》	旧本《百家姓》	宋·佚名		南开大学图书馆馆藏清光绪元年刊本
	《续百家姓》			天津师范大学图书馆藏扬州广陵古籍刻印社《百家姓续编》部分
	《御制百家姓》	爱新觉罗·玄烨编撰		南开大学图书馆馆藏民国二十四年藜照庐丛书本
	《百家姓新笺》	清·黄周兴编		北京图书馆馆藏清康熙刊本
	《百家姓三编》	清·丁晏撰		南开大学图书馆馆藏清同治刊顾志斋丛书本
	《百家姓考略》	清·王相撰	歙西徐士业建勋氏校刊	天津师范大学图书馆馆藏清刊本
《千字文》	《千字文》	梁·周兴嗣撰	汪啸尹纂辑、孙谦益参注	
	《续千文》	宋·侍其良器撰		云自在龛丛书本
	《续千字文》	清·龚聪撰		藜照庐丛书本
	《广千字文》	况橙撰		藜照庐丛书本
	《广易千文》	明·周履靖著		景印元明善本丛书十种本
	《别本千字文》	清·黄祖颛		借月山房汇抄本
	《续千字文》			
	《再续千字文》			
	《别本续千字文》	明·陈鉴撰		借月山房汇抄本
	《梵语千字文》	唐·义净撰	敬光译注	
	《女千字文》			周氏师古堂刻
《千家诗》	《增补重订千家诗注解》	谢枋得选	王相注	莆阳郑汉濯之梓
	《新镌五言千家诗笺注》	王相选	王相注	莆阳郑汉濯之梓
	《神童诗》			
	《太平天国幼学诗》			太平天国壬子二年

（续表）

《杂字》	《新锲鳌头备用杂字元龟》	明·佚名撰	明万历二十二年刊本
	《新镌便蒙群珠杂字》	佚名撰	屯溪开益堂梓行
	《日用俗字》	清·蒲松龄撰	
	《天津地理买卖杂字》	佚名撰	天津聚文山房发庄1929年版

这套书目，不但广求版本，而且旁征博引，精勘细校。入选之书，分为两种，一为最权威、普及之本；二为稀有、难得之本。如《共和新三字经》为先生家藏之书，《天津地理买卖杂字》为王慰曾先生家藏，这些都是罕见的珍稀版本；而《新锲鳌头备用杂字元龟》《新镌便蒙群珠杂字》为张志公先生家藏之明刻本，诚如焦静宜师所言，它们"大大提高了《中华幼学文库》的资料价值。"

还有一个特点，那就是使用方便。一来，检索便利，书末附录参考书目及注疏，以便读者索用；二来，注解详细，正文下，附注文若干，错者正之，缺者补之，难者释之，总以通达为要；三来，兼具繁、简字，为中华全体服务，简体字为大陆读者作之，繁体字为方便港、澳、台同胞及海外侨胞而作，其用心良苦，当可感佩。

先生主编这套丛书，较之以往，也是一次革新。他主张各分纂"文责自负"，而不像过去，自己"主"者太多，又删又改，又增又减，这次则全然放开手脚，鼓舞众编者的学术个性。

同时，先生这次总序的写法也为之一新，笔调轻快、自然，一改过往严肃、谨饬之风。先生自言，从前作序，"馆阁味太浓"，既然"衰年变法"，目的是让更多的人读懂自己文章，自然不能板起面孔来写，总期自如、轻松一些，向随笔方向过渡。

幼学善本事业，先生期望能够一直坚持下去，不断搜罗，不断整理，陆续出版，这是对青少年行之传统教育的基本读物，不可不慎，不可不为。

1995年 —— 73岁

志学通史通论

1995年，先生73岁。

3月，游于开封。

开封，简称为"汴"，古称老丘、汴州、汴梁，号曰"七朝古都"，曾经是战国时期的魏都，也是五代时梁、晋、汉、周的都城，同时，也是北宋及金后期的国都。加之《包公案》《七侠五义》《小五义》等戏剧、小说的渲染，使这座城市更加声名远播。

先生平生第一次游览这里，承河南《信息博览》主编石小生相邀，一路细心安排，提供诸多便利。

漫行街头，少见高楼，街道里巷，大多旧貌。若论繁华，自然难与京津相较，但一城古朴，观之一过，却有别样心情。

游中轴线上的牌楼，行于御街之上，观宋宫遗址，昔日层层宫阙，如今都在脚下掩埋。现存一丘，丘上筑亭，曰龙亭。

遥想当年"靖康之耻"，亡国之辱，得不悚然？

>《中国地方志》，台湾商务印书馆1995年9月版

龙亭下，路两侧，各一湖，一路之隔，两水分明，水由东来，先入东湖，水为浊，经沉淀，再入西湖，水变清，人们借题发挥，将东湖谓之为"潘"湖，称西湖为"杨"湖，"潘"者，潘仁美，"杨"者，杨家将，以"清浊"喻"忠奸"，悠悠众口，史之铨也。

游铁塔，访包公祠，归途，路经大相国寺，庙宇殿堂，多掩蔽于商店、摊位中。先生回舍，翻阅"开封县志草略"，原来昔时游乐，本就集中于此，所谓庙市经济，古来有之。掩卷而思，先生以为，保持一座古城，移步而不变形，这并非坏事，可以吸引游客到此抒发思古之幽，而对于文明传承，更有特别意味……

9月，先生所著《中国地方志》由台湾商务印书馆出版，共20余万字。这本书缘起于1993年冬，彼时，先生访台，曾与台湾商务印书馆张连生总经理晤谈地方志，两人皆以为，当有一部反映中国地方志历史与现状的通史性专著，张连生遂请先生担当。

书成，共分六章：

第一章，概说。对方志定义与名称、方志起源及类别、方志属性与特征、方志对象与内容等，分别论说，并作界定。

第二章，简述流变。述及清以前、清代和民国各个历史时期的方志编纂状况、体例、特点及成就，且列举各代名志。

第三章，志学研究。论及历代方志研究成果，着重介绍清代方志学的建立，并对民国时期方志学名著进行评介，还论述了当代方志与方志学的研究状况，又推荐若干专著，供后学研究。

第四章，论旧志整理及应用。中国志学遗产丰富，当运用好这笔遗产，发挥其"今用"，使新志编纂在"古为"基础上"更上一层楼"。

第五章，有关新志编纂。先生详述了20世纪50年代以来新志编纂过程，又另立专节，有选择地介绍了曾起过示范作用的五部志书，即《萧山县志》《许昌市志》《江宁县志》《江阴市志》和《吴县志》，总结了新志在资治、教化和存史等方面的社会效用。

第六章，论述志学发展。这是先生对未来旧志整理、新志编纂和方志学研究等所作的趋势性分析，以备今后研究之用。

著书时，正值溽暑，先生"独坐静处，汗犹涔涔，臂黏纸湿，进度迟缓"。赶紧安装空调，方得继续挥笔。历时三个月，初稿告成，复经通读修订，乃得遂初衷。

在方志学领域，先生终于著成一部通史性著作。从专论、专章、专著到通史，他对方志学的研究，大致完备……

岁末，先生赴连云港参与评审市志，其余暇，游览锦屏山岩画及孔望山东汉时期的摩崖造像。

孔望山之名，颇有典故，相传孔子曾在这里登临望海。

崖壁造像，诸般情态，各尽其妙，它开凿的时间比敦煌莫高窟还要早近二百年，素享"九州第一佛"之誉。观览一过，先生不禁感叹，中华大地类此者，所在多有，若能粗加修缮整理，不犹胜于耗费巨资而营造一些千奇百怪、无所伦类的最新景点？

1996年 —— 74岁

一、中日地方史志比较研究

1996年，先生74岁。

1月，《中日地方史志比较研究》付梓。

这本书的主编，中方来新夏，日方齐藤博。

从1991年酝酿，至1996年出版，一事之成，多少艰辛？

此书，为中外学者比较研究地方史志的第一部论著，诚如学者郭凤岐所评价："它既标识着中日地方史志学者学术合作研究的开端，也反映了当代两国地方史志的研究水平"。

全书分为两篇，分列中日关于地方史志领域的研究成果。两篇章目虽然不等，但字数大致相当，体例相近，探讨内容亦多相似，故比照之意分外明显。具体参见下图：

中篇题目	作者	探讨内容	日篇题目	作者	探讨内容
中国纂修新方志工作的回顾与展望	郦家驹	概览式介绍中华人民共和国建立以后新编方志情况。	地方史与民众史——从自我历史角度的探讨	色川大吉、芳贺登、齐藤博（主持）	概览式介绍日本战后历史学、地方史志学等研究状况。
略论地方志的研究状况与趋势	来新夏	纵论中国地方史研究基本状况，对涉及方志领域的一些基本理论问题进行探讨。对未来方志学研究进行展望。	近现代地方史的课题——以地区农民、士兵基本形象为中心	大滨彻也	论述市民参与创造市史的意义，提出了考察真实情况的研究方法。
地方史志不可偏废 旧志资料不可轻信	谭其骧	对地方史志功用性进行探讨，着重分析史志资料如何辨伪存真。	市史编写问题——兼谈地方史研究诸潮流的成果与缺陷	齐藤博	论述日本地方史研究的几种潮流，强调市民参与市史编写的意义。
再论历史地理学与方志学	史念海	通过检讨地方志流变过程，探讨历史地理学与方志学的关系。	关于关东地方史志类中"志"与"史"的若干考察——来自与中国"方志"关联的角度的探讨	犬井正	以《天津简志》作为研究素材来进行中日地方史志比较研究。
史志的语言	傅振伦	探讨编写志书应具备的语言规范。	立足于地域社会史的原点	齐藤博	强调市民参与编写市史的意义，通过"东方世界历史观"的探讨，说明中日史志方面的关联性。
史志关系论	林衍经	对历史与地方志的关系进行探讨。			
新方志与现代科学结合——谈河南省新编县（市、区）志创新的尝试	杨静琦	探讨新编方志的创新方法。			
县志的体例、篇目设计和总纂	费黑	从实际编修经验角度探讨方志编写方法问题。			
中国《慈溪县志》与日本《广岛新史》的比较	陈桥驿	通过中日方志两种具体个案，比较两国地方史志研究方面的异同。			

从上表中可以看出，中日两方研究成果皆以一篇概论式文章为首。中方的研究，概述自1949年以来，新编方志的基本状况及理论研究状况；日方的研究，概述自二战以后，日本整个历史学及地方史研究发展、演变的过程。

余下诸论文，中日学者所探讨的内容，皆关涉如理论研究、编写方法及原则、具体实践案例等。

收笔之文，又皆归之于中日比较研究的主题，中方以《慈溪县志》与《广岛新史》相较，日方以"东方世界历史观"以及《天津简志》作为研究对象，进行中日地方史志的关联性研究。

但收效如何？见仁、见智。

台湾学者林天蔚先生认为该书，"若言是'两国学者联合研究的成果汇总'，不若言是'两国学者研究成果的汇编'"。另有学者评价曰，全书"比较研究"所占比重似有不足，深度亦嫌不够。

上述评价公允否？答曰：也当，亦不当。

言其"当"者，是从形式上言之。纵观全书，直接进行中日互相比照之作仅有三篇，余皆各言其是，自示成果，并非联合研究，即使是比较，也仅为个案比照，缺乏全景式、系统性专论。

而言其"不当"，则是论者未能设身处地换位思考。

中日地方史志进行比较研究，这是第一次尝试。中日学者合作交流的障碍，是在意识形态上的分歧。中方修志，以"辩证唯物主义的立场、观点"为指导，日本学者对此虽不陌生，却自有选择。

经历二战，举国彷徨。因苏联、中国在日本战败过程中的独特影响，日本学者不可能漠视马列。色川大吉在《地方史与民众史——从自我历史角度的探讨》一文中说："那时为了摆脱皇国史观，马克思主义作为一种强大的切入点、作为一种否定媒体，被选作共同的学习课题。学习了马克思主义后，有的人对'运用马克思主义解释日本古代史、中世史是否对'的问题有看法，所以，产生了各种流派。有的人则认为唯有彻底地学好马克思主义才能找到出路，形成了历史研究的主流学派。"在日本学术界，对马克思主义的研究已然成风。

但，伴随日本共产党的式微，中、苏社会主义探索上的挫折，马克思主义在日本青年学者中，逐渐丧失了吸引力。在此背景下，一些日本史学者逐步采取非政治立场，形成了诸多新史观，如色川大吉、芳贺登、齐藤博等人的"从自我历史角度探讨"的历史观。

何谓"从自我历史角度探讨"？日本学者色川大吉解释说，不能只把历史作为一个客体来认识。同时还应该把自己作为创造历史的主体之一进行自我分析。同时验证一下地域与自己是什么关系，彼此怎样生活。它在日本、世界历史整体中占有什么位置等。

关于指导理论，只可争鸣并举，不可臧否优劣，否则，是编也不可能在中日两国分别出版。事实上，这本书是纯粹的学术作品，关涉意识形态方面的内容尽量淡化，两方学者对此心照不宣。

正由于上述原因，《中日地方史志比较研究》表现出两种特点：

其一，因中日关涉该领域的研究是初次，彼此研究状况不甚熟悉。所以，都将各自的研究成果尽力介绍给对方，以求普及。

譬如，日方研究之首篇，成文于1987年，已属旧作，况且是研讨会的实录，并非专文探讨，体例稍有随意性。如此文章，何以能作为日方研究的关键论文？根本之处在于，该文内容非常丰富，将战后日本历史学界及地方史研究演变的过程、理论方法等，作全景式呈现，能使中国学者迅速一览全貌。

其二，由于意识形态上的原因，有些理论彼此不可能妥协。因而求同存异。该书尽量以具体个案为比照，从内容与方法上进行分析与借鉴，陈桥驿先生《慈溪县志》与《广岛新史》的比较属于此类，犬井正教授对《天津简志》的研究亦属此类。

细读细想，可见两国学者在研究上的同、异。

与其同者，学者郭凤岐在《方志理论研究的新开创——评〈中日地方史志比较研究〉》一文中曾作如下总结：第一，修志规律基本一致。都体现出"盛世修志"的传统；第二，组织形式比较接近，修志都带有政府行为，有正式的组织机构；第三，记述内容大体相同，举凡物产、历史、人物、山川大泽、名胜古迹、风俗习惯等，都有涉猎；第四，结构、体例相似；第五，编纂方法趋同。

中日研究有相似处，当不仅上述几端。中日双方都经历过一段特殊时期，对于中国而言，那便是十年浩劫；对于日本而言，诸如"安保斗争"等，同样是难以忘却的疮疤。反思历史，如何取训？色川大吉提出要了解"由于愚昧时代而被时代愚弄卷进某种浪潮中的普通民众"，对此，中方学者同样"心有戚戚然"。先生认为，该论"对我们如何去认识某一历史时期的历史现象颇有启发"。

与其异者，亦有数端：在地方史志领域，研究的主流，中国在"志"，日本在"史"。中方修志，仍存"谏以往""致以用"的传统，特别注重对地方各类文献与资料的收集、整理。日方研究则更注重"地方史"的编修，原因有两方面。其一，在日本的学术思维里，地方史、志，区分不甚严格，二者在内容、结构上并无大异；其二，日本地方志在发展流变的过程中，逐渐僵化，形成百科全书式的资料汇编，缺乏浪漫情节与启蒙色彩。这对于日本民众而言，渐难接受。

在当代修志的操作方法上，中方主张由官方倡导，专家参与；而日本方面则倡导由市民亲自参与市史的编写。一个视角向上，党委领导、政府主持、地方志编纂委员会具体实施，强调借助行政力量的推动；一个视角向下，希望市民自觉参与其中。

日本学者大滨彻也先生认为："'市民亲手创造历史编写'的尝试之所以重要，是因为只有生活在本地区的人才能彼此互相理解，才能在其中互相探讨出真实的心声，也只有这样，才能编写出具有特色的市史。"

中日研究，孰优孰劣？先生与齐藤博等未曾相辨。

实际上，研究比较，非论短长，而在于相砥相砺，彼此促进。此是交流，是切磋，是将处于不同理论与视角下的研究成果综合展现，让读者自我思索，自我启迪！故而，该著所呈现，更多的是中日学者之间向对方介绍自己，而非讨论对方的研究，所谓比较之意，不在文章之内，而在于读者的自我判断之中。但需要强调的是，关于比较方志学的建立，以及关于中日地方史志的比较课题，《中日地方史志比较研究》都是开端，有筚路蓝缕的初创之功。

二、以学术养老

3月，先生所编著的《林则徐年谱新编》完稿，交付南开大学出版社，参阅资料达271种，字数为68万。

《林则徐年谱》，初刊于1981年，于1985年出版增订本，这是第三版。一续再续，一增再增，缘何？

林公伟业，足堪彪炳。当年"虎门销烟"，"苟利国家生死以，岂因祸福避趋之"，如何可忘？林则徐是近代抵抗外侮的垂范，而"开眼看世界"，更为大清王朝增一缕近代之光。

另外，这本《林则徐年谱》与先生同历劫难。这些年来，随先生教学与阅读的深入，关于林谱资料时有新增，随读、随录，竟集腋成裘。同时，知交故友，或素昧相识者，时有资料贡献，或增广见闻，或勘定谬误，这也成为先生增编该谱的一大动力。

>《林则徐年谱新编》，南开大学出版社1997年6月版

关于这版《林则徐年谱新编》，得林公后裔大力支持，而林则徐基金会又慷慨资助，以促出版。

事情要从去年8月在福州举行的"林则徐诞辰210年纪念会"说起。

在这次纪念会上，林公后裔凌青先生、林子东女士联合林则徐基金会，拟定新编《林则徐年谱》。众议推举，委托先生落实。

林子东，是林公的五世孙女，为原福建省社会科学界联合会主席。曾就

读于燕京大学,"七七事变"后,北平沦陷,她不甘在沦陷区受辱,赶赴上海,入沪江大学。后来日军又占上海,她干脆放弃学业,在苏南参加新四军,积极抗日。

凌青(1923—2010),原名林墨卿,是林则徐的五世孙。抗战初期,于燕京大学参加中共地下组织。1942年,日本特务欲施抓捕,他被紧急转移至晋察冀根据地,为了不影响家人安全,改名凌青。

凌青曾在中共中央军委办公厅外事组工作,负责美军观察组的接待和翻译,还曾担任毛泽东、刘少奇、朱德等的英语译员。1946年8月,毛泽东在延安与美国记者安娜·路易斯·斯特朗谈话,他是现场翻译。20世纪70年代初,他参与了使中美关系解冻的"乒乓外交"。

确认增编计划,先生不舍昼夜,于1997年之前成稿,期以香港回归之际出版,意在一雪林公遗恨,欲以此谱,祭奠林公!

> 1997年香港回归前夕,来新夏先生(左二)在《林则徐年谱新编》出版座谈会上留影,左三为林则徐五世孙、中国驻联合国代表凌青

8月，先生作为天津高校图书馆代表团领队，出席北京第 62 届国际图联大会，去拜访一位 60 年未通音讯的少年朋友——刘大中。

刘先生为名门之后，乃清末状元刘春霖长孙，与先生初中同学。

推门而入，皓首相逢，六十年不遇，不禁泪眼……此际，刘已身患帕金森综合征，半靠躺椅，瘦削身体，已无当年神采，历经两段婚姻，一双儿女远在异国，遂一人在京，三室之宅，独自蜷缩，更显冷凄！腿脚不便，上肢还算灵活，遂佣以旁人买菜，自己勉强挪步，做饭、洗衣。老境，是不堪的话题。刘先生拮据，靠退休金维持，儿女虽有汇款，但毕竟不在身边，他精打细算，记一些白菜、豆腐账之类。他说，这样做不是为向子女要钱，而是约束自己，不要乱花……

先生心中，隐隐发痛，告别数月后，草就一文，题曰《老境》，这是他第一次思考关于"老"的问题。斯时，许多挚友已然逝去，人生凋零，无可奈何。所谓暮年，应该如何活出自己的样子？

他身边有两种人，可作借鉴。言幸者，如老友苏寿岳，夫妇和谐，子女贤孝。两人双双俪影，或徜徉于湖光水色，或访亲探友，日子过得有滋有味。言不幸者，如另一位朋友，年轻时叱咤，三十岁受聘于国内著名大学。其子青出于蓝，在国外发展，并结成跨国婚姻。晚年，这位教授远赴国外，守在子女身旁，期以天伦，可是他的儿子却将他安置在郊区，虽豪宅阔室，但各操其业，偶来探望。异国他乡，文化不通，言语不利，行动不便，两位老人孤独度日，满心怆然。不久，老妇恹恹卧床，埋骨异邦，而老教授无法再忍孤独，一人回国，终成孤老……

老境难言，幸与不幸，似乎难由自己把握。

但先生认为，关键要看心态。在旁人眼中，刘大中不幸，但他自己却很豁达。他想开了，也看开了，就没那么多难耐。人老，什么事情都曾经历，对许多不顺，选择适应；对许多不公，选择原谅……

1997年　75岁

一、为大众写作:"还史于民"

1997年,先生75岁。

1月,所著《冷眼热心》,由上海东方出版中心刊印。

这本书是先生第一部随笔集,被列入"当代中国学者随笔"丛书中,其他同列者尚有邓云乡、周汝昌、舒芜、舒諲、朱正、王春瑜等。名家齐聚,蔚然可观。

关于随笔,先生概而言之,曰"识小而未遗其大"。

> 《冷眼热心》,东方出版中心1997年1月版

这当何解？言"识小"，是指短小精干，灵活多样，或言志，或咏物，或抒发情感，皆描摹、勾勒而不加深入，不如学术研究那般板起面孔，谨饬浩繁；而言"未遗其大"，则是指随笔或以小见大，或以俗致雅，无论普及知识、揭示道理或传达情感，都能言简意赅，发人深省。

此际，先生身无重担，心境平和，遂能集中回忆往事或反思。随想随写，积稿200余篇，略加编次，取80余，汇成此辑。

他在接受记者采访时解释说："我原来在学术圈子里头所做的事情，只是给学术圈子里那几百个人看的。因此我要变法，我要把得自大众的一些东西反馈给大众。"

王振良在《把大众的东西反馈给大众——来新夏先生的草根学术情结》一文中，说"先生以其离休后的实践，将高雅学术随笔化、散文化和美文化，使学术从象牙之塔走向普罗大众，这从某种层面上来说，甚至比学术本身更具有社会意义"。将一生所学，用民众能看得懂的文字表达，从而将知识普及，可见其劝世之心、启蒙之志。

这本随笔集的内容，概言之，分为三类：观书、窥世、知人。

首论"观书"，先生曰：立足于勤，持之以韧，植根于博，专务乎精。其中，勤是根底，韧是保障。有勤学，再辅以恒、韧，方有学成之日。博而不精，难言专业；精而无博，难于持久。

先生将学术二字拆分：学以立身，术以应世。

他说："有学有术，济世干才；有学无术，迂腐夫子；有术无学，世俗庸鄙；不学无术，则难乎其说矣。"

次为"窥世"，历经人生骇浪后，年逾古稀之际，先生选择平和。处世修身，概括而曰：无怨无悔、无欲无求。

怨是对人，悔是责己。怨之极，是怨恨、怨愤、怨天尤人；悔之极，是悔恨、悔吝、悔不当初。二者归结于一恨字，恨人恨己，劳神伤身，能享高年者几希？无欲则刚，无求方尊，一生活得通透，活得洒脱，不为物欲贪求所羁绊。

再论"知人"，先生评价韩愈"文起八代之衰"，为一代文学宗师，但也有瑕疵，利人财物而褒人先业，撰多篇谀墓之文，以致贻累盛名。

先生认为，知人的最高境界，在宽、在恕。

宽，是看开，是豁达的心态；恕，是理解，是原谅。对于那些从前伤害过自己的人，他说，那是"荒唐年代"所造成，所以，与个人无尤。曾经，某学生亲自登门道歉，忏悔当年对先生的批斗。先生却回答，那时候你们还是孩子，在那样的氛围里，做那些事，说那些话，都可理解，所以不用道歉。

先生写作《冷眼热心》这十年，是国家经历剧烈碰撞后的十年，作为经历这些动荡的个体，也都开始默默地反思，默默地疗伤。于是，透过这些文字，也可以嗅出先生曾经的那些哀愁，先生回忆自己被排除出群众之外的岁月，那是"难耐的永昼"，"不眠的长夜"。

过去，太多熟悉的朋友，擦肩而过，"连看我一眼都不敢"，嘴角略现上翘便立刻收敛，那样子真"比哭还难看"。除了外调和提审，基本没有语言交流，"我感到真正的寂寞，寂寞得烦躁、可怕，甚至想从外到里咧开上衣，扒开胸肌，让人看看我究竟是一颗什么样的心"。

但此际，他平和下来，闲暇灯下，读书著史，别有一番怡乐。自己概括："子史植肌骨，诗文寄性情"，这又是怎样的豁达？

先生此辑，初名《学嚏集》，意思是学他人之余绪，试写随笔。因为这的确是他第一次将自己试写的随笔出版示人，当然会有些许的不自信。

先是韩小蕙女士与王春瑜教授力荐于东方出版中心，又得宁宗一夫妇认真审读，再经焦静宜师仔细校订，这些都增强了先生出版该书的决心。

新书出版，感慨系之，恍若四十年前自己第一部学术著作问世时的心情。这是先生人生著述的一个全新阶段，《冷眼热心》，当可谓他随笔成辑的原点，自此以后，"还史于民"的信念，愈加坚定……

二、以书目提要清代学术

1月，先生另一部著作出版，是他主编的《清代目录提要》，这本书是由

> 来新夏先生（左三）与光明日报记者韩小蕙（右二）在南开大学专家楼前合影

齐鲁书社刊印，共37万字，印行1700册。

此书，让读者在未览清代目录学原著之前，已概知其作者、补者、注者为谁，版本几何，何版为优？以及著述缘起、编撰经过、收录特点、类目沿革、后世影响等基本内容，对于志中，哪些记载最为珍贵，又有哪些记载应当存疑等，也有介绍。所谓，一本在手，万卷开启。

先生抱负，不限于清代，欲通录古今，汇成一册，编一部《历代图书总目提要》。对此设想，诉之不停，却未有回应。

直至二十世纪八十年代末，重启古籍整理，他的建议才被采纳，由国家教委古籍整理研究工作委员会立项并资助，约请京、津、沪、宁等地专家数十人，共襄盛举。然此非一朝可成，以可用的财力、物力、人力，俱难支撑。无奈，只好折中，择清代目录而先行。

何以选择以清代？究其原因，有如下两个方面：

>《清代目录提要》，齐鲁书社 1997 年 1 月版

以"存量"而言，中国古代目录学著作，清代占总量一半仍多。

以"质量"而言，清代目录学大家迭出，如章学诚、王鸣盛、纪昀、钱大昕、姚鼐、汪辉祖等，他们的目录学理论日臻完善。章氏以"辨章学术，考镜源流"，一语道尽目录学的功用。先生评价，目录学在清代的发展已经是巅峰，达到了"前所未有的水平"。

然因条件所限，该著所辑，并非清代全部，而是选择性刊印，此次选择，以京、津、沪、宁馆藏为据，其他地区，未及整理。

本次存录，重质量，以完整、系统之作入录。

该著，共收录三百八十余种目录，为已刊类似书目之最，包括经、史、子、集、佛、道、金石等门类，有刻本、影印本、古印本、排印本、丛刻本、稿本、抄本等。

先生谨遵师训，在每部目录提要下，均注明藏者，使本书可收联合目录之效，读者循迹索引，庶免查询之苦。书后附有著者、书名两种字顺，扩大检索途径，提高目录本身的检索价值。

该著编排，以书目作者为序，约以三百字，为作者立传，内容涉及生卒年、字号、籍贯、功名、仕历、主要学术成就以及主要著作等。作者朝代，以卒年为准，凡生于明而卒于清者收录。对于生于清卒于民国后，如所著目录确为清时所编，或为系统性目录，也酌情收取。一部目录有编者两人或两人以上，则以第一编者为序。

经后人增修、辑录而成目录，仍以原作者为准。

增修、辑录者的小传，附于原作者小传之后。生卒年不详者，集中排列于有生卒年者之后，按姓名首字字顺排列；未署作者的目录，则排列于有作者目录之后，以书名首字字顺为序。

关于书目提要的写作，先生有垂范之功。所记内容，绝非简单描述，有校勘，有考证，有评语，有创见，非深谙古典目录学的专家，不可至此。例如，内中记载钱谦益撰《绛云楼书目》曰：

> 本目按经、史、子、集四部分类，史部的"刑法类"，究其内容，即后来《四库全书总目》的"政书类"。值得注意的是本目子部增加了"天主教类"，当系我国最早把天主教图书列入书目者。

上述，不足百字，却勾勒出两处重点：其一，"刑法类"与《四库全书》"政书类"的源流关系，乃"辨章学术、考镜源流"之一例；而对"天主教类"的发现，其于中西会通，大有裨益。

另有许多书目，未见前人著录，因本书出版，而为世人所知，如《江苏学政黄彭年呈报名儒著述书录》；还有，如王大隆，以往略知其辑录顾炎武、黄宗羲题跋，而今所见，他还曾辑录清代目录、题跋约有十种，这是新发现；之于史料发掘，则有《清末官书局目录》，有相当比例的售书目录，内中大多标有书价。这对了解、研究当时历史、物价及当时知识分子待遇等，实属不可多得的材料。

恩师陈垣曾言及编纂工具书事，曰："兹事甚细，智者不为，然不为终不得其用。"抚卷而思，先生作"愚公"之叹：

> 我今垂垂老矣，而壮心未已，甚愿以夕阳余晖为后学"铺路"。今《清代目录提要》幸告完成，欢欣之余，复感事犹未竟，仔肩难卸。苟条件允许，我当再邀同道，共成清前、清后及缺漏部分之提要，为学术界提供一较完整之历代目录提要，庶无负于师教。

但是，有些希望，注定难全。

著录《历代图书总目提要》之志，先生最终未能完成。这是多种因素造成，非先生之过，他已竭尽心力，当无怨尤。

三、赘言病人与犯人

3月，《古典目录学研究》，由天津古籍出版社出版。

关于古典目录学，先生已有几部专著探讨，如《古典目录学浅说》《古典目录学》《清代目录提要》等，此为第四部。

一门学科，如此深究细索，目的若何？

纵观这四书，可见先生如何"辨章学术，考镜源流"。

《古典目录学浅说》，初成于下放农耕之余，乃提纲性质。始作时，是为教材之用，简明扼要，许多重要问题未及深化。

《古典目录学》，则有明显深入，向前迈进了一大步，不但拓展了学术格局，还奠定了学科体系，使之成为专门学科。

而《清代目录提要》则是以目录学开启一代学术风貌。

到了《古典目录学研究》一书，更加侧重于应用方面，诸如，在该书内，加入了大量的"专科目录"和"特种目录"。

"专科目录"，是以目录学应用于其他学科，而有"科学技术目录""文学目录""金石目录""西学目录"等；"特种目录"，是以目录学应用于特种文献，在这本书中，介绍了"佛典目录""道经目录""敦煌学目录""敦煌遗书之全国性佛教经录"等。

>《古典目录学研究》，天津古籍出版社1997年3月版

先生认为，"专科目录"与"特种目录"，是目录学发展的一种新趋向。如此见解，半世纪前，姚名达即在其《中国目录学史》中提出，可在此之后，未有继之而行者，该书，可谓第一次尝试，先生希望，借此可使目录学加速进入各专门学术领域，以尽其济世之功。

约在2、3月份之间，先生因心脏之疾，住院治疗，其健康状况一直良好，谁知却突然势如山倒。冰冻三尺，岂为一日之寒？先生此疾早有伏笔，当年作《天津近代史》，夙夜不休，因用力过猛，而落下房颤之恙，故此次发病，实为年积月累之操劳而成。

住院，历时半月余，急救两三日，方见平稳。

稍稍乐观，他又开始不安分起来，而"胡思乱想"。有阳光斜入病房，一片光亮，触动遐思，引发其《病榻赘言》。

望向西南，云停处，先生思念书房，未关窗门，雨来湿否？那万卷图书，如心头肉，难以放下，就这么一直惦念着。

躺平斗室，若非读书、写作，越是游目骋怀，便越寂寞，此感觉，何其熟悉？在特殊年代，他曾被拘一楼内，临窗痴望，日夜如此，"如果一旦医生通知我结束治疗可以回家继续服药时，我会立即离开这间洁净的病房，宁愿回到我那杂乱无章的书房中去。"

一分钟，他都不想浪费。

对于患者，卧在病榻上，行动难以自由。

吊针输液，有一只手被固定，那输液器仿佛镣铐，将自己牢牢困定。先生突增一丝念想，病人和犯人，岂不类乎？

"不过一个是生理病，一个是社会病；一个是到医院就诊，一个是进法院受审；一个送进病室，一个关入牢房；一个用药物器械治疗康复，一个用惩罚教育手段迫其改好；一个换一身病服，一个则是穿上囚衣；一个被招呼为七床、八床，一个则标出九百八十一、五百七十四的符号，都是暂时失去了自己的名字；医院帮助人祛病去痛以治病救人，法院则挽救人改恶从善。两院都为了解除生理和社会的病痛以治病救人。"言近戏谑，却句句箴言。

无论医院、法院，对于患者、罪者，皆需受苦。

先生以为，生死难免，如果一个人能终身不入"两院"，而是猝然于自己所钟爱的事业，那人生又该是多么的幸福！

四、对照中国看美国

4月15日，先生飞抵美国亚特兰大，访问佐治亚州州立大学，在该校历史系作"关于中国近代史"的专题讲座。

佐治亚州州立大学位于佐治亚州"雅典"市。

其实，美国有多个地方被称为"雅典"，在行政区划上，市、县、镇、村皆有。彼之小城，是以这所大学为中心，所以，在这座城市内，学生的数量甚至比居民的数量还要多出两至三倍。

佐治亚州首府是亚特兰大，距该雅典市约两个小时的车程。1996年第26届夏季奥林匹克运动会刚刚在这里举行。

因研讨会之需，先生顺便访问该地。

亚特兰大坐落于海拔350米的阿巴拉契亚山麓的台地上。城市不大，略显安静，街上行人以黑色人种居多，据先生观察，黑人平素比较随性，发式、衣着颇有特色，而在诸如研讨会等场合，却穿着非常正式，西装革履、文质彬彬。

当时，奥运已散，场馆空余，难免萧索。

先生对亚特兰大印象较深的是"公园爆炸案"。

1996年7月27日凌晨1时15分，正值奥运期间，在距离奥运村1.5公里的奥林匹克世纪公园的中心广场上，突发爆炸，造成110多人受伤，2人死亡。

驱车前往，参观凭吊。

这里仅仅是一处普通的街心公园。设施无甚可记，树木、草坪、长椅，另有几处喷泉。最引人注意者，是地面上的甬砖。据同行人介绍，这些甬砖都是市民捐助而来，只要捐资三五十美元，就可以在这砖面上刻上想要纪念的人的名字。

先生凝视，砖上所刻除了姓名，尚有编号及生卒年之类。例如，有一砖面上刻着"19101996"字样，应该是一位高龄逝者；另有一块，刻有"19741993"，尚不足二十岁，也算早亡之人……对此，先生默想：美国人把"纪念"放在脚下，任人践踏；中国人也有留名于金石的习惯，却总喜欢把名字刻在城墙或石碑上。

4月24日，离开亚特兰大，应俄亥俄州立大学图书馆馆长李伟华博士之邀，访问该校图书馆，考察图书馆网络化问题。

这所学校，就在"雅典"城，坐落于山丘，被河流、森林、公园所拥。城市不大，仍以学校为中心，形成商业十字街，分布商店、餐馆等，一小时内，可以游遍。

"雅典"，靠近一处印第安人的原住地，名曰"老人洞"，先生欲一探究竟！故李伟华博士特别来约，另有北京大学原图书馆馆长庄守经教授同往。

此日天朗，沿山路攀行，见山崖上下错落中，有大小山洞分布，山泉弯泻，于山脚聚为一湖，乃自然赐予原住民的生活水源。在半山一处山洞内，先生盘膝而坐，忽有"遗世而独立"的感觉。山路盘旋，是略加修建的小阶，其他一本天然，绝无人工斧凿的痕迹。

> 1997年5月，来新夏先生（中）访问美国俄亥俄大学期间，在图书馆馆长李华伟博士（左）家中留影

> 1997年5月，来新夏先生访美期间在纽约联合国大厦中国鼎前留影

归途默然，先生遐想："老人洞那些从未干扰过他人的印第安人，不知何时被野蛮的文明夺走了原本属于他们的生活，使他们惶惑地离开故土，飘落四方。时过境迁，不知他们的后代是不是已经投入文明世界去过另一种生活，是不是已经遗忘掉祖先曾居住过的地方。"

文明之于另一种文明，往往野蛮难免。

4月27日，飞抵华盛顿。承老友何光国教授安排，游华盛顿故居。本来雨季，终日霏霏，但今天却不需撑伞，偶有迷濛，只如雾气一般，湿不沾衣。

故居是一处庄园，主体为三层砖构小楼。

进门不远，映入眼帘的是一块椭圆草坪，路右侧，是华盛顿先人墓地，低矮矮的几处小丘，虽经修葺，仍不甚起眼。小楼简朴，先生等从前门而入，与游客鱼贯而行。楼内房间较多，除一议事厅外，余皆不甚宽敞，内设简朴，多置卧具，以备待客留宿。

一楼、二楼开放，三楼封闭，游人从后门走出。

后院，仍有一片草坪。站在廊下远眺，草坪前延，如一绿毯，一直铺至漫无边际的波多马克河岸。如茵的草坪与如镜的河面，相映成趣，仿佛一幅

明快透亮的画面，令人心旷神怡。

循小路前行，再一转弯，就是华盛顿的墓地。

它被修建得庄严肃穆，与其先人之墓迥异。华盛顿以之不世功业而享此隆遇，此不甚为奇。但中国人所谓"一荣俱荣"，在美国人的思维里，却鲜有反映。否则，何以华盛顿先人之墓，被修得如此简陋？放在中国人的惯常思维里，这简直不可想象。

5月1日，先生乘火车抵达纽约，访亲问友。

五、要利用、守护海外中华藏书

赴美之前，老友林天蔚教授从香港打来电话，希望先生能于访美间隙，顺便访问一下位于加拿大温哥华市英属哥伦比亚大学亚洲研究中心，先生闻之，正合我意，便欣然而往。

5月5日，由波特兰转机，一路行来，旅途劳顿，先生靠在座椅上，长舒一口气，透迄舷窗俯望，隐隐中，峰峦伏跃，上敷一层白雪，心境也随之寥廓起来……

林教授候在机场，老友相逢异地他乡，别有一番衷肠。

林教授出生于广东高州，在香港大学中文系执教二十年，从1988年起，又受聘于台湾政治大学，所以在台湾也有七八年的阅历。此时，他定居温哥华，对"背井离乡"四字，自有其新解。

在温哥华的华人，来路不同，或由中国大陆来，或由港、台来，政治见解难免各异，但他们对中华文化的热忱却高度一致。

> 1997年，来新夏先生访问加拿大时留影

在华人文化圈中，有一机构名曰"中华文化中心"。这个机构每月要组织一次有关中华文化的学术讲座，邀请国际、国内著名学者讲演，并且举办许多学习班，例如汉语班等。应彼之邀，先生前往讲演，题目是《中华传统文化与海外文化的双向关系》。演讲结束，互动交流，那一颗颗中国心啊，言谈举止间，尽是乡愁……

研讨之余，游皇后公园。五月天，满园树木花卉争艳，先生最爱那些颜色各异的郁金香，花茎细长，顶端绽放着一只浅口的"酒杯"，暗香馥郁，让人醉得想"一饮而下"。

UBC 是加拿大知识界常说到的一个缩写词。

它的全文是 University of British Columbia，中文译作"不列颠哥伦比亚大学"，以示与美国纽约哥伦比亚大学相别，加拿大的华文报纸把 British 译作"卑诗"，而把 UBC 译作"卑诗大学"。

卑诗大学位于温哥华市郊，内有一座亚洲中心大楼，总面积五千余平方米，亚洲图书馆占了该大楼一半面积，内中镇馆之宝——蒲坂藏书，计有线装古籍约三千二百种，册数四万五千余。它在北美洲的同类图书馆中，排名第十二位，而在加拿大则位居第一。

林天蔚教授是该亚洲中心中国研究所研究员，经他推荐，先生特访该馆。馆长周邝美筠女士亲自接待。

蒲坂藏书是卑诗大学于 1959 年在澳门购得。在该批图书中，最引人注目的是方志类，囊括广东省五十六个地区，另记及中国境内约五十个著名山脉。其他者，有大藏经的多种版本、甲骨文片、丛书、古文字资料、清末以来的政府公报以及一些连续出版物等珍贵典籍。其中很多都是宋、元、明及清旧钞善本，数量或达万卷之多。

美筠馆长提供了一篇由王伊同先生所作的序言，言及蒲坂藏书的前世今生，及其入藏卑诗大学的经过。

这批藏书，原是澳门富商姚钧石的私藏。姚氏曾在广州与澳门分置两处藏书楼。惜乎，广州书楼遇火被焚，仅留下澳门蒲坂藏书楼，因其担心重蹈覆辙，遂生售卖之心。

当时，何炳棣教授正在卑诗大学任职，经北京大学原图书馆馆长严文郁介绍，得知姚氏售书事，遂积极斡旋，以图购买。

1958年12月，何教授受卑诗大学委托，赴澳门，以七万美金购得。

在何氏著作《读史阅世六十年》里，何教授回忆，购书签约之夜，非常隆重。姚钧石将五洲饭店的顶层花园全部包下，请出83岁已经退休了的首席厨师为之一席盛宴，而享用者，仅主客四人。

有如此排场，当可配所易之物……

澳门售书，令人亦喜亦忧。喜之，近五万册古籍，终得善所；悲之，国之瑰宝，就此跨洋越海，存之异域，此为深憾。

其实，这批古籍原有机会回归大陆。1957年，澳门特别行政区第一任行政长官何厚铧之父何贤，主动联系广东省委港澳工作委员会办公室，询问是否有意购得这批藏书。

遗憾的是，当时政府无暇顾及，文化部门即便有心购买，也难做到，因购买需要美金，而在当时，动用外汇绝非小可，所以，只能看着那万卷图书散去。

关于藏书，先生的态度是"得者宝之"，所谓聚散无常，与其让它寂灭于书柜，不如使之流通，让知识传承下去。卑诗大学之于蒲坂藏书，就一直向公众开放，任何人只要手持借书证，均可免费阅览。让古老的藏书在今天继续发挥价值，这是图书馆的责任。

5月9日，先生由温哥华飞返纽约，于14日启程回国，途经中国香港，应浸会大学之邀，作题为《中华文化的跨世纪展望》的演讲。

余暇，登港岛太平山，维多利亚港尽收眼底，沿山顶广场两旁道路绕行一周，香港岛、九龙、新界以及南海，尽收眼底。

他被邀请参观即将竣工的礼堂，这里将于7月1日举行回归仪式，百年耻辱，再有月余即将涮洗干净，心潮如何平静？

两个月前，先生曾作《天津和香港的相通命运》一文，论说津港荣辱。

1840年8月15日，英国侵略者直抵津沽，于白河投书，向清廷要求割让一岛或数岛。清政府急派琦善应对，反遭利诱，允以英方在香港"泊船寄居"。

> 来新夏先生晚年十分注重对中国藏书文化的研究,图为1997年12月来先生寻访已成遗迹的嘉业藏书楼

1841年1月26日，英军悍然占领香港。

次年8月29日，耆英、伊里布在英国军舰康华丽（Cornwollis）号上签订《江宁条约》，后称《南京条约》，正式割让香港。

1858至1860年间，英、法以修约为名，连续三次进攻天津大沽口，胁迫清政府签订《天津条约》和《北京条约》，并在《北京条约》中，规定了开天津为商埠，割九龙司给英国。

故曰，香港之失，失在天津，天津为天子渡口，为皇帝门脸，被列强打脸，一朝震动，不知所措，如琦善等，被牵着鼻子走，除却个人因素之外，无国力为依靠，又能如何？结果，香港被实行殖民管治，天津也被划租界——国中之"国"，津、港同遭凌辱。

本月，先生的《路与书》，由中国青年出版社出版。这是第二本随笔集，仍以夭折的前书旧名而名之，纪念那本未能刊出的旧著，纪念那些帮助过他的故人，但它的内容已经更新。

1998年 76岁

一、海峡两岸一国两"志"

1998年，先生76岁。

从去岁12月29日至本年1月3日，先生参加在天津举办的"中国（海峡两岸）地方史志比较研究讨论会"。

这场会议，由先生首倡，这是两岸志学的首次学术研讨，与会者，有大陆各地史志学者60余人，来自港、台地区学者8人，国外学者3人。

研讨中，对有关海峡两岸方志编修的比较，为讨论的主要内容。

两岸修志，都由政府立法推行，大陆方面的法规是《新编地方志工作暂行规定》，台湾方面是《地方志书纂修办法》。

而且，双方都高度重视志书的资料性，除了文献、档案资料，还特别注重调查研究，获取口述史资料等。

但两岸修志相异之处，也特别明显。

大陆修志，以省、市、县三级为主，而台湾则更侧重于乡镇志；大陆修志，采取领导、专业人员和专家学者"三结合"的体制，而台湾则以学者为

> 来新夏先生（右二）在天津组织举行的"中国（海峡两岸）地方史志比较研究讨论会"上，接受林天蔚教授（左二）代表台湾方志学界赠送的纪念牌

主，他们编修一部乡镇志，平均需要50万元人民币，最多者可达160万元，而大陆方面，则远低于这个水平。

　　研讨会上，还探讨了诸如史志区别、方志源流、续志质量，以及修志如何合理实施等内容。

　　关于史志关系，一直争论不休。许多修志人员都希望能有个明显的界限，以便指导实践。于是专家等各抒己见，有主张史志同源、同体者，强调不必细于区分；有言史重人文社会、志重地理自然者；有主张史重褒贬、志重保存资料等等，确乎没有定论。先生认为，争论尽可继续下去，须知，真理愈辩愈明，不必急于定于一尊。

　　至于修志如何合理实施，是乡镇志、市县志、省志等由下而上编修，还是与此相反，由上而下？台湾学者的共识是前者，大陆的作法则是三级志书同时展开。在这里，他们各据道理，当视各自实际情况以及财力、物力等决定。

　　另外，这次会议还对档案与修志、新志与旧志、新志与新志、民俗与修志、谱牒与修志、大陆区志与台湾市志、日本新史、文献资料、图书馆珍藏与修志、地方志与城市史，以及民族志等进行讨论。

议题琐碎，重点则是"比较方志学"。先生的发言题目即是《关于比较方志学建设的思考》。

什么是比较方志学？先生认为，就是把"比较"作为主要研究手段和方法，通过多种形式的比较研究，求常求变，求同求异，从中发现和把握方志领域中的一般规律与特殊规律。

对于这门学科，是否成立，多有争论。

有言之曰："比较"只不过是一种研究方法，目的仍是考察方志本身，所以对"比较方志学"不必单列为学科。

而与之针锋相对者则强调，"比较方志学"自有它萌芽、形成、发展的过程，也有它自身独特的研究对象、范畴和目的。所以，如何不可以单列为一门学科呢？

先生支持建设"比较方志学"的学科体系，但他的观点又并非如上述那般"非此即彼"。他认为，在坚持比较学科独立性的前提下，也应该看到，"比较方志学"也是方志学的一个分支。二者既有区别，又有联系。

关于比较方志学的探索，先生身体力行，《中日地方史志比较研究》，当为中国大陆范围内进行比较方志学研究的开山之作。

先生认为，研究比较方志学，一大重点是先要确定若干的比较范畴，明晰比较对象，再找准切入点，然后进行系统的比较分析。

例如，跨国比较。以《中日地方史志比较研究》为例，中日之间，因为彼此研究状况的不甚熟悉，首先要有充足的"自我介绍"。在这本书里，中日学者先概览性地将各自国家方志研究状况予以陈列，用以提供比较目标。如此互照，求之异同，再分而述之，详而析之，互有鉴别，取长补短。

再如，进行地方区域比较研究。南方、北方、东部、西部，区域相异，人文不同。若择之若干可堪示范者，先行刊列，进行比较，各取其法，对未来修志肯定大有裨益。例如，1983年，为了促进新编志书的进度，曾选择《萧山县志》《渭南县志》《玉山县志》，邀请专家进行评论，从指导思想、概述、大事记、篇目设计、文献资料、统计数字、人物立传及语言文字等八个方面，相互比较，为下一阶段修志提供了依据。

另如，市志与区志的比较。在行政区划上，区属市域所辖。所以，大陆本轮修志，以省、市、县三级为主，至于区志与村镇志等，的确有所忽略。

区志难写，如何与市志相别，甚难操作。

先生认为，区志编写，要从本身功能出发，立足全区，面向民众，反映整体，体现特色。市志、区志，"要存小同而求大异"，同属一地域，不可能绝对没有重复，但是如果重复太多，又失去了特色。总之，应该是"宏观小同，微观大异"，如此，才能互补。

其他者，还有如新志、旧志的比较，专书与专题的比较，不同方志学家的研究方法比较，方志学专书、专著的比较研究等等。皆可取于一端，以行专项研究。

当前，比较方志学尚处萌芽阶段。依照目前的研究状况而言，难称体系，为此，先生提出了一些具体的发展建议。

如总结、汇编此前的研究成果。现有关于比较方志学的研究，缺少专论，多数散存于各种著作中，需要集中汇总，进行系统化整理，进行专题化研究。制定多种专题，将比较方志学的各种内涵进行细致剖析。编写教材，教材要明确比较方志学的基本定义、基本理论、目的和功用、研究方法和方式等；最后邀请专家，撰写有较高学术水平的专门著作，用以丰富和完善学科理论，奠定学科基础。

先生的建议，有材料之储备，有方法之论集，有人才之培养，有成果之展示，从点及线及面，渐成体系。倘若如此推行，并依次实现，比较方志学才算真正建立起来。

二、面向社会的《史记选注》

2月，先生所著《依然集》，由山西古籍与山西教育出版社联合刊行，系《当代学者文史丛谈》之一种。

先生从小读词，尤其喜欢苏东坡那首《定风波》：

莫听穿林打叶声，何妨吟啸且徐行。竹杖芒鞋轻胜马，谁怕？一蓑烟雨任平生。料峭春风吹酒醒，微冷。山头斜照却相迎。回首向来萧瑟处，归去，也无风雨也无晴。

这首词给人一种恬淡无争、怡然自得的慰藉。

烟雨平生，管什么志得意满？管什么如晦如磐？以回归自我之心，读书、阅世，似乎一切都已缥缈起来，只剩下迎面的夕阳斜照，只有这徐徐的料峭微风，在山间林下，吟啸闲行。

人生果能如此，夫复何求？

这首词，的确曾予先生一种解脱，他说："无论在明枪暗箭、辱骂污蔑的风雨中，遭受天磨和人忌；还是在几度闪光的晴朗时，傲啸顾盼，我总在用这首词的内涵使我遇变不惊，泰然自处。"

经历了多少风雨，先生依然士人风骨。

"也无风雨也无晴"，由此，他又联想到了另一首词，宋人周密《醉江月》里有一句"如此江山，依然风月"。

正积扫旧章，汇成一集，思绪所及，忽有所悟，若以"依然"名之，岂不正合本意？历百转千折后，"我依然如我"。

该集，分为四卷。卷一"蜗居寻墨"，乃治学之言；卷二"寒斋积土"，专论笔记及志书；卷三"流风余韵"，致力品评人物；卷四"随看云起"，是为率性之作，心得之言。

4月，先生与王连升共同主编的《史记选注》，由齐鲁书社出版。

先生选注《史记》，这是第二次，早在八年前，他就主编了《史记选》一书，由中华书局出版。

《史记选》是为高校历史学专业而编，属于教科书，选编目的，乃引导学生阅读古籍，能知《史记》大概，而《史记选注》，系《中国古典名著普及丛书》中一种，带有社会普及性质。

故《史记选》所选之文，诸体并存，"本纪""世家""列传""书""表"等，都在选列；同时，入选还要平衡朝代、身份、职业，顾及社会全貌，追求历史学的学术性，而《史记选注》，则侧重于文学性与传播性，所选人物、故事，均要引人入胜。

《史记选》广征博引，存列众说，以为学术训练之用，而《史记选注》则浅显直白，主要是释音、释义，以疏通文意为要，目的是让读者读得准确、明白，两书，一为专业，一为普及。

三、吐鲁番葡萄与"林公井"

8月，先生赴新疆讲座，走读吐鲁番。

十年前，他第一次进疆，本有去考察的安排，临行前，忽然接到电话，在兰州另有审稿会，必须由他主持。

纵然不舍，也是无奈，只好怏怏离去。

倏忽十年，如白驹过隙，先生应中国近现代史史料学学会安排，再赴新疆，为新疆史学会举办的中国近现代史研讨班讲课其间，天遂人愿，讲座主办方安排考察吐鲁番。

6日6时，为了错开高温时段，一行人黎明出发，从乌鲁木齐启程，车行约三个小时，途中，是一片又一片的荒漠。

终于到达，彼之小城，与西部一般城市无异，但有一些零落的土房特别惹眼，它们构筑在坯台上，四四方方，周边墙壁尽是些透风、透光的小孔，密密麻麻。同行人告知，这就是"晾房"。

房内竖有直通屋顶的杆子，把一串串葡萄挂上去，再利用周遭密布的小孔通风透气，如此，晾约25天，遂风干矣。

考察第一站，便是火焰山。先生少时，曾读《西游记》，早就好奇这火焰山究竟像不像一团火呢？那里温度到底有多高？能不能把生鸡蛋焐成熟鸡蛋？车行约一小时，答案越来越近。

透过车窗循望，远处，山势连绵，不断变色，赭色、嫣紫、火红……越来越深，最后，真如燃烧一般。

从车里走出，一股热气直扑而来，如一重锤砸在胸口，又如身处蒸笼一般，闷得人喘不过气来。这时还不是一天最热的时候，若是正午，气温或达40度，"火焰"之名，言之不虚。

山不高，却如刀削一般，山坡斜铺下来，表面光滑，寸草不生。仍有勇敢者，奋力而攀，体验高温登顶的豪迈。而更多游客，一如先生，人在山脚，心向往之。他已76岁高龄，实在无法在如此酷热下逞英勇，只能坐下仰观。

在《西游记》中，孙悟空与铁扇公主在"火焰山"斗法，几番大战。于是，有人附会，在山脚处竖立几尊雕像，有唐僧师徒，还有牛魔王和铁扇公主。

先生观之，深蹙双眉。那雕像"粗俗得难供欣赏，并不能给这一壮丽的自然景观增添一丝颜色。"

离开火焰山，前往柏孜克里克千佛洞。

佛洞凿于木头沟西岸悬崖上，据记载，最早的石窟，开凿于南北朝后期。共有洞窟83个，历经千年，现存57个。其中有壁画的共有40多个，总面积1200平方米，是吐鲁番现存石窟中洞窟最多、壁画内容最丰富的石窟群。

这里曾是回鹘高昌佛教中心，至公元13世纪末，高昌王室东迁甘肃永昌，加之外来伊斯兰教传入，该地佛教才渐渐衰落了。

如敦煌莫高窟一样，此地文物也历尽劫难，二十世纪初，列强先后来此，几番洗劫，现存壁画，人物眼睛被挖，剥落非常厉害，睹之，令人痛心。

先生叹曰："中国是个文物蕴藏极丰富的国家，但保护不力，致为一些国际文化掮客觊觎，鼠窃狗偷，散藏于世界著名博物馆和某些私人手中，文化部门应有责任去追索。我们多么期望在自己的国土上重睹汉家故物！"

"鼠窃狗偷"，最为贴切。以如此卑劣之行为，竟然还敢公开展览、售卖，彼羞恶之心，早已荡然无存。

此行参观的第三站，是著名的葡萄沟。

与火焰山迥异，这里气温清凉，非常惬意。身立于葡萄架下，看那一串串剔透的白葡萄，先生如孩童一般，跃起去摘，却触之不得，懊恼地说：

> 在葡萄沟，来新夏先生（中）受到维吾尔族老乡的热情款待

"谁要吃你这酸葡萄。"

同行人哈哈大笑，他们是行家，解释说，架顶的葡萄，因接触日光更足，况且通风最好，所以一般来说，都是最甜的。

先生哑然，突生遐思。他很小的时候就会唱一首歌谣，歌词是：

<blockquote>
一只狐狸，想吃葡萄，
葡萄一串串挂得高，
狐狸一跳一跳地够不着，
他头一摇一摇地冷笑道，
谁要吃酸葡萄！
</blockquote>

世间常有"酸葡萄"，求之不得，以之自我开脱，以行"阿Q"之举，口口声声，"谁想要你呢？""你又不好吃"。其实，在彼等心目中，岂能不知那葡萄的甘甜滋味？既然不得，遂行辱骂，逞一时口快，越是激烈，越是心胸狭隘。

先生有一位朋友，学有专长，却功利心太重，一直想当领导。屡屡钻营，却屡屡受挫。于是，他经常去找先生抱怨，诉说平生如何不得志，又行自我宽慰，说："其实那职位也如鸡肋，食之不得，弃之可惜。就是一串'酸葡萄'！"

但他果然甘心吗？依旧千方百计而图之。

某年，他赴国外，求于某权威。那位外国专家笔以数句肯定之语。然后他回来，大肆造势，将那批语放入人事档案中，而将复印件放大，到处招摇。

果然"外来的和尚会念经"，那位朋友得此"提携"，竟果真如愿以偿，顺利成为了某部门的正职。于是，他便再也不登先生的"简陋"寓所了。

有一次，先生正在街边行走，忽有一辆轿车在他身边急刹。有一人，西装革履，在秘书服侍下，从车上走下来。仔细一看，正是那位"飞黄腾达"者。寒暄数语后，他以公务繁忙为由，扬长而去。临行之际，还不忘向先生关心一句："你以后有什么事，给我打电话啊！"

先生愣神了好一会儿，嘴中自然哼起了那段"酸葡萄"的歌儿来，只不过，要把歌词改一下：

> 一只狐狸，想吃葡萄，
> 葡萄一串串地挂得高，
> 狐狸一跳再跳够到了，
> 他前仰后合地大笑道，
> 原来是甜葡萄！

权作戏谑，先生将这故事讲与众人，惹得大家哈哈大笑。

主人摘几盘鲜果招待，尝了几颗，果然甘甜。这时候，有人告诫，在吐鲁番吃葡萄，必须喝凉水，山泉最佳，如果喝热茶，那是很容易腹泻的。

先生诧异，问之所以然，对方则语焉不详。世间事，就是这么奇妙，一物与一物自有相谐、相克之理……

午饭后，按东道主安排，参观坎儿井。

坎儿井，又作"卡井"，维语称之为"坎儿孜"，是新疆荒漠地区一种特殊的灌溉系统。

凿井之法，是在高山雪水潜流处，寻其水源，先竖凿一深井，如能得水，再前移丈许，复掘一井，较前井者略浅，底部通以暗渠，将彼井之水，引入此中。如法炮制，继续掘井，愈前愈浅，直至地面为止。雪山之水，通过彼此勾连的暗渠，逐井而下，一直流向荒原。

在吐鲁番，坎儿井总数达1100多条，全长约5000公里。灌溉之利，大漠荒野，乃成沃衍。

在新疆，人们又称"坎儿井"为"林公井"，以纪念林则徐的推广之功。

当年，因虎门销烟而引发鸦片战争，林公被贬谪至此，以"戴罪之身"，犹不忘尽瘁于民。

先生是林则徐研究的专家，对"坎儿井"尤为关注。如今亲临其地，目睹林公所力推的灌溉系统，叹之设计缜密与结构精巧。

掬水而饮，清新甘冽，沁人心脾。

遂愈发怀念："林则徐身为谪吏，犹能致力垦殖，关心民生，实无愧为当时官吏之佼佼者。后之视古，本难求其思齐，但也当深自内省。读史至此，复见尸位素餐者流，赧颜自得，了无愧色，不禁感慨系之！"

林公推广之功，丰碑载道。

"一行作吏，百端都应以民为本。"与之那些雁过拔毛的酷吏、贪官相比，两者之间，何止霄壤？

游罢坎儿井，再访交合古城。

这里是汉代车师国遗址，为一土筑之城。只是风沙侵蚀，仅存残垣断壁。依照痕迹循索，城池规模、街衢庙宇，仍可推想。在这黄沙漫天的地方，有如此城市，当惊当年建造者的伟力！

四、两岸史志求共识

10月，《枫林唱晚》由南开大学出版社出版，为《学识走笔·大学生文库》之一种。

辅仁求学岁月，青春期里的香山红叶，飘零眼前。

肃杀秋风中，到处枯黄，唯有一片嫣红，独占颜色。

漫步于枫林内，浅吟低唱，或抒发读书偶得，或感念人情冷暖，凝然而成一种学人品格。

该集之作，以读书偶得、黉门管窥、议说世态人生、月旦人物、萍踪履痕类分，以求为诸生一拓视野。

稿成，先生思索良久，回首过往，遂以《枫林唱晚》为题，意将那些漫天火红的遐思，付诸文字，同与众人分享……

11月30日，再赴台湾。

应中兴大学之邀，先生参加"海峡两岸地方史志、地方博物馆学术研讨会"。

这次会议由中兴大学主办，台湾省文献委员会、台湾省立博物馆协办，

> 1998年11月，来新夏先生在台湾中兴大学作题为"新编地方志的人文价值"学术演讲

是去年天津会议的响应与延续，津门志界十数位代表参加。综合统计，海峡两岸及美国、日本、加拿大学者共有125人与会。

是会，将地方志、地方史与地方博物馆三者熔于一炉。

主办者认为，地方史志与地方博物馆，虽各有畛域，但三者皆源于乡土文化意识，都寄托着人们爱乡、恋乡的情愫，且都具有资治、教育、存史等功能，故仅就一地的历史文化研究而言，三者皆为研究者所依赖，合而论之，可取互动、互补、互参之效。

会上，关于海峡两岸研究方式、方法的比较，争论尤多。

台湾对方志学的研究，延续民国时代，早在抗战胜利以后，即颁行《地方志书纂修办法》。按该文件，台湾于1947年设置台湾省通志馆，1949年改组为台湾省文献委员会。至于各县，亦遵省例，设立县文献委员会，后于1972年裁削，并入县民政局，20世纪90年代以后，又在县文化中心设置县史馆，为修志的基本机构。

台湾修志，也分三级，包括省志、县志、乡（镇）志。它推进的办法与大陆差异很大。大陆修志，省、市、县三级并进，而台湾则是由小及大，逐步推广，先侧重于编修乡志、镇志，再综汇而成县志、省志。

大陆修志，以各级地方志办公室为主体，这些机构，附属于各级人民政府。采取政府推行、专家辅助的方式编修；而台湾修志，县史馆仅仅是一个发起机构，它的具体职责为：搜集文献资料、建立史料（家谱）档案、委托和配合学者专家。更准确地说，台湾修志的真正执笔人是那些学有专长的学者、教授。

概括而言，台湾志书基本体现出两种特色：

一是注重学术研究。既为学者修志，则不仅能从更高层次上甄别、整理材料，而且更能明显地体现出撰写人的个人写作风格、学术见解等，使该志含有较高的学术价值。

二是注重采访。台湾所存典籍或考古实物，毕竟不如大陆丰富。故欲研究一方风物，往往材料不足。所以，为了弥补这种短板，台湾学者特重口碑资料，采取普查、抽样、访谈以及与耆老座谈等，获取大量的口述文献。

学者争鸣，各持其理。

有大陆学者认为，口述资料虽然灵活、生动，但往往真伪难辨，直接引用需要特别小心，故而考辨之功，决不可少。

而关于地方志的学术性，学者之论，亦为个人之见，一家之言，难免偏颇，更应审慎对待；另外学术性增强，势必多有议论代替陈述之处，又有削弱志书资料性的嫌疑，也需特加小心。

台湾学者则认为，大陆于20世纪80年代以后才陆续恢复修志，以官方机构强力推行，采取领导、专业人员和专家学者"三结合"的方法，学术研究与行政机构彼此不能分立，这在多大程度上受到了"长官意志"的影响？

会后，主办方为了让外地专家等对台湾有更直观的认识，特别组织了一次环岛考察。

12月4日，先生一行由台中出发。

先沿西海岸北行，过北海岸，转向东海岸，沿太平洋南下，途经头城海水浴场，停留参观片刻，即赴宜兰。

在此，先览妈祖庙，然后考察宜兰县国史馆。

宜兰于1950年设县，于1953年成立县文献委员会，翌年开始编修县志，历时两年而成初稿，凡300万字。县志编成以后，随续随修，一直增补。至90年代，又开始着手编著《宜兰县史》，这种做法，打破方志旧规，以专史方式呈现，并另编有丛书一套，名曰《宜兰文献丛刊》；出版一本杂志，名曰《宜兰文献》，双月刊行。

这个县史馆，藏书丰富，满架琳琅，尤其以地方文化为特色。先生所著的《中国地方志》也被收列其中，可供研习者取阅。

此处，除了研修志书，还时常举办一些文化集会、学术讲座等活动，俨然已成为当地文化交流中心。

继续南行，左傍大洋，右临高山峭壁。车行险峻，巴士转弯时，令人心惊。先生时而闭目，时而张眼，颇为矛盾，视之惊悚，闭之不舍，毕竟那无限风光，尽在"险峰"之上。

途经南澳镇，路遇一亭，内置一碑，名曰"服番碑"。

据碑文记载，清同治年间福建陆路提督罗大春曾率兵千人，于此说服番族，开山辟路，遂使南北通行。

罗大春（1833—1890），原名罗大经，贵州省施秉县人。

1874年，日本出兵侵台，罗氏奉命支援。战事在台南，而他驻防于北，主要任务是稳定后方，"开山抚番"。

所谓"开山"，一为垦殖，一为修路。而"抚番"，则是剿抚当时尚未归顺清政府的台湾先住民族——生番。

"开山"与"抚番"，相济而行。路修于何地，安抚少数民族的措施即推行至何地。仅仅四个月，即修通苏澳至花莲的二百里山路，而至于垦荒，仅宜兰地区就有800亩之多。

民众感念罗氏功业，竖碑于道，以兹彪炳。

复前行，途经太鲁阁。因先生与二弟新阳此前已行观览，故不复于游，而在车中小憩。

晚宿花莲，住进美琪宾馆。

街上喧嚣，有许多大卡车，沿路敲锣打鼓。先生甚是惊诧，莫非有什么变故？同行者解释说，现在是大选期间，竞选者正在"拜票"。

且见车上，人头簇簇，他们都在向街边拱手。路旁喧闹，一阵阵地喊着口号，此起彼伏。

车行远去，热闹仍然不止。

人们还在议论，"阿扁"与"小马"，究竟孰优孰劣？都在推测，到底谁胜谁输？

一直到深夜，吵闹方渐平息。

5日清晨，主办方等邀请众人品尝花莲小吃。这是一家老店，三代相传，以馄饨为特色。据说，蒋经国曾在这里就餐，于是声名鹊起，"老店"遂成"名店"，客人趋之若鹜，生意兴隆。

从花莲向台东，途经瑞穗镇史前文化博物馆。当时，该馆正在建设中，最引人注目者，是它遍布的一些石板棺遗迹。

据台湾地方博物馆研究员阮昌锐先生介绍，该石板棺遗址，面积约有三十余公顷，现已发掘出千余具石板棺，而据估计，总数或可达万。

继续南行，不远，行至北回归线线标，太阳直射，至此南回，先生幸运，今亲临矣。

中午行至台东，午餐后，仍然向南。道路蜿蜒。一侧，翁翁郁郁，一侧，碧海茫茫。

车行缓慢，时时有雨丝拂面，颇为惬意。

车内有人介绍，台东的先住民主要是卑南人。该族群有一个特殊习俗，类似斯巴达的会所制度。每个卑南少年要在十二三岁的年纪，被集中起来训练，授以打猎、建筑等各式技艺。学成与否，以能否独立杀死一只猴子为检验，杀之，即行过关。至于青年，也要被集中起来服三年劳役，役满，方视为成年。

晚至台湾最南部，宿于鹅銮鼻的垦丁教师会馆。

6日，沿西海岸北行至屏东。

于此，参观先住民文化园区。先观看民族歌舞，又参观工艺展馆等。先生对这里总体的印象是，装饰、布局等，设计精巧，虽然引人注目，但是过于雕琢，浓重的商业气息淡化了少数民族的原汁原味。

午后北上，经高雄到台南。

城内有郑成功雕像。先生望之，颇生思古之情。他仿如亲见延平王正挥师跨海，收复台湾。

缅先人伟业，纪不世功勋……

7日，参观日月潭。

这是一大一小衔接的两潭，一边日轮，一边月钩。

潭中有一岛，为邵族原住地，仅仅二百余人。众人观文庙、赏孔雀园、游览蝴蝶馆，一路徐行，一路饱看，目不暇接。

在邵族文化村内，听歌观舞，同行者还被邀至台上，与演员联欢，歌舞蹁跹，尽兴尽力，忘却高年。

下午，参观埔里绍兴酒厂和酒文化馆，这是台湾最著名的酒厂。展品充实，可了解有关酒的发展历史。至于所展列的酒品，可免费品尝。

于微酣浅醉间，一日行程尽矣，复归台北。

8日，参观圆山饭店，这是当时台北最高规格的宾舍，富丽豪华，炫人眼目。又游阳明山公园，晚逛台北夜市……

如此，历时五日，环岛一周。

对主办方的盛情，先生颇为感动，收获满满，曰：宝岛风情，得其大概，可谓知足矣，果真不虚此行！

五、已归将归港、澳观感

环台参观结束，众人陆续返归，先生仍留台北，探望二弟新阳。停留至17日，然后，出席港、澳两场学术会议。

先由台赴港，参加由香港博物馆主办的"林则徐·鸦片战争与香港国际

> 1998年12月19日，来新夏先生（右二）在香港参加"林则徐·鸦片战争与香港国际研讨会"

研讨会"。

会期定于19日举行，先生提前到达。

于是，请朋友预订酒店，依其所列标准，对方为他安排了一个类似快捷酒店的住所。该酒店位于旺角，坐落于一座大厦八楼的一侧，而另一侧是一家计时旅店，即俗之所谓"情人旅馆"。

先生所居的房间，除一张床外，再无余地，幸好卫生间尚且独立，总算勉强可以应付。如此简陋，房价却不便宜，依该标准，若是在天津，足可住进一座设施、条件非常不错的酒店。

难得两日余暇，遂畅游一番。

穿行于女人街，满路嘈杂。所售商品以女性用品为主，服装、饰品，质量参差，价格殊同，生意却颇为兴隆，游者络绎，购者纷纷。而论缺点，街道尚欠整洁，与内地日用品市场毫无二致。

漫步于弥敦道，随进几处商场，货色充盈，而价格令人咋舌，先生感叹，难怪称这里是购物天堂！同行者却连连摇头，真正的"购物天堂"是在铜锣湾。

驱车前往，满足好奇之心。

走于百德新街、怡和街，见高楼危耸，鳞次栉比，参观时代广场、嘉兰中心、世贸中心和金百利商场等，真是大开眼界。且不说各种奢侈品及金银珠宝等，即便如衬衫等寻常衣物，价格也非先生所能接受。

会议报到日，撤离蜗居，住进大酒店。

当真富丽豪华，各式设备一应俱全。服务也很周到，但是一举一动，皆要用钱，甚且请服务生帮忙运送行李也要付些小费。

先生慨叹，"果然资本主义"。

晚间，信步街头，夜色绚丽，霓虹闪烁。在那明灭着的嫣红世界里，声色犬马，X级影片上演，黄色书刊仍见于报亭。

香港虽然回归了，但是和从前相比，到底有什么不一样呢？

有人提醒：这次亚洲金融风暴如果不是回归，特区政府就没有坚实后盾，也就很难实施政府干预股市，击退索罗斯的侵扰。

先生感到，这是有利于香港经济发展之"变"，是受欢迎的"变"。

会议结束，由香港转赴澳门，参加由澳门哲学会主办的"张东荪哲学思想研讨会"。

先去台湾，再至香港，转至澳门，这一行，横跨三地。

三者之间，澳门最小，也最特殊。

例如台湾，曾被割让给日本，再如香港，曾被割让给英国。但澳门，虽为葡萄牙所窃居，可是中国历来政府从未正式承认葡萄牙对该地拥有主权。

1987年4月13日，中葡双方在北京签订联合声明，郑重宣告："澳门地区是中国领土，中华人民共和国政府将于1999年12月20日对澳门恢复行使主权。"先生这次到达澳门的日期，恰在12月20日，距离回归，还差整整一年。

澳门虽然不大，但历史地位、历史影响却极为深远。如，中国第一个对外口岸，第一个跑马场，第一份中文报纸，第一本《圣经》的出版，第一架钢琴的输入，等等，都是该地的标签。

先生与澳门有过渊源，曾临海远眺，如今漫行，最大的印象：在这里随目可及的是中西文化的交汇与融通。

从历史文化上看，该地系"海上丝绸之路"的出海口，曾经"番舶"云集，贸易繁盛。明万历年间，意大利耶稣会传教士利玛窦由此入中国，对中西交通有重大影响。而1682年，清初著名画家吴历在澳门圣保罗修道院学习神学，并将西洋画法与传统画法相结合，也丰富了中西绘画的交流。

从饮食角度分析，这里既有中国传统的粤菜、潮菜、川菜、沪菜、鲁菜等，也有日本、韩国、越南、泰国等异地美食，素有"美食大观园"之称。

在建筑上，这里残存有亚洲最古老而气势恢宏的圣保禄教堂（1835年遭遇火灾，现仅存前壁大三巴牌坊），另有距今五百余年历史的妈祖庙。

澳门庙宇，最著名者共有三处，妈祖庙居其一，另有莲峰庙和普济禅院。莲峰庙是官庙，为官员驻所，林则徐曾在此召见葡官，颁赏犒劳，申明禁令；普济禅院内左侧有一与之相连的小花园，花园内有一石桌及一套石凳。相传，著名的《中美望厦条约》即在此处签订，时在1844年7月3日。

> 2007年11月,来新夏先生重游澳门时在《中美望厦条约》签订遗址留影

关税协定、扩大领事裁判权,均是丧权辱国的条款,甚且规定,美军可以到任意中国港口"巡查贸易",这就像有人用一把刀子,架在你的脖子上,随时可以用力地砍下去!

澳门即将回归,屈辱即将涤洗,得不悦乎?

六、对张东荪"心有余悸"的评价

在"张东荪哲学思想研讨会"上,先生回忆了自己与张氏的一面之缘。

1946年初夏,先生在《文艺与生活》杂志任助理编辑,按规定,别人投来的稿件,他要先行阅读,择其优良者上报。

一天,有一人亲赴编辑部,面容清瘦,目光深邃。自报家门,正是张东荪。先生一惊,这是名教授,竟然亲自送稿?

至今,先生依然清晰记得那篇文章的题目——《儒家思想上几个重要的

> 1998年12月，来新夏先生在澳门出席"张东荪思想研讨会"

概念》。张东荪在文稿前，录有一段释语：

> 此乃拙作《思想与社会》一书中之一章，该书已在重庆出版，但此间尚无由得见，故摘录以实本刊，聊为补白之用耳。

这篇文章，从伦理与社会的交互关系上，诠释"天""道""德""仁""义""理""性""礼"等概念，文字深入浅出。

因这一面之缘，先生开始留意张东荪，不断阅读张氏的其他著作，对他的认识也愈发深刻。

纵观张东荪的一生，前一半声名显赫，他对西方哲学的介绍及引进，有不可磨灭之功，也为中国近代哲学体系的建立，尽一份心力，他参加各种学术论战，著述宏富，不失一代有巨大影响力的著名学者；而他后半生却销声匿迹，成了一个"不该遗忘却被遗忘的人"。

何至于此？先生认为，张东荪一直周旋于中美之间、国共之间，似乎想跨越众方而成瞩目角色，颇类战国时期的苏秦，当年，纵横捭阖，而为六国之相，何等荣耀？但殊不知，时移世易，张东荪长袖曼舞，结交各方，结果，各方都不满意，枉然卷入政治旋涡。

先生总结张东荪的哲学学说，认为它自成一套体系，概而言之，包括：知识论、宇宙论、人生观。

张氏知识论，强调知识不是单纯的、写实的，而是解释的。知识不是摹写世界，而是以自己为背景来解释世界；宇宙论，名曰"架构论"，认为"宇宙乃是无数架构互相套合互相交织而成的一个总架构"；至于人生观，张东荪把人生视如一盏油灯，并用灯光照亮黑暗的世界，照亮的范围越大，人生的意义与价值就越大。

这一哲学，是积极而入世的，其核心是继承中国传统哲学，强调人与人的关系，摆脱了西方那种人与神、人与自然的关系。

张东荪还特别推崇"士"的作用。"士"即中国传统知识分子。他认为，有了士，则"一个民族即不至于腐败下去，停滞下去"。

那如何发挥"士"的作用呢？这就要求知识分子敢说自己的话，行之"清议"。他说："社会上有清明之气，政治上有是非之辨，全靠有一部分出来做所谓清议，也就是所谓舆论。"对此，先生认为，"说自己的话"，于操守虽无害，但若不考虑特殊条件和客观现实，不深入体会历史的陈迹和世态变化，往往会因此罹祸。

在这里，先生将知识分子分为两类，一类是策士型，一类是学术型。策士型知识分子说自己的话，是关心政治，好言时世，陟罚臧否，以政治为转旋，但是，这如走钢丝一般，一不小心，便会坠入深渊，不得翻身；学术型知识分子，说自己的话，是各抒己见，以学术而学术。争论的结果，最多是掀起一场论战，总不至于引火焚身。

关于先生的上述评价，曾引争议。

著名诗人邵燕祥先生在《读来新夏的随笔》一文中，提出了不同的意见。邵燕祥认为，把张东荪比喻为苏秦，有失恰当。

战国策士纵横列国，往往无原则、无操守，而张东荪自认为不适于参与

> 2007 年 2 月 1 日，来新夏先生（右）与邵燕祥先生（左）在萧山图书馆合影

党派活动。他周旋于中美、国共之间，企图超越党派利益，这在当时情势下，是属于"知其不可而为之"孤勇者，还是出于过高估计个人影响力的迂阔者，现在仍不好定论。

邵燕祥强调，张东荪成为了"不该遗忘而被遗忘"的人，不能归结为张氏周旋于政治而遭埋没。至于"学者在学术上说自己的话，最多引发一场论战"，邵燕祥也表示并不赞同。

试问，世上研究学问的人，难道没有因为研究学问而罹遭祸端的吗？在特殊年代，因研究而获罪者，难道不是有很多吗？

邵先生的反驳，振聋发聩，他非常直率地批评先生将张东荪的埋没，归结到"不识时务"。该文写于 2002 年 7 月 30 日，本为祝贺先生八十初度，但却写得如此"大煞风景"！

先生读罢，惊之，喜之，敬之！称"直击心灵"。

他以为，邵燕祥的批评揭示了两个问题：

"一个是'文为心声'，文字总是反映一个人的人生经历，燕祥是中过阳谋的，我则是漏网者，所以我对'言以贾祸'，没有他那样有很深的'切肤之痛',因此就站在旁观者的立场上,话说得很轻巧。另一个问题显示我仍然陷在'心有余悸'的怪圈中,总尽量把话说得平稳圆通些。"

先生言曰:"善意诤言、痛切陈辞,击中我思想上尚存'心有余悸'的要害。"

一个人,坚持自己认为正确的判断,这还容易,但是如能坦诚自己的错误,甚至是承认自己内心的恐惧,确乎更难。以先生当时的身份,名满天下,面对批评,仍能有如此虚纳之心,则更为难得。

1999年　　77岁

一、救救"老成"者

1999年，先生77岁。

3月，《邃谷谈往》由天津百花文艺出版社刊行，共十七万余字，该书为《说文谈史丛书》第二辑之一种。

4月7日，先生在《中华读书报》发表一文，题目是《老成凋谢》。

所谓"老成"，指年高而有德者。以"凋谢"言之，乃以物喻人。

人生如草木、繁花，总有凋零、枯萎的时候。

此作缘起，因先生在报上读到一文，该文详细记载了12位于1998年去世的人文、社科类专家、学者。

仔细查看这份名单，不禁泫目。

其中，三分之二是先生的故交，音容宛在，却天人永隔。本应一一撰写专文以奠，奈何每回忆一位，辄心绪难平，文字和泪，难以竟笔，于是，总括一文，追思所有。

杨堃（1901—1998），民族学家、人类学家、社会学家，河北大名县人。

先生与他结识，可追溯至1946年，在《文艺与生活》杂志，杨堃为主要撰稿人之一，时常来编辑部走访。在先生的记忆里，那时候的杨堃才四十多岁，但谈吐脱俗，已然大家风范。

杨堃的妻子张若名（1902—1958），学生时代，是觉悟社成员，曾参加五四运动，执教于北平中法大学和云南大学，后在"反右"运动中横遭批判，投水自尽，直至1980年才被平反。

顾廷龙（1904—1998），著名古籍版本学家、目录学家、书法家，苏州人。1979年，与先生相识于太原。在中国图书馆学会成立大会上，两位同组。先生记曰："当面请益，多获指点，而喜得良师。"

先生所著《古典目录学》，即是在顾老的鼓励下进行。书成之日，请顾老审定，顾老以86岁高龄，亲为之《叙》。先生师礼顾老，曰："余嘉锡先生，受业师也；顾廷龙先生，则私淑师也。"

邓广铭（1907—1998），著名历史学家，专长是宋史，被誉为20世纪中国宋史研究的奠基人，山东德州临邑人。先生与邓老相识，因郑天挺先生引介。嗣后，每有所请，辄倾囊以授，受益良多。邓老晚年，与先生共事于古籍整理研究工作委员会，相晤愈多。

另有罗大冈、张清常两位先生，也是先生的故交好友。

罗大冈（1909—1998），法国文学家、翻译家，浙江绍兴上虞人；张清常（1915—1998），语言学家，贵州安顺人。罗、张二人，曾与先生共同任教于南开，他们分别担任外文和中文系主任，其时，先生初入南开，任历史系秘书，尚未登台讲课。

当时南开大学文学院设在六里台，通称为北院，包括外文、中文、历史三系，同用一个办公室，抬头、低头，总会碰面。在先生的记忆里，罗、张两位教授笑容可掬，没有一点儿领导架子，颇能善待后学。先生甫入教坛，一度以罗、张二人为榜样。

罗先生与妻子齐香女士，皆有留法履历。伉俪情深，进进出出，总在一起。傍晚，先生常见二位相携于南开园内，漫步湖畔，望之若神仙中人。而张先生单身，住在宿舍，常穿一套褪色的干部服，手拿搪瓷盆，排队在食堂

> 1990年12月，来新夏先生（左五）在广东江门参加"纪念陈垣教授诞辰110周年国际学术研讨会"，与赵光贤（左三）、刘乃和（左四）等辅仁师友合影

打饭。他是著名教授，偶有学生礼敬，则笑而婉拒。间或，竟有不识者，插队于身前，他依旧笑而不语。

刘乃和（1918—1998），历史学家、文献学家，天津杨柳青人。她与先生是同门，皆受业于陈垣恩师。刘乃和长于先生三届，曾任陈师助教，所以为之辛劳也最多，被陈门弟子谓之为"掌门大师姐"。

先生回忆，与师姐交往，"有吵有争地保持了半个多世纪的真挚友谊"。"吵"与"争"，皆为学理，即使面红耳赤，亦各是其所是，责之者，爱之矣，特别同门之间，这种切磋、砥砺，更见深沉。

她与先生最后一次见面是在北京。1997年，两人共同参加《四库全书存目丛书》评审会。这次没有争吵。先生送她一本新出版的随笔集，而她送给先生一篇论文的油印本。她如老姐一般，温温絮语，再三叮嘱，要保重身体之类。孰料，此刻一别，竟为永诀。

其他诸位，如单士元、王利器，虽未有深交，但公私场合，亦有数面之缘。至于钱钟书、吕叔湘，虽缘悭一面，但彼等皆为海内耆老，著作争世，岂有不闻之理？心有所慕，终无缘识。

"老成凋谢"，是自然法则，如落花流水，无可奈何矣。

先生以为，人生短暂，又何堪浪费？

死，不可惧。等死，方为可惧。

先生以老骥伏枥之心，跃然于文字之间，驰骋于学山、书海，暗下志向——有生之年，誓不挂笔。

二、纵学术之一苇

5月，先生所著《一苇争流》由广西人民出版社出版，共17万余字。先生在该书的序言中，解释了以"一苇争流"为书名的原因。

《诗·卫风·河广》云"一苇杭之"，《疏》称"言一苇者，谓一束也，可以浮之水上而渡"，其意以一束苇即可得一小舟之用。魏文帝是曹氏建业之主，当黄初六年东巡，"临江观兵，戎卒十余万，旌旗数百里"，慨然赋诗曰："猛将怀暴怒，胆气正纵横，谁云江水广，一苇可以航。"睥睨江东，气吞天下，跃跃然有渡江南下以求一统之势，所赖者亦惟以一叶小舟渡航耳。菩提达摩由南而北，路经金陵与梁武谈法不契，于是即就芦丛中成苇一束，并以之渡江入嵩山少林而得道，创中国禅宗之始。坡公游赤壁，或悟达祖一苇可航之意，于是在《赤壁赋》中大吐豪放之气而吟诗曰："纵一苇之所如，凌万顷之茫然"，其意亦以乘小舟即可凌波万顷。一苇虽小，其用实宏，固不得以其小而忽其用。

先生以"一苇争流"名书，以小寓大。

该书系戴逸先生所主编的《历史学家随笔丛书》中一种。这套丛书，济济多士，皆学识悠长者。先生自谦，以自己所作随笔为"一苇"，喻之"小"

也。但即便"一苇",也以"争流"为志,小文章,大道理。

这部随笔,概分四类,"管窥蠡测"、"往事如新"、"还看今朝"、"激扬文字"。

"管窥蠡测"者,有微言大义。

言治学之道,析读书心绪,往往从某一侧面折射性情。如《不可忘记的黑色数字》,记自己路经南京,参观侵华日军南京大屠杀遇难同胞纪念馆,看见一串黑色数字,是当年死难者的人数,有三十万之众。遥想当年,先生很幸运,本在南京读书,却因成绩不佳,在大屠杀前一年返回天津定居。在那三十万死难者之中,也许也有他的少年玩伴,于是,那种悲伤就更深一层,字里行间,如浸血泪。

"往事如新",乃是回忆人生的过往。

先生一生,亲历军阀混战、日寇侵袭,又经解放战争、经济改造、社会运动、改革开放等,可谓波澜壮阔。但于此编,他并没有大发感慨,也不申辩、呐喊,而是忆旧居、忆书房、忆治学之路,在云淡风轻间,笑谈过往。

"还看今朝",为近作,多是人物传略。

品评是非,绝不人云亦云。如评价王先谦,便毫不苟同于众。王氏反对维新变法,这是"逆历史潮流而动",所以,多数人目之"劣绅"。而先生却责其所曲、赞其所直。王氏直言敢谏,参劾李莲英,更能针砭时弊,且有保存、整理文献之功,所以,对王氏在学术、教育等方面的贡献,应有积极评价。诸如此类,先生还认为对曾国藩、周作人等,也应恰当分析,不可一语以盖棺。

"激扬文字",乃先生为他人著作作序评。

学术交流,不分贵贱,彼此以坦诚相见,或赞,或补,或否,皆以切磋砥砺为要。关于批评,例如《不要再嚼甘蔗渣》一文,先生看见各家出版社的《四库全书》一印再印,一版再版,还有准备出版电子光盘者。他认为这种做法,"把别人嚼过的渣一嚼再嚼,直嚼得索然无味还在嚼"。试问,那《四库全书》需要从头读到尾吗?恐怕更多是检索之用,一套足矣。忠言逆耳,昭昭可见。

6月，先生赴山西平遥，参加《平遥县志》定稿会，后为该志作序。会议期间，正逢此地一年一度的"平遥旅游文化节"。

平遥，南连介休，北望太原，东临上党，西面黄河，始建于西周，重建于明代洪武，与云南丽江古城并列于"世界文化遗产"。

得此机缘，岂不饱览一番？城高十米，周长六千余米，形近于矩，却有六个城门。南北各一，东西各有上下两个。据传，这是依照一头、一尾、四足之龟而摹建。六门并非对称，"龟尾"偏甩，而下东门与远方一塔遥遥相对。传说内中伏有一条暗线，将龟足系于塔上，以免龟城走动。南城门处掘有对称双井，喻为龟眼，活灵活现。

得风水之佑，该城历千年而不毁。直至日寇侵华，依城建堡，至今，在东城墙南段，尚有许多弹痕，这是抵抗外来侵略的印证，是光荣的"疮疤"。城墙竖有敌楼七十一座，合城南魁星楼，共七十二座，其中垛口三千，据传，以之暗合孔子三千弟子、七十二贤人，这当然是附会，但也的确反映出

> 1999年10月，来新夏先生在南开大学八十年校庆时在校门前留影纪念

了这里的民众对于先贤的向往。

在特殊年代，拆墙盗砖，乱挖乱建，致使古城墙面目全非。幸在80年代以后，引起有关部门重视，逐年修复，整旧如旧，直到1993年底，终于复原。

登北城，俯瞰全貌，巍乎雄关，固若金汤。

横竖交错的街道，庭宽院深的居民，一片沸腾之景。

先生遥想，当年晋商取利，汇通四方，捆载而归，营之造之，成此美轮美矣，而今旧影犹存，实是游者之幸。

舍城楼，而车行。缓绕全城，满眼之中，一片市井气息。

城内居民泰然安居，恪守法令，无有拆旧建新或另建高层者，保存传统，为后世留前代故物，功莫大焉！

赞叹之余，另有批评。敌楼垛口以应七十二贤，竟于每一垛处塑雕像一尊，如此生搬硬套，反而弄巧成拙，失了写意。

又游镇国寺、双林寺。二者皆有寺无僧，专作景点之用。

先生感叹，如此平遥，以一城二寺为古城文化主体，辅以遗址、遗迹、台桥、关隘等，天赐珍奇于兆民，岂山西一省之冠冕，直可夺全国与寰宇之声名……

2000年 —— 78岁

一、且去填词与走读关山

2000年,先生78岁。

心脏旧疾时发,多日养病,未能动笔。翻书闲览,忽阅一文,乃严有翼《艺苑雌黄》,内有如下一段,读后心有戚戚。

> 柳三变喜作小词,薄于操行,当时有荐其才者,上曰:"得非填词柳三变乎!"曰:"然"。上曰:"且去填词"!由是不得志。

几日后,身体稍宁,先生提笔撰写一文,题目是《且去填词》,发表在4月26日的《中华读书报》上。

柳三变,彼何人?宋代词人柳永是也,福建崇安人,字耆卿,曾任屯田员外郎,又称"柳屯田"。"凡有井水处,即能歌柳词",岂不知"杨柳岸晓风残月"?引文中,"上"乃宋仁宗。敕令柳永"且去填词"!

于是,柳永竟以"奉旨填词"而自矜。

仁宗的安排，让柳永在王朝中国里没有了立足之地，他在《宋史》无传，但在文化中国里，他作为词人，有丰碑一座。

先生说，让柳永"且去填词"，是宋仁宗"知人善任"，而此番断语，却遭诘问，有位读者投书论道，直与相争。大意是，"仁宗显然是把柳永视为只知填写艳冶小词的无形文人，难当大用"，明明是弃而不用，如何"知人善任"呢？

先生复信以申本意，谁知，一事未了，又增一事。某日，先生读报，见有老友撰文，题为《且去做人》，文中有论：宋仁宗对柳永的轻蔑，"一望而知"，而某教授却欲作翻案文章，说仁宗命柳永"且去填词"，是爱惜他的才华，这可能是阿Q心态。

对此，先生以为，读者以及朋友的质疑，不应谓之于错，而是一种"误读"。宋仁宗以庙堂之高，对待知识分子的态度自然是"货与帝王"，而那柳三变"薄于操行"，若是站在"平天下"的思维上，似难堪大用。故轻慢柳永，确有可能。这位读者及那位报上质疑者，正是据此考量，他们质疑"仁宗知人善用"之说，有他们的道理所在，但他们却没有明白先生这样写的真正意图。

且不论仁宗是否知人善任，这尚难定论。而先生作《且去填词》，显然另有深意。柳永仕途不遂，而有词名，实际上是讲物尽其用、人尽其才的道理。

文中，先生列举两例：其一，金庸任职浙大文学院院长；其二，中国工程院院士郑南宁任职西安交通大学副校长。

两位，一位武侠小说大家，作品家喻户晓，另一位是当时最年轻的院士，在人工智能及机器人等高精技术领域成就极高。现如今，彼等为院长、校长，项上乌纱越戴越高，可是还有余暇去创作、创造吗？

先生以为，如金庸、郑南宁，专长不在宦海。当然，在这里，先生并非对金、郑二先生有所指责或批评，只是感叹两位被诸事缠绕，而浪费了自己最擅长的才能和最宝贵的时间。

由于特殊经历，例如先生等，已经蹉跎太多。适逢能言、可言的时代，怎么会不倍感珍惜呢？但考诸实际，在运动过后，却有另一些人别开洞想，似乎学术、科研做得再好，也不算成功，必要在头上弄几顶"乌纱""顶戴"，才算有业绩。其实，这又何必？

先生反感这种倾向，套用天津俗语，大声呐喊，"该干嘛干嘛"！若借古喻今，如那宋仁宗让柳永"且去填词"，无论主观爱之，抑或恶之，都不重要，客观上，确乎成就了一代词宗。

先生将以上想法分享于那位读者，彼此直白，互道曲衷，竟然成为好友，时有书信往来。而报上那位质疑者，既然据理为文，登报启示，这是学人之间的探讨，亦当奉文以应。遂作《从阿Q心态说起》，发表在《中华读书报》2002年5月29日上……

6月，先生游于山西阳泉平定县"娘子关"。

长城古隘，起伏于山峦之际，自古为兵家所必争。上凭高山，下临深涧，群峰环拱，绵河川流，素称"天下第九关"。

关于"娘子"之名，相传有两种说法，一言该地旧有妒女祠，为晋代介子推之妹而立，俗称娘子庙，此关因庙得名；一言唐平阳公主，曾于此率军据守，时谓"娘子军"，因之而名。

沿鹅卵石路，攀至关前，仰头而望，城门镶刻"京畿屏藩"四字。登关以后，有宿将楼、关帝庙等，再向深处，进入娘子关村。闻言此地乡民质朴，多有高寿之人。

缓至关顶，见水磨练车两盘，相切圜转，而继续前行，旋即出另一关口。这里是峡谷地段，两崖相促，底有流水行乎其中。有人在隘口筑坝，形成一湖，名曰"平阳"，波光粼粼，峰峦入映。

在湖南崖之上，距关东约一公里，有龙王庙，内有泉一眼，清流汩汩，沿街下行，弯曲而去。先生目之，右有民居，庭院穆然，榴花衰红，葡萄盈穗，得过庭流泉之施恩；左有溪流，中置青石，三五村女，蹲身捣衣，有互通闺情之喜乐。

所谓"小桥流水人家"，不意此中得矣。

续行，至关城东门外三百米处，忽有水帘飞瀑，若白练脱幅，飘忽而下。渐临其境，中有阻崖，湍流击石，落花碎玉，素有"悬泉"之称，那层层叠浪的水沫，硿硿而响，有阵阵水汽飘来，携之清凉，湿雨沾衣，如诗如梦。

午后，游罗非鱼养殖场，又登故关。

是关，乃明嘉靖年间所建，两山相对，一关锁钥，直可谓"一夫当关，万夫莫开"。

伫立山顶，凭目远眺，四荒八野，尽在胸怀。遥想当年烽火，如之韩信在此背水而战，清代刘广才于此阻击八国联军，而抗日战争时期八路军又是在这里屡挫日寇。

先生慨然而叹："巍巍乎太行之巅，青山处处埋忠骨。"

二、学术的人情冷暖

8月，先生在《文汇读书周刊》上发表一篇书评，题目是《一本装满人间冷暖的专著——读崔文印夫妇所著〈中国历史文献学史述要〉》。

先生与崔君相识，缘起于《古典目录学浅说》。时年（1981）该书交由中华书局出版，而崔文印正是这本书的责任编辑。

校勘排印，往复商榷，彼此渐渐熟悉。

崔文印评价《古典目录学浅说》，文字洗练，材料丰富，立论清楚。遂常置案头，时加翻检。他认为，现在不少著作大有"注水肉"的嫌疑，而先生的著作则是"精肉"，挤不出半点水分来。

试问人生，知己几人？

崔君以古典文献学为精攻方向，与先生所钻研的古典目录学特多相关之处，彼此互学，渐成忘年之交。这本《中国历史文献学史述要》，从1987年着笔，历13年，方得告竣，可谓心血之作。

案头书稿，为崔君所赠，署名曾贻芬、崔文印。

贻芬之名，似为女士，先生揣测，或为崔君夫人？

书名，为启功师题，那字迹，他熟悉，依然隽美，却以硬笔书写，而且印章也被盖歪，如此这般，为先生所仅见。

而出版单位，则是商务印书馆，崔乃中华书局资深编审，且历史文献之类，更是中华书局专长，何必"开花墙外"呢？

先生复函询问，崔君告曰"承下问曾贻芬为何人，实乃贱内也"，原来，贻芬女士，为著名学者、北大西语系教授曾觉之女，与崔文印同学于北大中文系古典文献学专业，同窗而成恋人。毕业后，崔文印任职于中华书局，她却去了中学教书，"运动"后，重振学业，投师于白寿彝先生门下，学者伉俪，相扶相持，而共成一书。

启功师年近九旬，目疾日甚，对后学所请，不忍拒绝，但又无法摄管挥毫，遂以硬笔代之，虽签章盖歪，也顾不得了。

先生叹曰："吾师老矣！"遥想恩师，诗、书、画三绝，"特别是书法，飘逸潇洒，直逼明人董其昌与邢侗，即便晚年，年高体弱，笔墨略见瘦削，但字体、行气、用笔等等，依旧大家风度"。

何以该著为商务印书馆所出？以崔君之德，自不肯说，仅在后记中留下一笔："我们感谢商务印书馆的同仁对本书出版的热情支持，没有他们的支持，这本书要和读者见面也是不可能的，此情此谊亦令我们感铭。"由此看来，书成之路，想必历尽坎坷。

后来，辗转而知，这本书确曾先交于中华书局，但被拒绝。书印与否，原由出版社决定，作者本无话可说，但考诸实际情形，所拒绝的理由，却非因其著作质量，而是因为作者并非名家。

先生愤愤，以如此不着边际的理由，将一对声名不著但却勤勤恳恳的学者轻易否定，这如何让人心服？这本著作内容充实、资料丰富、论述鲜明，"在当前文史学界漠视传统文献功底的时候，这又是一部救世之作"。心有不平，展卷循读，当读过白寿彝先生的题记后，辄尽释怀矣。此题记，全文如下：

我对这本论文集十分熟悉。作者曾贻芬，是我"运动（1966—1976）"之后招收的第一批硕士研究生之一；而另一作者崔文印，则是我在中华书局参加点校"廿四史"时收认的私淑弟子。他们二位不仅在确定选题时与我进行了商讨，而且在遇到问题时，也都是与我商量解决的。同时，他们的每篇文章，亦都是由我审阅之后，在《史学史研究》上发表的。

他们二位都毕业于北京大学中文系古典文献专业，对历史文献学孜孜以求，既不趋时，也不逐利，十年如一日，扎扎实实进行深入研究。他们的每篇文章，都是在阅读大量的原始资料以后写成的，文字平实，每篇都力求有自己的独立见解或新意，他们也确实做到了这一点。

建立历史文献学这门学科是我的夙愿，他们二位的工作，在一定程度上实践了我的一些设想。现在，文章已粗具规模，我十分高兴他们能结集出版。希望他们继续努力，把这门学科一步一步地建立起来。

白寿彝
1999 年 4 月于北京

白寿彝先生题记时，年过期颐，尚在病中。所以，文字简易，不足五百字，却句句深情，满满都是老师对学生的关爱。

先生慨然，文印夫妇舍此何求？得此足矣。可遗憾的是，次年 3 月 21 日，白寿彝先生离世，这如何能不令人感泣呢？

三、剽窃者书话

9 月 1 日，先生在天津《今晚报》上发表一文，题目是《笑得想哭》。文中所言，也算奇闻，孰能料想，"斯文扫地"竟至于如此程度！

事情因一份举报而起。某位读者投诉，言先生任主编的《津图学刊》登载一篇文章，与东北某刊之文，除署名不同外，其余全部雷同。

竟然有这样的事情，究竟是谁抄袭了谁？

先生急忙调查。他先联系自己的作者，该作者名叫张伶，系南开大学周恩来政府管理学院教授。询之详情，但张伶也不知原委，赶紧找来雷同之文，看过之后，不禁火冒三丈。

她在《人间年复来新夏》一文中描述："不仅纹丝不动地将我的原文照搬，署名为二人，而且还打了个'时间差'——把我提交学术会议的论文抢先发表在我之前！"张伶打算立刻起诉。

先生宽慰道，或许对方也有难言的苦衷，可先沟通，如果那人真诚道歉，宥他一次也未尝不可，何必一定毁人前程？

剽窃之文，署名共两位。一人陌生，而另一位颇有学名。那位有名望的作者马上回信解释，说这次剽窃事件，自己也并不知情，而那第一位作者某某，才是真正的剽窃之人。此人与自己是大学同学，多次擅加姓名投稿，假借名望，以图发表，屡教不改……

原来，这位也是受害者。而最令先生及张伶大跌眼镜的是，那位真正的剽窃者竟然也回信过来，而且振振有词。他解释剽窃之由，大意是，他的工作，地位低下，不被看重，舞文弄墨，纯粹为了晋升职称，加点工资。自为稻粱谋，就可以偷盗他人？试问人间行窃者，哪个不为糊口？难道都该被原谅，而任由他们胡作非为？

这位剽窃者，还满腹委屈，说那位被擅加姓名的无辜学者，对自己批评得太过激烈了，"甚至提出与我绝交"。

你拖人入水，人家不与你交往，正是为了与你划清界限。但是这位，不责于己，反怨于人，真是不可救药。

然而，话已至此，却并未结束，这位还要提要求，"俗语说：不打不相识。我希望通过此事，您与我能相知相交，成为异地好朋友。我会尽我所能在今后的日子里报答您的宽厚之心、原谅之举。"

如何报答呢？恐怕如他的同学一样，被擅用姓名吧。

真不知道应该对这样的人如何评判，哭笑不得啊。

考诸事实，类此学术怪象，在现实中，还真是不少，只不过或隐、或显，或大、或小罢了。除去个人道德因素，也有某些体制上的原因，如评定职称，要求在某某期刊上发表论文……

这样会造成什么后果呢？滥竽充数有之，代人执笔者有之，某些专业杂志、核心期刊，竟以出卖版面谋求利润，给钱就发表，管他什么文章水平！如此"市场经济"之于学术，是否可行？

类似乱象，不加整治，则学术堪忧。

10月，《来新夏书话》由台湾学生书局出版。该书共有六卷，曰：藏书、读书、论书、书序、书评、书与人等。

何谓"书话"？或曰书话源于古代藏书题跋和读书笔记。此类文章不应过长，宜以短札、小品出之，以谈版本知识为主，辅以必要考证、校勘，亦可涉及书内、书外掌故，或抒发作者感情。

但是需要注意，书话不是书评，不是对一本书作理论性的全面介绍、分析和批评。唐弢先生对书话也有类此分析，他提出了四个"一点"：一点事实、一点掌故、一点观点、一点抒情的气息。

还有黄裳，他将书话分为两类：一类讲内容、版本、校勘等；另一类记书林掌故、得书过程、读书所感等。

对此，先生认为，书话缘起于题跋、藏书笔记等，似无异议，此类体裁，古已有之，不要限制太多，既然可以抒情、议论，何不写得自如、洒脱？若求兼具文艺与科学，何妨以随笔写作？故先生更赞同冯亦代"可以不必界定"说，想要写什么就写什么。

总之，凡由书所起的话头，都属于"书话"，"书评"又何尝不是？还有那剽窃者的故事，也可以算作"书话"吧。

四、近代中西图书会通

12月，先生等所著的《中国近代图书事业史》，由上海人民出版社出版。这本书，由先生及弟子、再传弟子协力完成。

师生三代，共著一书，是书何以作？中国书史、图书馆史、目录学史，重复迭出，遂删繁就简，合三史而为一。该书，为《中国古代图书事业史》

>《中国近代图书事业史》，上海人民出版社
2000年12月版

的姊妹篇，自此，上下相续，成一通史。

先生通过这本书，对中国近代图书事业作一总结，以近代时局之变，反映图书事业之变，故一"变"字，是为全书锁钥。

对近代图书事业史，先生定义如下：

> "中国近代图书事业史"，就是要把中国近代图书事业发展过程中所经历的传统文化和西方文化的影响、破土而出的新生气息和无端肆虐的血与火，描绘成一幅引人深思、发人猛醒的历史图卷，它不仅存历史的真实，也对未来提供从一个特定角度论述的借鉴。

在近代，外来影响，远超从前，反映在图书事业领域，表现为东西方图书文化的融合。最显著的标志是，京师图书馆与绍兴古越藏书楼的建立及向社会开放，使中国图书馆事业，由"以藏为主"，转向"藏用结合"，并开始进入"以用为主"的新阶段，将中国近代图书事业，引入服务社会普及民众的发展道路中。

西学东渐，增加了图书种类、扩大图书范围。

考究中国历代藏书，皆以"经、史、子、集"四部为主。近代以来，"声、光、化、电"之学，相继而入，加之政治、宗教、法律、哲学、文学、艺术之类，渐次东传，范围日广，种类日繁。

概言之，此阶段，新增图书，主要有三类：

其一，翻译之作，林则徐"开眼看世界"引领于前，魏源、姚莹、徐继畬等继之于后，先是对技术类及地理类书籍的引进，如船炮操法、机器修造之艺法等，后逐步涉入政书、思想之类。

其二，维新与革命，如康、梁变法诸作，章太炎《驳康有为论革命书》、邹容《革命军》等，另有含革新与革命思想的报纸、杂志。从此，书、刊相沿至今，成为典藏的两大类别。

其三，新式教科书，1897年，南洋公学《蒙学课本》出，此为中国近代自编教科书之始。此后，新式教科书相继问世，"不仅对中国近代教育有深远影响，也为中国近代图书事业作出了贡献。"

从此，图书分类也有了新的变化。

中国书目编制，早如刘向父子之《别录》《七略》，可称源远流长。在发展演变过程中，渐成"四分之法"，曰"经、史、子、集"。但由于西书传入既多，传统分类难敷以用，故梁启超《西学书目表》将西书分为三类，曰"西政""西学"及"杂类"，在此之下，又分设二十八小类，此为梁氏对西书东传所作的权宜之变。后来，杜威"十进分类法"输入中国。他将人类知识分为记忆（历史）、想象（文艺）和理性（哲学、科学）三大部类，并将它们倒置排列，展开为十个大类，即哲学、宗教、社会学、语言学、自然科学、技术科学、美术、文学、历史、地理等，渐渐成为近代中国图书分类的主流。

在图书制作上，应用西方技艺和机器，势必颠覆传统书作模式。在用纸方面，由传统连史纸和毛边纸单面印，改为洋纸双面印；在印刷方面，雕版、铅印、石印三者并行，而铅印、石印渐居主导；在装订技术方面，由折印齐栏线钉纸变为大张连折的铁丝装订，开始了精装与平装的装订形式，并一直沿用至今。这些革新，使图书变化增大，价为之廉，量为之增，藏为之便，渐渐与世界接轨。

中国图书事业史，乃由先生所首创，从大类上讲，亦为专史之一。凡史之述，必先明"分期"，再具体划分阶段。关于"近代史分期"，一直存在争论。上限、下限，皆有不同主张。至于本书，所截取的年代是1840至1949年，这是最惯常的近代史划分方式。

先生认为，在这109年的时间范围内，社会性质未有变化，以如此分期，可以比较完整地看到中国近代图书事业的经历。

关于"阶段划分"，因为中国近代图书事业的发展、变化以及所受到的残害和阻碍等，都与近代重大历史事件有着密切联系。所以，该书选择"重大历史事件和活动作界标"，而大致分为九大部分，分别是：两次鸦片战争，太平天国，洋务运动，戊戌变法，辛亥革命以前，北洋军阀统治，十年内战，抗日战争，解放战争等。

这类划分，一般继以时间先后，但也偶有例外。

比如，两次鸦片战争与太平天国，时间范围略有重合，但是，由于清政权与太平天国对立，于彼此治下，书业各具特点，所以，将它们分成两个阶段。当然，也有未加细分者，如抗日战争时期，图书事业实际包含了三个部分，国统区、沦陷区与中共根据地。

此著艰辛，三代学人，共同奋斗了十余年。

是书酝酿，与《中国古代图书事业史》基本相续。在古代卷完稿之际，先生即着手续篇，并草成一稿提纲。但兹事体大，先生诸事缠身，难以从头整理，遂行搁置，边打磨，边寻找合作者。

1985年，先生开始招收中国图书事业史方向的研究生。在安排学术日常课业基础上，他突发奇想，何不拟就若干专题，邀集有兴趣钻研这个方向的在读研究生参加？于是，分别进行，成硕士论文若干，于之教学、学位授予与专著写作，同步推进。渐行摸索，效果甚好。时时督促、检查，而又教学相长，专题质量亦可保障。

> 1992年7月弟子们聚集南开园，为来新夏先生（左四）庆贺七十寿并修改《中国近代图书事业史》

1998年春，书稿初成。先生审读，增补、删定，并概括全旨，成绪论一章，至此，书稿基本定型。但事至于此，仅功成一半，须知，出版才是关键。但这种学术著作，当下已乏市场，以利润为核心的出版机构，不肯刊行。若贴钱排印，以先生等经济状况，可谓一筹莫展，于是，先生想到《中国古代图书事业史》的责任编辑虞信棠先生，赖虞先生奔走，该书终于刊印于上海人民出版社。

虞信棠审读、校改之后，又将成稿退还，以求先生等再行补订。但事有不巧，先生旧疾又起，已经住院治疗。仓促间，难以措手，多亏参与者，勠力同心，毅然承担，正误补缺，是书乃成。凡此种种，多少艰难？彼此相交，贵乎知心，此为君子之道。

先生研究中国近代图书事业史，他的研究设想是："要把中国近代图书事业所承受的传统文化的吹拂，西方文化的影响，破土而出的新生气息和无端肆虐的血与火，描绘出一幅供人赏鉴，备人参考，引人深思，发人猛醒的历史图卷"。这本书，经十余年淬炼，终于付梓，充分实现了先生当年所愿，学生王立清在《一生事业的依傍——追忆恩师来新夏先生》一文中，如是评价：

> 这部书开创中国近代图书事业史研究先河，因此获得中国图书馆学会第二届图书馆学情报学学术成果奖著作一等奖。此后，该书与1990年出版的《中国古代图书事业史》重新编排合为一书，成为一部贯通古今的《中国图书事业史》，2009年由上海人民出版社出版，成为将中国书史、中国目录学史、中国图书馆史"三史融为一体"的通史性著述，使具有"南开"特色的中国图书事业史研究在图书馆学领域始终独占鳌头。

五、修成史学正果

12月，《北洋军阀史》由南开大学出版社发行，共102万字，此书，被评为"第三届全国高校人文社会科学研究优秀成果奖历史学二等奖"。

当年，先生研究北洋军阀，曾有人讥讽他"舍正道而不由，走偏锋而猎奇"。那时，一些人认为，北洋军阀都不是好人，研究他们的历史，就是研究坏人的历史。故之，先生的整个研究过程，都是在不被理解甚至谩骂中展开，步步坎坷。

>《北洋军阀史》，南开大学出版社2000年12月版

1957年，先生完成了中华人民共和国成立以后第一部系统论述北洋军阀史的专著——《北洋军阀史略》。即言之"略"，必为扼要、简省。他将北洋军阀作一整体性考察，探之成败兴亡的内在联系，虽篇幅不长，但提纲挈领，将基本框架搭建完成。

以后迭遭运动，不是"运动员"，就是"阶下囚"。在特殊年代，先生一大"罪状"即是研究"坏人的历史"，故而只能放弃。

当政策放开，旧情难忘，乃重理旧章。

1983年，先生出版《北洋军阀史稿》。相较前著，条理更加清晰，论证更为缜密，论述范围也大幅度拓宽，如军阀混战之具体战役、各色人物的具体活动、北洋军阀与外国侵略势力的相互关系等，都有所拓宽和增加。毫无疑问，这在当时，确是这方面唯一的一部专著，对军阀史和民国史研究，起了推动和促进作用。

在完成《中国近代史资料丛刊·北洋军阀》卷以后，先生通过对资料的爬梳整理，论有新出，史实也更加翔实有据，故而决定再成一部通史，遂邀焦静宜师等一同参与，尽十年之功，方得本著。

上述研究轨迹可以证明，先生对北洋军阀史的研究是有着精心的准备和周密的计划，且目标始终如一。尽几十年研究之力，则说明先生的研究绝不蹈空急躁，而是稳扎稳打，步步深入。这种沉着与耐心，是源于对学术的究真、求实，表现出真正的学人底蕴。

先生在计划出版每种研究成果时，都不急于动笔，尽管参考资料以及研究理论等，都已基本成熟，但是还要认真梳理学术最前沿的动态及研究成果等。某事件、某问题，当下研究程度如何？若比自己深入，则汲取之，若有不足，则补救之，总之，要求超越。

焦静宜师回忆，对北洋军阀史的研究成果综述，先生几乎每隔一段时间就要整理一次，焦师曾受先生委托，在参与《北洋军阀史稿》《近代史资料丛刊·北洋军阀》编撰前，她都做了综述。

综述之后，再写提纲，提纲由先生亲自动笔，写得非常详尽，全书分为几章、几节，每节下面涉及几个问题，标列得都是十分清楚，将全书的框架搭架完成，参与者只要按照这个提纲的指引，填充内容，即可基本成书。这份提纲，充分证明了先生储备之深、思考之细，在未正式动笔之前，已然成竹在胸。提纲分发后，由众参与者分领任务，然后，充分讨论，有增有减、有补有改，益臻完善。

接着，还要"试稿"。书成众手，要求统一，作者各写片段，集中讨论，熟悉笔法，以求文章格式格调相近，此为"试稿"。

再分专题而行，作者之间，互阅互改，合成初稿，再阅再改，凡其四易，方成终章，甘苦辛劳，备尝之矣。

对待弟子们的付出，先生特别感动："他们承担了反反复复编写修订的种种辛劳，是我始终不渝的真诚合作者，给了我晚年学术生活以极大的友情安慰。"本来，大家建议该书以先生为主编，先生却坚决不肯，坚持自己只是作者之一，与众参与者并列，但出版社觉得作者名字太多，最后改署为"来新夏等"，在书序言中，先生将作者一一并列，各自承担任务如何，论述分明。

历史前进，如大浪淘沙，学术进程亦然如是。经过撞击、选择、磨合、互补，志同道合者终能风雨同舟，共历艰难。

先生自述曰："我对北洋军阀史的研究，经历了半个世纪的漫长路途。别人看我似乎有点痴迷，而我则非常自慰地感到此生没有虚耗，因为我终于做了一件有益于他人的事。我的这一历程充满着坎坷艰难，《北洋军阀史》的告成，既为学术树林增植一木，也体现出一种人间的冲刷。我感谢奖掖和支持过我的前辈和同道们。"

六、给《北洋军阀史》定位

先生等著《北洋军阀史》，虽百万字规模，又书成众手，但写得毫不拖沓，全书贯穿一条明显主线——以北洋军阀的兴起、发展、形成、掌权直至覆灭。循此线索，涉猎各种问题，再辅以翔实史料。

将"北洋军阀"单独提出来,作一历史性考察,形成"北洋军阀史",对其性质与分期、特点与作用及其影响,一一揭示,使之从"为人所避言"到以整体性面貌示诸世人,这在国内,具有拓荒性。

在过去,也有不少研究北洋军阀者,但大都侧重于某一方面,如军事,丁文江的《民国军事近纪》、文公直的《最近三十年中国军事史》等;或侧重于某一阶段,如谢彬的《民国政党史》、张一麐的《直皖秘史》、费保彦的《善后会议史》等;或侧重于某一人物,如李宗一的《袁世凯传》、常城的《张作霖传》、蒋自强的《吴佩孚传》等等。

当然,除了先生,研究北洋军阀的通史性著作也有两部,分别是陶菊隐的《北洋军阀统治时期史话》、丁中江的《北洋军阀史话》。但二者皆是"史话"性质,以若干重大事件、重点人物为探讨核心,并非史述性的全面研究。

另外需要明确一点,"北洋军阀统治时期"与"北洋军阀史"并非同一概念,二者在时间断限、研究对象上,皆有不同。

北洋军阀统治时期,是言掌权,时间当在1912年袁世凯窃取辛亥革命胜利果实以后,至1928年北伐胜利而东北易帜为止。它探讨的内容,当是北洋军阀治下的内政、外交、经济、文化等全方位的社会状况;而北洋军阀史,所着笔处当在它形成之日,即1895年甲午战败后的袁世凯小站练兵,比北洋军阀的统治时期要多出16年,研究的核心是北洋军阀这一政治、军事派别自身发展的全过程,至于军阀们的执政状况,仅仅是它所探讨的一个方面,而军阀治下的社会情形,亦仅涉猎而已,并非主要探讨内容。

玥乎此点,即确定了《北洋军阀史》的研究对象,而欲对它作进一步探讨,首先要明确"北洋军阀"的定义。

据先生考证,有关"军阀"一词,文献最早出现的记载是《新唐书·郭虔瓘传》,文中有语:"郭虔瓘,齐州历城人,开元初,录军阀,累迁右骁卫将军兼北庭都护、金山道副大总管。"

此中"军阀",殊有别于后世的用法,这个"阀"字,原意是指官宦人家门前旌表其功的柱子,"军阀"在这里是指有军功的军人世家,含有门庭显赫的褒义。而近世称某某为"军阀",无疑含有贬低的意味。所以,二者不同。

有许多学者为军阀下过定义,所议纷纷,各据各理。核心归纳起来,主要有三点:私兵、地盘和武治。

私兵,如家丁部曲,依附于兵主,一荣俱荣,一损俱损。但此论仍有待于商榷,某某军阀,的确拥兵以自重,牢固掌握某军、某部,但此中军队,又绝非个人私有,职去军在现象,屡见不鲜。

地盘,当然是军阀所必争。有土地才有财源与兵源,才有进一步壮大的可能。但问题是,争抢地盘,亦非囊括军阀性质之专属,即使如革命力量,如革命军或中共根据地,也要拥有自己的地盘,方得与敌周旋、抵抗,这又如何能以军阀自之?

至于武治,道理和上述一样,在中国历朝历代或少数民族,在政权未得、未稳之际,推行武治,几乎比比皆是,亦非军阀所专有。

故而,上述对军阀的定义,都是用描述的方法,即看到某点、某状之后,将之描摹出来,并没有揭示本质,所以很难精准。

先生所下的定义是:

> 以北洋军阀为代表的近代军阀,是以一定军事力量为支柱,以一定地域为依托,在"中体西用"思想指导下,以封建关系为纽带,以帝国主义为奥援,参与各项政治、军事及社会活动,罔顾公义,而以只图私利为行使权力之目的之个人和集团。

这一定义,将贬义、军队、地盘、武治等因素全部吸收进来,最主要的创见是揭露了北洋军阀的性质和指导思想,关键一词,在那"中体西用"四字。

"中体西用",是由晚清洋务派所标举,代表人物如曾国藩、左宗棠、李鸿章、张之洞等,袁世凯小站练兵,即以西洋军械、操法来编练新军,而最初目的,当然是巩固清廷。

如先生所言,民国以后,北洋军阀集团掌握了政权。它面临的是一个新旧并存、中西杂陈的过渡性社会。它把"中体西用"思想推衍到政治范畴。

所强调的"中体",虽然不能公然宣扬"君权",但核心内容仍然是封建主义的伦常关系;而所谓"西用",已不仅采用西方的军事操典、器械、营规,还借用了西方的民主制度,如宪法、议会、选举等等。

"西用"是手段,西式军队、西式武器,推重科学、技术等,这些都是方法、途径,目的是强大自己、武装自己,以抢地盘,以争实权。

"中体"是根本,揭露了北洋军阀的根本性质。

"中体",即以儒家文化为核心,以封建伦常为纽带,维护一种异常明显的层次性、宝塔式的统治系统和等级隶属关系,以延续甚至恢复封建体制和封建行为规范。施政理念,虽也标举政党、议会等,也曾口口声声而曰"民主共和",但他们的骨子里仍是君君臣臣的封建思维,所以各个军阀皆要独裁,甚至袁世凯、张勋等又要复辟帝制……

先生对北洋军阀史研究的另一大贡献是划分阶段。

在他之前,北洋军阀划分阶段问题也是研究者争论的一大焦点。比较有代表性的划分意见,有彭明先生提出的三期说:

第一期,从1895年小站练兵到1916年袁世凯死亡。

第二期,从1916年袁世凯死亡到1926年北伐前夕。

第三期,从1926年北伐到1928年张作霖退往关外。

彭明先生的分期方法,明显是按照北洋军阀兴起、鼎盛、衰亡为阶段。对此,先生大体赞同,但又有所增益。因为,纵观这阶段的历史,作为终结中国两千多年封建君主专制的辛亥革命,无论如何都不应缺失,所以先生的历史分期,共分四个阶段。

第一阶段:从1895年袁世凯小站练兵,到1912年袁世凯任中华民国大总统前止。这是北洋军阀兴起、发展和形成的阶段。

第二阶段:从1912年袁世凯任中华民国临时大总统至1916年洪宪帝制失败、袁世凯去世为止。这阶段袁氏掌握着一个比较松散的全国性统一政权,这是北洋军阀的鼎盛阶段。

第三阶段:从1916年袁世凯去世到1926年7月北伐开始之前。袁氏死后,北洋军阀内部明显地分裂为直、皖、奉三个主要派系。它们之间既为争夺最高统治权而相互混战，又为共同反对革命而勾结。

由于皖、直、奉三个派系纷争、更迭，这个阶段的内部又可细化出两个小阶段。

其一，从1916年袁世凯去世起，到1920年直皖战争结束止。这一阶段主要以皖系为首的段祺瑞政府执政，直、皖斗争，直胜皖败，直系成为实际统治者。

其二，从1920年直系掌权到1926年7月北伐战争开始为止。直、奉军阀为争夺全国性统治权而战，先后进行了两次直、奉战争，削弱了北洋军阀，以至于此后各军阀再也无力一派当权。

第四阶段：从1927年7月北伐战争开始到1928年12月张学良等宣布东北易帜为止，这是北洋军阀集团的覆灭阶段。

纵观北洋军阀，作为统治中国16年之久的政治军事集团，它以中体西用思想为指导，行民主共和之伪政，而施以封建独裁之事实，割据称雄，拥兵争霸，各树派系，将幕僚、门客、同乡、同学、师生、姻亲和结义拜盟等封建关系结合在一起，相互依附，进行种种争权夺势的活动。他们纵横捭阖，制造政潮，在短短16年中，内阁竟然更换46次之多，正式上任和代署的阁揆达29人，多则三两年，少则数月，变换频繁。他们卖国媚外，残民以逞，的确给国家带来削弱及混乱。

当然，北洋军阀集团在发展过程中，客观上也起到了一定的积极作用。它是维系晚清十余年统治的一大支柱，是辛亥革命能够转移政权的主要促进力量，是中华民国统一政权的实际控制者，是由统一走向再统一的过渡。

军阀们所进行的军制改革，以及推行西方科学、技术等，对中国近代化发展，也起到了一定的积极作用，而他们充当历史反面教员，使人们对北洋政府反动本质有所认识，对民众觉醒也起到了一定刺激作用。这些，都应特别指出，而作进一步分析，并非一句"坏人"的历史，或者"恶"的历史，就可以随便抹杀。

七、"恶"的历史学

《北洋军阀史》一经出版,赞者纷纷。一直到现在,这本书都代表了该领域的总体研究水平。

然而,有人赞誉,也有人批评。北大钟一兵发表一篇文章,题目是《关于"恶"的历史学》,发表在2001年8月30日的《中国图书商报·文史版》上。

文有切磋,无任欢迎。

这篇文章,钟一兵写得非常尖锐,批评之意,尤为明显。

立刻有好友关心过来,是北大著名历史学家茅海建,他在读到钟一兵的文章后立即打电话给先生,询问相关情况。

先生也是茫然,与此"钟一兵"并不相识,恰好此君署名单位也是北

> 2001年8月30日的《中国图书商报·文史版》发表署名为钟一兵的《关于"恶"的历史学》一文,与来新夏先生商榷

大，遂向茅海建教授询问具体情况，但是茅教授同样并不知情。

趁某次机缘，先生又向北大张注洪教授询问，仍不知底细，遂拟推测，这位"钟一兵"很有可能是化名。

相询不得，只好撰文回应，仍发表在《中国图书商报》上，见报日期是2001年11月15日，题目是《疑义相与析》。

钟文的题目，又是老生常谈。如果是在特殊年代，尚可理解，那时候思想僵化，常识匮乏，而在21世纪的今天，仍然如此文风，不禁令人倒吸一口凉气。

"研究'恶'的历史学"，或者说"研究'坏人'的历史"，类似帽子，先生戴了很多年。当年人们凭此，认为他思想有问题，一而再地批判。

> 来新夏先生于2001年11月15日在中国图书商报上发表《疑义相与析》，回应钟一兵的批评

这样的立论当然站不住脚，无论从史实还是逻辑上来推论，都讲不通。

先说史实，北洋军阀史如何不重要？

从1895年形成，至1928年覆灭，以辛亥革命为界标，前后恰好各占16年。在这32年的历史中，这个集团一直是一支影响甚至左右中国政局的重要力量。特别是在辛亥革命以后，北洋军阀窃居国柄，主政中央，尽管内部纷争不断，甚至武力相抗，然而它始终是以统一的政权面目来代表中国政府，如此的十六年统治，在中国历史的整个发展过程中，怎么可能空缺？难道存而不论，才是严谨的学术态度？

再言逻辑，更是荒谬至极。

且不论军阀是否皆是坏人，即使诚如斯言，"坏人"又如何不能研究？比如，疾病是"坏"的吧，人人皆欲健康，而医生却要研究"疾病"，那医生是否也有"思想问题"？诬之何极！

以"好""坏""善""恶"论人可以，论史则不可。

史之为要，在于"求实"，即录之真实，求之真理，是实事求是。对于历史本身，只存真伪的判断，不存善、恶、好、坏的判断。而历史人物或好、或坏，这是道德评价，世上没有绝对完人，也没有绝对坏人，要因事因时而异，况且历史人物对历史的影响，或促进、或阻碍，都是历史学的研究对象，无论好坏、善恶皆要研究。

医生研究疾病，目的是治病救人，而历史学家研究"坏人"，不也是为了存一面"镜子"，令人自觉、自醒吗？

故而，钟文"关于'恶'的历史学"这一提法，本身就不科学。至于立论，也存瑕疵。

他认为，先生等所著的《北洋军阀史》，与其说是史学写作，毋宁说是"放大的政论"，或者说是拉长的政治批判。当然，这是钟一兵自己的判断，也是他"仁者见仁"的分析，但问题是综合考察先生所著，皆以史实为主，而论从史出，《北洋军阀史》百余万字规模，如果专事政论或批评，似乎难以想象。幸好书稿俱在，读者可一览而知。

至于钟先生（女士）之所以会有如此误会，或许是因为他仅仅详读了

《北洋军阀史》的"绪论"一章,所以才有错觉。

"绪论"为全书开篇,是对本书的宗旨及研究方法、研究对象、研究内容等的介绍,故而特多议论及结论等。在绪论中,先生对北洋军阀这一集团,确有价值判断。在中国历史上,该集团的确有负面作为,而行之贬抑,这是历史研究的结论,是论诸军阀人物,而不是评价整个历史阶段。况且,即使是大体贬抑于北洋军阀,先生也行客观分析,例如,他对北洋军阀在中国近代军事、政治、外交等方面的积极影响,也特有肯定性评价。类此,如何被忽视了呢?

钟文之误在于,他将先生对历史人物的善恶评价含混于对历史阶段本身的评价。

这种含混,还存在于具体的论证过程中。如钟一兵误将丁中江的《北洋军阀史话》含混为丁文江所著;因先生评价袁世凯时,引文于《剑桥中华民国史》,而将先生冠以"剑桥派"之名等等,都是有欠客观之处。

但是,需要特别指出,相较于特殊年代评价方式的简单粗暴,钟文重提关于"恶"的历史学——北洋军阀史,实质上是主张为这个历史阶段正名,这是有进步意义的,他建议学界要对北洋军阀进行全面评价,主张宽容看待袁世凯,这些主张也都是值得肯定的,但是,他的问题在于,将这种"宽容"扩大化了。

在《关于"恶"的历史学》这篇文章里,钟一兵提出一种理论,认为可以从民族国家这一概念中,划分出"主权的形式边界"与"主权的实质边界"。

什么是"主权的形式边界"呢?钟文解释说,主要表现在历次爱国运动所主张的那些东西,或者说那些爱国主义者在批判"卖国贼"时所持的正面尺度。

什么又是"主权的实质边界"呢?钟一兵认为,执政者在具体的主权管理实施过程中,面临众多历史给定性(来自内外的各种实力派),对主权采取选择性的态度,根据不同的条件和所选择的主权目标,坚持一些主权,出卖一些主权,发展一些主权等。

一言以蔽之,钟一兵是在对北洋军阀政府卖国求荣的政策进行辩护。

对此，先生予以反驳，如果按照上述理论，对维护主权完整独立的行为加以"形式边界"的诬词，置诸不论，却对"卖国贼"加以宽容，理解他们"卖国"的苦衷与不得已，若以如此逻辑推论，"独裁与民主，爱国与卖国，都将泯无界限"……

文人相亲，切莫相欺。

文章探讨是有必要的，学者争鸣，才有真理。但是，争论应该心平气和，是为真理之辨，不能乱扣帽子，这是有血淋淋的教训的。

八、治学四阶段及其学术贡献

研究先生的史学思想，首先要明确它的分期。

以先生在不同时代的史学理论、研究方法及研究对象上的显著变化为标志，他的治史历程大致可以分为以下四个阶段。

第一阶段是学术奠基阶段。起始时间，当从蒙学开始，至1946年辅仁大学毕业而止。

先生5岁开蒙，随祖父读书，《三》《百》《千》《千》循序读毕，又读《龙文鞭影》，来子也会为他讲些历史故事，后又令他抄背《古文观止》等，使他对历史典故及重大历史事件、著名人物等稍有认识。

重视史学是从小学五年级开始，当时，他在南京市新菜市小学读书，年级主任张引才老师授课水平极高，能引经据典，又富口才。先生以为，张师之所以能有如此素养，得益于深厚的文史积淀，所以，自己也对史学心生向往。

真正开始学术层次上的训练，是在高中时代。先生曾在《邃谷楼记》中有一句明白的宣示："余既以读史为治学入德之门"，这表明，至晚在这个阶段，他已经明确了以史学研究作为自己的人生追求，这时候对他影响最大的老师是谢国捷。

谢师是著名历史学家谢国桢先生的六弟，毕业于辅仁大学哲学系。谢师着力训练先生的史学思维，令之循读二十四史中的前四史，并指导、帮助他撰写了第一篇专业史学论文——《汉唐改元释例》。后来，该文再经陈垣师指导，成为先生的本科毕业论文。

史学根底的奠定，是在辅仁大学求学阶段。在这个时期，先生得到了完整的史学训练，在思维、学识、方法等方面，全面提升。

这阶段，对先生影响最大者，主要有三人，分别是陈垣、余嘉锡及启功。

陈垣是史学宗师，对先生史学研究的影响，归结起来主要有两个方面：一是考据，二是工具。

考据是传统史学研究的核心，在乾隆、嘉庆时期最为盛行，故有"乾嘉学派"之称。"考据"即"考证"，根据文献等来证实或说明，可以佐证，也可以辨伪，强调资料性，以可信的材料得出可信的结论。陈垣师以考据精神指导先生治学要领——能思、善疑，将研究历史学的"金针"度与先生。

工具是治学的"拐杖"。陈垣师以身作则，亲作"工具"之学，又称"为人之学"，就是自己的研究能为别人的研究提供便利，作"铺路石子"，他有一句名言"滋事甚细，智者不为，不为终不得其用"，先生将之奉为圭臬，一生而作"为人之学"。

余嘉锡是古典目录学大师，将先生引入目录学的研究领域。

当年，先生攻读目录学，迷惘其中，不得门径。余师以三国董遇"读书百遍其义自见"相励，并为他单独布置作业，要求他为《书目答问》编写三套索引。先生按要求完成，终得门径。

目录学，为先生学问根底，以目录学"辨章学术，考镜源流"，立定史学根本，并纵横三学——目录学、方志学、历史学。

启功先生书画双绝，同时又是古典文献学大家。求学期间，先生常到启府，除了研习文献学，亦曾学画，受启师影响极大。更为重要的是，启功生性乐观、通达，这对先生影响极深，他们彼此皆有落难时，困厄中尚能互相扶持与鼓励，这份患难情，弥足珍贵。

于此阶段，先生治史，主攻汉、唐，毕业论文《汉唐改元释例》即为代表作，另有《〈诗经〉的"删诗"问题》《桐城派古文义法》《谈文人诔墓之文》等，以考据为主，受乾嘉学派影响最大。

第二阶段为马列之学。从1949年参加华北大学历史研究室开始，至1959年，先生开始系统研究唯物史学。

这一阶段，先生改学中国近代史，并成为其史学主攻方向。此间，对他影响最大者共有两人，分别是范文澜与荣孟源。

范文澜是先生走向近代史研究的引路人，对先生的影响有三个方面，分别是"二冷精神"、"专攻一经"和"从根做起"。

"二冷"是学术态度，指"坐冷板凳"与"吃冷猪肉"。

"专攻一经"是研究方法，指认真钻研一本有价值的书，要读懂、读透，达到稔熟程度。范文澜建议先生从《三朝筹办夷务始末》读起，边读边做札记，再辅以其他专著，成效果然明显。

"从根做起"，是指对原始资料的收集，先生奉命整理北洋旧档，一手建构原史态，为日后成就北洋军阀史立定根本。

荣孟源是先生在华北大学时期的直接指导教师。

他对先生的影响主要有两个方面：一是教导先生在接受马列主义唯物史学的基础上，重视对中国传统史学优良方法的借鉴，特别是重视对史料的搜集与整理；另一方面，在事业上，对先生加以提携，例如，向湖北人民出版社推荐先生所著的《北洋军阀史略》。

《北洋军阀史略》是先生在这一时期的代表作，这是他对北洋军阀史研究的初步成果，也是国内该领域的第一部作品。

第三阶段为考据之学。始于1959年，终于在"文革"后历史问题被查清。

此时，涉猎中国近代史，已无可能，故重拾辅仁大学时期所治之学——考据，著《目录学浅说》，同时，编著《林则徐年谱》《近三百年人物年谱知见录》《结网录》《清人笔记随录》等。

这些成果，都在困厄中完成，然而，书稿如其人，同样历经坎坷，或被查抄，或被焚毁，不断重启，《林则徐年谱》与《近三百年人物年谱知见录》于特殊年代，着手重订，《清人笔记随录》至晚年方才刊定，而《结网录》则是对清代文集的提要式书写，惜始终未能恢复，后来，他虽然另著有一本

《结网录》，但仅为书名相同而已。

第四阶段为分科之学。从1979年开始，至死而终。

其间，先生学术履历，跨越目录学、方志学、图书馆学、历史学，对各学术领域，他都作了通史性总结，成为集大成者。

由此可见，先生治学，具有两大明显特征：一是以目录学打底子；二是其学术格局，能"致广大"而"尽精微"。

先生能跨越多个学术领域而左右逢源，不得不说，这得益于他的古典目录学功底。先生治史，先古代，主攻汉唐，后近代，贯通古今，表现为三个特点：资料性、工具性、创新性。

先生治史，皆以史料为基础，论从史出。他不仅重视资料积累，还注重汇编与整理以及考辨与运用，以裨后学。

他先后编纂了《中国近代史料丛刊·北洋军阀》《中国地方志综览》《清代经世文全编》《清代经世文选编》《天津风土丛书》《萧山风土丛书》等；同时，整理点校了一批古籍，如《阅世编》《闽小纪》《闽杂记》《清嘉录》《史记选》等。

秉"为人之学"宗旨，加以目录学根底，使其治学，不但具有学术工具性的特点，还能作为文化工程，便人利用。

例如，《北洋军阀史》中，附录了《大事年表》《北洋军阀人物志》《参考书目提要》等，另外，《近三百年人物年谱知见录》《清人笔记随录》等著作，其本身，既是研究专著，又可以当作工具书用，均可视为在史学领域搞"基本建设"。

在其"建设"领域，先生多有创新，如先生对近代史分期起始年代的划分，对北洋军阀的概念、性质、分期的论断，对"林（林则徐）学"的确立所作的论证，都具有创新性。另外，先生史学研究，不断开拓新领域，开辟新史源，这也是创新性的表现。

在治学上，用至死方休来评价先生，应该不算夸张，其耐力和定力，可谓惊人，有的课题，沉潜了二十多年，如林则徐研究，始于辅仁大学求学时，历年而成的作品，有《林则徐年谱》（1981）《林则徐年谱》（增订本，

1985）、《林则徐年谱新编》(1997)《林则徐年谱长编》(2011)等；对清人年谱和笔记的研究，始于20世纪60年代，1983年出版《近三百年人物年谱知见录》，2005年出版《清人笔记随录》，2010年出版《近三百年人物年谱知见录》(增订本)等。

先生有个口头禅——"太史公"，其史学情怀里，也有"究天人之际，通古今之变，成一家之言"的遗传基因，为史学受难，被王权阉割，太史公当为第一人，先生之于今世，当亦难免。

1949年以后，先生历尽劫波，犹能秉承中国史学传统，结合时代新知，面对现代，面向未来，复兴中国传统史学与文化。

先生的贡献，主要在三个领域：一是首开北洋军阀史研究，他是这个领域的开拓者和奠基人；二是开创专史研究领域，如首创中国图书事业史，以图书为中心，将图书的各项事业统合起来，包括图书制作、典藏、版本、借阅与利用，使中国书史、中国目录学史、中国图书馆史三史合一；三是开辟新史源，将方志、文集、笔记、年谱、族谱、文书作考史、证史之用，其代表作，就是《近三百年人物年谱知见录》与《清人笔记随录》。

2001年 —— 79岁

一、为藏书人明志纪事

2001年,先生79岁。

2月21日,在《中华读书报》上发表一篇题为《读〈弢翁藏书年谱〉》的书评。

《弢翁藏书年谱》,作者李国庆,谱主周叔弢。

周叔弢(1891—1984),原名明扬,后改名暹,字叔弢,晚年自号弢翁,原籍安徽建德,为近代藏书大家。

建德周氏,书香门第。

弢翁祖父,名馥,字玉山,曾任山东巡抚,两江、两广总督,做过李鸿章的幕僚,在《清史稿》中有传。

父,名学海,清光绪十八年(1892)进士。

先生自述,自己与周氏,有三代之谊。

弢翁,居津门。公私场合,先生与他多有晤面。

其子周一良,亦史学家,先生曾亲承其教;其女周与良,与先生同学于辅仁，同届而不同系，后又同事于南开；其孙周启乾，曾就读于南开大学历史系，与先生有师生之缘。周与良的丈夫，即查良铮，著名诗人，笔名穆旦。先生与之共历牛棚之厄。

20世纪80年代初，先生任南开大学图书馆馆长，曾检读孝友堂周氏所赠图书，深仰弢翁"得者宝之"的风范。

又读冀淑英撰《自庄严堪善本书目·弢翁藏书题识》，乃知弢翁一生藏书大概。"自庄严堪"，为弢翁斋名，取意《楞严经》"佛庄严，我自庄严"。弢翁一生，仕途三事：为学、为官、为实业，书斋三事：读书、买书、藏书，企业盈利、俸禄所得，多用于书。

据弢翁之子周珏良回忆，弢翁藏书，始于16岁。

当年，他读张之洞《书目答问》，依书所指，分类求之。又读莫有芝《邵亭知见传本书目》。该书，莫氏以《四库全书简明目录》为底本，将所见、所知版本一一罗列，评品优劣。此中，记宋、元、明刻及旧钞本尤多，遂引起弢翁对善本书籍的兴趣。

弢翁曾藏有明朱存理手稿本《珊瑚木难》，稿以小楷恭录，朱氏有语曰："万事不如杯在手，一年几见月当头"。"月当头"，指农历十一月十五日，此夜，皓月之下，人影缩至最小。故每逢此宵，则取《珊瑚木难》，伴月把玩，陶醉其间，遥想朱氏当年。

还有一书，在藏书史上颇有传奇。

宋本汤汉注《陶靖节先生诗》，原收于藏书家鲍以文处，鲍对宋版书不甚了解，遂转卖于张燕昌，并告知友人周春，周知该书难得，便从张燕昌处借阅，但借而不还，坐而论价，要书没有！以近乎无赖的手法，僵持两年。最后，经人协调，以明朝叶玄卿《梦笔生花大墨》与张氏交换，以明本换得宋本，大赚一笔，这是乾隆年间事。周春得此书后，如获至宝。甚至曾设想以该书殉葬，携至另一世界。他将自己珍爱的另一部宋版礼书与此书并称，并将书斋题作"礼陶室"。后来，礼书卖去，斋名而为"宝陶室"。再后来，又将《陶靖节先生诗》卖去。"陶"已不在，斋名再改，为"梦陶室"。礼之，宝之，皆抵不过一"钱"字，于是，只有痴痴如所"梦"啦！

书从周家卖出,有黄荛圃者,急索之,出银百两,得偿所愿,并将自藏宋本《陶渊明集》与之合置,题斋名为"陶陶室"。

道光年间,海源阁藏书楼创始人杨以增求得"陶陶"二书,但于八十年后,又被分别卖出。弢翁先得《陶渊明集》,后于1933年以4000元买回《陶靖节先生诗》,昔之"陶陶",分而复合。

弢翁爱藏善本,自立五好标准:一好,版刻字体好,等于一个人先天体格强健;二好,纸墨印刷好,等于一个人后天营养得宜;三好,题识好,如同一个人富有才华;四好,收藏图记好,宛如美人薄施脂粉;五好,装潢好,像一个人的衣冠整齐而又得体。

弢翁爱书,却不惜以私藏而为天下公器。

1943年,他手订数语,以名本志:"数十年精力所聚,实天下公物,不欲吾子孙私守之。四海澄清,宇内无事,应举赠国立图书馆,公之世人,是为善继吾志。倘因于衣食,不得不用以易米,则取平值也可,勿售之私家,致作云烟之散,庶不负此书耳。"

明乎此志,遂力行之,1952年,捐书于北京图书馆,综计,古籍善本715种,2671册,皆宋、元、明之刻本、钞本、校本,俱为珍品,如"陶陶"者,亦在此列。后又分批,将所藏余书,除留却诸子用读之外,尽捐于天津图书馆、南开大学图书馆等。

先生对于《弢翁藏书年谱》,赞叹不已。

其时,李国庆任天津图书馆历史文献部主任,以地利之便,得先览所藏,遂成此著。

先生以为,李君此著《弢翁藏书年谱》,专记弢翁求书、藏书、校书活动,颇合专谱之体。虽名之为"藏书年谱",实则为弢翁一生致力图籍之学谱,系研究弢翁学术思想的不可或缺之书。

是书史料丰富,多方罗掘史源,凡谱主藏书题跋、识语、家书、函件、日记等,尽择而录之。于征引资料之下,又加按语、小注,读有疑难,辄焕然而解。对此,先生肯定特多,评价曰:"李君国庆司典籍古籍之任有年,好学深思,勤于著述,前有《明代刻工姓名索引》之作,都80余万字,录

5700人，并成不同渠道索引数种，合为一编，实为一具学术水平之工具书，为学者案头必备之书。不二年，今又成《弢翁藏书年谱》30余万字，亦足见国庆君功力之深厚。"

南开大学与天津图书馆之间，相隔一条复康路，可谓比邻。李国庆回忆："不知从何时开始，自己作为书童，往来于馆校之间，为来新夏先生送书上门，耳濡目染，从来老那里窥到一点儿治学门径。"后来，先生将《书目答问汇补》等作，交由李国庆整理，此又是一段书缘！

二、葛剑雄，好样的

2001年3月8日，先生在《中华读书报》上读到了葛剑雄教授的一篇随笔，题目是《孤独无法体验》。

葛文所记两事，颇能吸引目光：

他曾经独自一人步行于茫茫戈壁，探寻克孜尔千佛洞；另外，他曾亲赴南极科考，一人行走于漫漫冰原。

探访千佛洞，是在1982年。按照常规方式，去这里考察，应该先与拜城千佛洞管理处联系，然后再搭乘专车前往，因为距离遥远，步行需要三四个小时，更关键在于，途经戈壁，毫无人烟，而四野茫茫，一旦走错，后果不堪设想。但是作为历史地理学家，葛教授认为实地考察比纸上得来更加真切具体，所以在制定路线计划以后，他并没有联系管理处，而是单独步行前往。

他的计划，是沿一列电线杆的方向，走至全长大约三分之二的路程，然后再折向另一个方向，中间还要夜宿戈壁，因为按时间计算，无法赶到另一个休息点。行程开始，最初还很轻松，体会"大自然的恬静和戈壁的博大"。累了，躺在地上，任微风吹拂。可是，越走越深，而目标依旧没有出现，太阳已经西垂，莫非走错了方向？一种孤独感笼上心头，甚至还有一种莫名的恐惧。战战兢兢地继续向前，突然出现一个陡坡，真乃"柳暗花明"，原来，他一直走在一片高地上，现在走到了边缘，而那千佛洞，就在高地边缘的断崖上……

考察南极的时间，是在2000年，当时，葛剑雄一人站在乔治王岛南海之滨，身边除了一只海豹还有飞翔着的几只海鸟外，再也没有其他动物，"连草都看不到一根"，景色单调，非山即海，而冰雪茫茫，苔藓苍黄，人在此间，何之渺小！但他并不觉得孤独，因为知道山崖背后不远处就是长城站。

联想两次探险经历，悟出一理："孤独只能经历，而无法体验"。在大漠戈壁，当感到有生命危险的时候，他才有孤独害怕的感受，而在这千里冰原之上，依旧形单影只，但是他知道，此处安全，所以并不孤独。须知，"孤独是绝望的衍生物"。

读这篇文章，先生感慨很多，一位人文学科的研究者，能够离开书斋，走向社会，了解实际，已经难能可贵，又能考察南极，以身涉险，更是令人钦佩。但殊为不解的是，葛氏此举，竟惹争议，先生在私下交往的圈子里，茶余饭后，闲言纷纷，说什么葛剑雄"好表现"，是"好事之徒"，"标奇立异""好为人先"等等。

议论者颇有所资，你一位人文学科研究者，跑到南极去考察什么？

对此，葛剑雄解释说，人类到南极已经有200多年历史，这当然也是历史地理学研究的范畴。现在，摊开南极地图，各个地点基本都被命名，而且大多都是外国人命名的，因为"先到有命名权"，"南极的命名史，本身就是人类的一部探险史"，能不考察？

先生发文声援，题目是《葛剑雄，好样的》，他质问，"天下如果没有'好事之徒'，那学海将是多么可怕的一片死海"！

他举例说，顾炎武牵驴走塞北，徐霞客孤身攀悬崖，他们考察、访学，是中国学者的优良传统，考察南极，何奇之有？

葛剑雄不是"好为人先"，而是"敢为人先"。

自己不能做，又否定别人的勇敢，这是何种道理？

葛剑雄，是复旦大学教授，曾师从著名历史地理学家谭其骧（1911—1992）。当年，先生联合中日学者，共著《中日地方史志比较研究》，准备收录谭先生《地方史志不可偏废 旧志资料不可轻信》一文，然谭已谢世，整理这篇文章的任务，就落在了葛剑雄身上。他不避劳累，校勘文字，整理终篇，又代为联系家属，以及帮忙组织翻译等等，琐琐碎碎，无一字怨言。本来，这是门生分内之事，似乎没什么特别，但世事就怕比较，先生有一位高年老友，完成一部著作初稿后，出版社编辑请他整理清样，因年高体衰，于是托付昔日学生帮忙校对，孰料那位已是本系同事的学生竟回答说："我现在已经是教授，不是当年作某先生学生的时候了，怎么还能承担这种事务性的事呢？"

葛剑雄不仅撰写专业的史学文章，而且也常有文史交融的随笔见诸报端。他文字流畅，可读性亦强，摆脱了一般史地文章的拘泥和学院气息。先生曾想写一篇关于梁元帝焚书的随笔，却见葛剑雄已经在《读书》上发表了一篇相关文章，细读之后，见之"有根有底，鞭辟入里"，竟因此而搁笔。试想，如果史地学界能多出几位可写这类文章的人，那该有多好？让普通人都能读得下去，善莫大焉。

有文笔虽可贵，有文胆尤难得。先生评价，葛剑雄的书评写得很有"精神"，他曾对某权威机构的权威成果，写了一大篇学术批评，观点之尖锐，批评之犀利，毫无"瑕不掩瑜"之类的拖泥带水，而如"一手持枪，一手执盾"的战士，威风抖擞，应战不已。

文界，多需要这样的勇士，先生如此实践，葛剑雄亦然，故而真心一赞："葛剑雄，好样的！"

三、齐藤，走好

5月，先生及弟子江晓敏选注的《历代文选·清文》，由河北教育出版社发行，共22万余字。

该书系"历代文选丛书"之一种。

先生治清史有年，有感于清文内容丰富，证理、写景，均平实可读。早有辑注之愿，惜乎，一直未得机缘。恰巧，河北教育出版社就此选题来邀，互有共识，一拍即合。

> 来新夏先生（第三排右七）在1982年9月参加全国第一次清史学术讨论会

  历时8个月，顺利成书。

  共辑录有81位清代人物之文，凡100篇。

  所选之作者，以清人为限，凡生于明而卒于清者，入录，如顾炎武、黄宗羲、王夫之等；而生于清而卒于民国者，不录，如康有为、梁启超、章太炎等。

  所选之文，精而勿滥。每位作者，至多不超两篇。文章编次，以作者生年为序，篇首撰有作者简介，而正文之后，列有注释，但求通达文意而已，不作详细考辨。

  在这本书《序言》中，先生对清文的特点进行总结：曰体裁多样，内容丰富，作者群广大。

  体裁多样，政论文、札记、记事、序跋、游记、杂记小品文等，皆有相当数量；内容丰富，无论政治、经济、军事、思想、文化以至社会生活等，

无所不包。至于作者群，更是举不胜举。

他将清文发展，划为三个阶段。

首先为顺治及康熙前期。

此际作者，多系明遗老，分两种：一种，转投新朝，入清为官，如钱谦益。其人品如何？尚有微词，以文章论，确属上乘；另一种，坚决不仕，他们眷恋故土故国，坚守文化之根，如顾炎武、黄宗羲、王夫之等，重在发抒思想，以文明志，为清文立一规矩。

次之，为康熙中后期及雍乾嘉三朝。

前有桐城文派，形成清代散文鼎盛时期。先生以为，如方苞、刘大櫆、姚鼐等，远承明代归有光之余绪，近接清初诸老之文风，主张言之有物，言之有序，以义理、考证、辞章三者结合。

此外，还有袁枚、全祖望、蒋士铨、赵翼、钱大昕、洪亮吉等，皆文质兼备，颇多突破，为一时名家。

最后，道咸以降，直至清亡。

国情有变，国势日衰。外有强敌压境，内有人民反抗。如龚自珍、林则徐、魏源、冯桂芬等诸家，内求革新，外求务实，成清文一大旋风，生气顿增。先生以为，此时，桐城影响仍在，曾国藩及其四弟子黎庶昌、张裕钊、吴汝纶、薛福成等，承方、姚余绪，凭政治优势，力振桐城文风。及至清代晚期，又有林纾、严复，以桐城笔法译西方文学、科学，是为清文殿后之作。概而论之，清代散文诸家，"既言之有物，复运以妙笔，使后来读者既有参阅资料，复陶冶于佳文美句之间。宜乎其能以文史交融之作，争胜于历代散文之林"。

5月23日，先生在《中华读书报》上发表一文，题目是《我好想"考博"呦！》

该文针砭时弊，事起于著名学者杨义先生考博一事。

杨义，时任中国社科院文学所所长，博士生导师，为国家有突出贡献的中青年专家，出版20余种专著。

教博士的导师想要参加博士生统一考试，岂不怪乎？

若是跨专业，重新攻读学位，似可理解，而杨先生以55岁高龄，所考者，仍为"文学"专业，议论铺天盖地。

博士，为何非读不可？先生有话要说。

首先需要澄清，这篇文章并非针对杨义个人，实则剖析一种社会现象。当下，如杨义先生者，似有一群人，热衷于学位。先生以为，这是全民素质提高之表征，而如杨先生那样学高著广者，仍肯屈尊，从头开始，这种自强不息的精神，令人感佩。

其实，彼等高龄学者，才、识俱在，只欠机缘。

当年，动乱岁月，他们即使有心攻读学位，岂可得乎？对于学问，他们钻研一生，而对于学位，却终究未能读至最后，似乎总欠一种圆满，幸得开化年代，取消了考博的年龄限制，重拾旧梦，有何不可？

于是，先生戏谑，自己也要考博，还列出了若干理由，如论文可以轻松完成，时间充裕，不必担心住校之类。当然，也有担心，诸如，外语不能过关，而自己学有声名，已届80高龄，又应投师何处？最大的障碍，还是担心考不上，万一落榜，情何以堪？

权衡轻重，想考而不能考。

其实，考博本无对错，关键在于动机。有许多人，非为学问而读博，或求之名，或逐之利。若及于此，则大可不必。还有许多人，是不得不考。某些高校，制定种种政策，以学历定职称。副教授为当正教授而读博，正教授为当博导而读博，是规定逼人考也。

若是这种情况，先生则建议，设置一种特赐制度，凡考博二次未中者，呈交专著一部以上，即可赠之名誉博士，岂不皆大欢喜？

7月，先生在大连主持召开华北五省、市、自治区"高校网上图书馆"馆长研讨会，以此推动高校图书馆网络化建设。各地高校图书馆馆长及业务骨干六十余人与此大会。会议结束，参观旅顺。

先生一度踟蹰，于此地，无一丝游览念头，却有令人沉重的历史，先后参观了日俄监狱旧址、万忠墓等。

日俄监狱旧址，在旅顺元宝房，于1907年建成，共有不同类型牢房250间。始于沙俄，继之日本，在中国国土上，设一外国管辖的监狱，用以镇压中国人民，岂不可悲？

据统计，从1906至1936年，此处累计关押超过两万人，主要是中国人，还有朝、日反抗者。例如，曾刺杀日本首相伊藤博文的朝鲜人安重根就曾被囚禁于此，后遭杀害。

万忠墓，是中日甲午战争期间，日军实施屠杀的铁证。

1894年11月21日至24日，在四天三夜的时间内，在日军第一师团长山地元治指挥下，旅顺两万多无辜居民被屠杀，只留下三十六个人抬尸体。在白云山东麓、黄金山东麓、窑厂子，尸体被他们堆垒在一起，焚之以火。后将骸骨等，一同掩埋在白云山东麓的山冈中。为掩人耳目，再立一块石碑，题之"清军战士阵亡之所"，以行欺世之举。但有幸存者证词，以及欧美记者、海员之目睹，还有后来发掘出的妇女、儿童的骨骼，铁证如山，岂容狡辩？览及于此，先生夜不能寐：

"中华民族以泱泱大国的风度，宽恕既往，寄情未来。但曾经犯过罪行的对手，是否放弃了虎狼之心？尚乏明证。听其言，观其行，是我们习惯了的思维方式。""对狼，要用打狼的办法"，先生借用伏契克之语，高声呐喊："警惕啊，善良的人们！"

10月某日，秋雨恼人，先生坐于书案，大脑一片空白，痴望窗外。忽然，电话响起，东京来电，告知"齐藤先生走了"。

先生难抑眼泪，撰文以悼，题为《齐藤，走好》。

友情，益臻金石。奈何关山阻隔，难为亲悼，只能找出齐藤所赠之著，并将彼此联合主编的《中日地方史志比较研究》置诸案头，然后燃香祷告，再焚祭稿，以之为奠！

思念，无竟时。老友，走好。

2002年 —— 80岁

一、认识自己的自选集

2002年，先生80岁。

年入耄耋，所谓杖朝。人生至此，需做两项工作，一是总结，整理故我；一为展望，面向未来。

值此八十华诞之际，先生自作小传，以明本志：

来新夏，1923年出生于天堂杭州。幼承家教，诵读三、百、千、千。长入教会学堂，毕业于辅仁大学。专攻历史，差三零四地读过些经、史、子、集。年未及冠，捉笔为文；不到而立，竟登讲坛。育才不少，诲人？误人？任人评说。著述近卅种，论文有百篇，大多爬梳钞纂之作，聊充铺路石子。安身立命南开大学半世纪，由助教历阶至教授，起起落落，未见寸进。十年牛棚苦，练身好筋骨。学农津郊，躬耕四年，成书三种，不亦快哉！人当退休之年，我方出山问世。作吏十年，似烟若云。岁登古稀，休致回家。衰年变法，寄情随笔，借他人杯酒，浇自己块垒。阅世、读书，得小集八种，又不亦快哉！于世无忤，与人格格，胸满暗箭疤痕，背有插刀创伤。无怨无悔，还我坦荡。年虽八旬，热力犹在。八宝之路尚遥，电脑敲打不辍，更不亦快哉！只要早晨起床，依然天天向上。

历数过往，所受折磨，当不尽数也。
"作吏十年"，若以事功论之，当无愧人生。
可在先生心目中，则"似烟若云"，靠不住。
他一生所珍视，是那"近三十种著述"及"论文百篇"，虽谦以"爬梳钞纂"，但能以"铺路石子"心愿，绵延岁月六十载，投入无涯学海，成其浩瀚模样，人生能如此，不官又何妨？
盘点自己一生，尚有未了心愿待完，如增订《近三百年人物年谱知见录》、撰写《清人笔记随录》、整理完成《书目答问汇补》等。这些作品，或继续推进，或已列入计划，或正物色合作者，皆需心力，焉敢懈怠？遂曰：只要晨起，仍然天天向上。
门下弟子，焦静宜、莫建来等，聚议八十寿诞，当何以贺？议定两事，一曰，出版选集；一曰，举办学术研讨会。
征询先生，得到同意，出选集，由先生自选。
为何自选，不嫌操劳？此遵陈垣师教诲：自己对自己的文字最为了解，自己对自己的学术思路和脉络最为清楚。自己动手，易于去取，更能理顺结构，突出内容，可以迅速完成。
先生手定四项自选原则：首先，所选之作，必须"尚可"，至少令自己满意；其次，所选之文，必亲笔所著，主编者不收，合著之作，仅取自著部分；其三，所选之文，尽量避免重复；其四，所选皆持原貌，若有修改，也多为词语错讹及表述不清者。
据此，先生拣选从1940年至2000年的文字。
六十年来笔耕，结集700万字，从中甄选出150余万字，分为四卷，曰历史学、方志学、图书文献学、随笔杂著。

稿定集成，何以为名？先生自称，集内所收，只不过是"学术道路上的足迹，不足以言之高深"，名曰《邃谷文录》。

询之启功师，得到首肯，乃成定议。启功师，年高目疾，仍欣然命笔，题写书名，这是他为先生最后一次题签。

对先生自身学术足迹的展示，为该书宗旨。

为明心志，先生特将《烟雨平生——我的八十自述》一文，列为卷首，概述生平，以一人阅历，可略见一部中国现代史。

先生所愿，自己作品，"如果有一些可供他人参考利用，节省他人的翻检之劳，或者作为'铺路石子'，备他人比较平坦地走向学术殿堂，那对我无异是一种没有虚度年华的慰藉。"

须知，为人之学，才是先生学术第一要义。

二、老马当出枥

先生所著《出枥集》，酝酿于年初，被收入"名家心语丛书"第三辑中，印行6000册。

在着手编订这本书的时候，已存文稿约十万余字，是先生最近两年的新作，但论诸规模，尚不足成册，于是，随编、随写，再选旧文若干，合成一集，近约二十万字。

篇章拟定，交新世界出版社，6月即得出版。

从策划到出版，总计不足半年时

> 《出枥集》，新世界出版社2002年6月版

间，何至如此之速？既是贺寿之著，当然要在寿诞前印行，本书主编兼责编的张世林先生，为这本书辛劳特多。

其实，关于整套"名家心语丛书"，世林先生都在抓紧操作，这里暗含一层曲衷，实有"抢救"之意。

在先生《出枥集》付印前，这套丛书已经先后出版两辑，共有十位作者作品入选。

第一辑成书之际，季羡林、何兹全、侯仁之90岁，郭良玉、周一良88岁；第二辑成书之际，钟敬文100岁，张岱年93岁，任继愈86岁，冯钟芸83岁，吴小如80岁。

此次第三辑，吴宗济94岁，王锺翰89岁，先生80岁。

放眼一过，皆年高而硕德之人。虔敬于他们才德的同时，未免有"哲人其萎"的隐忧。

据世林先生回忆，周一良先生目于新书《郊叟曝言》时，手抚卷页，不禁一叹："这是我出版得最快的一本书，也是最好的一本书。我还有很多东西要写啊！"

悲乎，一个月后，周老仙逝。出版最快、最好之书，竟成生前最后一书。

钟敬文先生《婪尾集》即将出版时，已经100岁。本来，各方正准备为他贺寿，熟料某日遽而入院，被紧急抢救。

张世林夜以继日，编校不辍，当拿到唯一一本样书时，立即遣人奉上。钟老欣慰不已，称谢连连。但仅5个小时后，即驾鹤西游。能在生命垂尽时，目睹自己一生最后的作品，当可含笑。

先生明此"抢救"心绪，悯之情，怜之义，但是，却并不甘于"垂老"。时人语及"跨世纪人才"，常指青年一代。先生曾经愤愤，"世纪"只不过是一个时间上的界标，谁能跨过2000年，谁即迈入新纪元，至于所谓"人才"，那是要看谁能有用于国家，这本无所特指，如何老人即遭之轻耶？有人暗讽，年且七老八十，何苦与人争之一日短长？但先生以为，这是原则问题。所谓"德不孤，必有邻"。先生之意，竟与季羡林暗合，两位都"不服老"。

"名家心语丛书"发端于季老所著《千禧文存》。于此，张世林先生曾有确切记录,"《千禧文存》的顺利出版,使我受到了启发和鼓舞:何不以此书为滥觞,组织一批老先生编一套丛书呢?"

遂拟定计划,并请季老为之"总序"。

整理学坛耆老精神,以飨于读者,这种设想正合季老本意。但是,至于是否以"抢救"为主题,或当另有理解。所谓"老"者,有足够的经验和教训,或可资,或可鉴,焉得无用之说?

季老最反感"老龄化社会"或"余热"等词汇。

前者,以六十为界,将人类强分两半。六十岁以上者,实际是被列入了"另册";而后者误之更甚,"热"即为"热",哪有"余热"之说?莫非青年即是"全热",而老年就"凉"了吗?

总括"名家心语",季老指出,这套丛书所选诸家,皆入耄耋之年。他们底蕴深厚,为饱学之士,文章能手,术业各有专精。

他们用尽毕生之力,专门写出的文章,往往艰深难读,而本丛书所收文章,既通俗,又专业,可称"雅俗共赏"。

这不正是先生"衰年变法"的本意吗?论及学问,往往晦涩。何不以普及之心,寓雅于俗,将所学知识还于民众?

季老认为,老年人最容易犯的毛病,不外乎两端:一是倚老卖老,没事找事;二是无所事事,"坐以待毙"。这两者皆不可取,于己有损,于人无益。老了应该怎么办?先生以为,只有两条路可走:一条,坐耗岁月,养老等死;另一条是"不待扬鞭自奋蹄"。

在"名家心语"总序中,季老以曹操"老骥伏枥,志在千里。烈士暮年,壮心不已"相励于诸位作者与读者。而先生踵其深旨,进而有所增益,"伏枥"略显老态,"千里"未免距短。何不易为"老骥出枥,志在万里"?遂以"出枥"为题,命此新集。

《出枥集》凡八卷,以应八十初度。分别是:

"不悔少作""旧文他选""读书札记""书序书评""知人论世""清人笔记随录""访景寻情""烟雨平生"等。

集前列有"小传",集末列有"生平",似有总结之意。概述经历,折射时代，明其本旨，现其本心。

"不悔少作"，是先生从 1940 年以来，初涉笔墨之文，无论深邃、浅白，皆一时心境，以昭自己文字的本来面目，反映治学旧迹。

至于其他，皆系读书阅人之作，尽显先生文墨历程、治学门径，而所谓"清人笔记随录"一卷，则更有深意，这是先生正在著作的片段，暂列于此，亦是一种对自己未来的鞭策。

反省人生，盘点岁月，先生说："积稿近千，难称立言，不过老人心语。偶有省悟，不知老之已至。八十初度，谁言不老？回首往事，烟雨迷茫。呜呼，先贤有言，人生如梦，信哉斯言！"

三、春秋笔属来新夏

"何止于米，相期以茶"。

这是冯友兰赠送金岳霖的联语，贺寿之意。

"米"指"米寿"，具体多少岁呢？"米"字拆开，是为"八十八"；"茶"指"茶寿"，"茶"字拆开，乃是"八十八"上再加一"廿"，故为"一百零八"。

取诸典故，化入诗中，著名诗人邵燕祥为先生作贺诗一首：

> 春风桃李老人家，腹有诗书气自华。
> 方志层山劳指点，弦歌一路到天涯。
> 喉舌仍多喷假话，文章端是赖明察。
> 春秋笔属来新夏，遐寿还期米复茶。

邵先生称这首诗"破格出韵"，而谦之水平。但若仔细品味，可谓绝妙。八秩老人，春风桃李，学满天下。当今之日，阿谀者多，诵德者众，而如先生以笔相劝，敢于针砭时弊者，尚有济世之功。至于"春秋笔属"，此一语双关，自有"微言大义"，又含"健笔长存"之寄。如此，"米"而复"茶"，那是多么美好的事情？

这首诗，呈于6月8日"来新夏教授学术研讨会"上。是会举办，目的有二：一是贺寿，二是研讨。先生八十年经历，活脱脱一部中国现代史，留下700万字著述，也需总结。

在这次研讨会上，《邃谷文录》《出枥集》同时首发。

相知故友、弟子门人等169人，聚于一堂，共贺共勉，先生胞弟来新阳也从台湾远涉而来。

研讨会上，刘泽华师感慨道："我们的时代是风雨交替，朝令夕改，价值系统一日三变的时代，人们也多是雨中来，风里去。"飘摇岁月里，先生飘零了十八年，这本应该是生命之中最繁茂的季节，却没个着落，即便如此，仍有学术成果纷呈。对此，刘师叹曰"人言可畏"又"不足畏"，"来公

> 来新夏先生八十岁留影纪念

等身著作"即是证明。

如邵燕祥先生那样赠诗相贺的，还有许多。

启功师已经九十岁，目疾日甚，甚至"书不成字"，但依旧振笔，虽笔款歪斜，亦字字情深：

> 难得人生老更忙，新翁八十不寻常。
> 鸿文浙水千秋盛，大著匏园世代长。
> 往事崎岖成一笑，今朝典籍堆满床。
> 拙诗再作期颐颂，里句高吟当举觞。

著名学者吴小如先生亦有诗祝：

> 人生八十复奚求，文字交深意气投。
> 别有壮心君未老，甘为砥柱傲中流。

吴老与先生，一居北京，一在津门，笔交良久。彼此意气相投，先生若有一文发表，吴老亦常撮其意趣，再成一文，遥相以和。彼此切磋，相互砥砺，故以"别有壮心"贺之。

著名历史地理学家陈桥驿先生贺曰：

> 史地原来史为首，老兄领先弟在后。
> 宏文连篇作玑琲，大著等身尊泰斗。
> 古今递变皆精通，天人际会俱深究。
> 记否十五年前语，南人北相是福寿。

左图右史，史地难分矣。陈老与先生，乃萧绍同乡，且同是1923年出生，先生虚长半岁，主攻历史，故陈老称以先生为首。两人学问亦相休戚，曾合作于《中日地方史志比较研究》，如今同入八十大寿，可谓南北双贺。

其他，如梁吉生先生赠之贺诗两首，其中第二首尤其精彩，曰：

椽笔三江涌，高节卓不群。
无人亦自芳，千古鹤精神。

涂宗涛先生贺曰：

钜制鸿篇已等身，红羊劫后太平人。
先生八秩称觥祝，邃谷桑榆四季春。

韩嘉祥先生之作也特耐研读：

老梅愈老愈精神，邃谷园中又见春。
走笔一时收不住，名山文字几齐身。

而海宁文史专家、篆刻家陈伯良则赠之联语一副：

立德立言于兹不朽，寿人寿事共此无疆。

诸多佳作，一一寄来，上述仅例举，无法尽录。且见堂上，鸿儒雅聚，满室弦歌。

专家、学者在这次研讨会上的发言与研究成果等被汇成一编，由先生小友、林则徐研究专家周轩先生出面联络，经新疆大学出版社慨允，公开出版。这本书，在邃谷门人、弟子的通力合作下，仅仅用了两个月的时间即行付印。季羡林先生时年已经91岁，在高温溽热的天气里，亲为题签——"来新夏教授学术研讨会纪念集"。

先生与季老，彼此闻名，却无深交。这份题签的情谊，是学人之间的惺惺相惜，无谓缘深缘浅。

四、摇滚在中国的图书事业里

寿日,天津邮政局为先生特别制作了一款带邮资的纪念封,计有 400 枚,供与会学者留念,另做一枚同样图案的特大寿日封呈与先生,以资纪念。

美国华人图书馆员协会发来通知,决定授予先生 2002 年度"杰出贡献奖"。

这个协会成立于 1973 年,致力于发展美籍华人图书馆事业和中华图书馆事业。"杰出贡献奖"每年选授一位,用以嘉奖对图书馆事业做出卓越贡献者,是该协会所颁发的最高荣誉,同时也是整个华人图书馆界的最高奖项。

殊荣难得,放眼整个中国大陆,在近三十年来,仅有两人获奖,一位是北京大学原图书馆馆长庄守经教授,另一位即是先生。

该协会认为,作为图书馆事业的领导者,先生的业绩促进了中国图书馆事业的发展,同时,促进了该领域的国际交流与合作;而作为专业学者,先

> 2002 年 6 月,来新夏先生获华人图书馆员协会(CALA)"杰出贡献奖",由正在美国的北京大学原图书馆馆长庄守经(中)代为领取奖牌

生的著作，在半个多世纪以来，又始终是该领域的"最主要的参考用书"。

总结过往，艰辛坎坷。

先生是中国图书馆事业，特别是中国高校图书馆事业的"建章立制"者之一。

20世纪70年代末，国家经历动荡后，百废待兴，图书馆业荒废多年，各高校都以自己方式慢慢"疗伤"。

缺钱，缺书，缺人才。

以先生为代表的一批老馆员，为全国高校图书馆的地位和作用而奔走，终于促成了全国高校图书馆工作委员会的成立，该委员会颁布《高校图书馆工作条例》草案，这份文件，是高校图书馆事业的基本依据。同时，先生主导编写了《图书馆学 情报学 档案学简明辞典》，并积极推进由高校图书馆开设文献检索课程，还在南开大学图书馆设立"文献检索课教研室"，由图书馆员给全校各院系学生讲授，因其成效，受教育部委托，南开举办全国高校图书馆"社科文献检索与利用"师资培训班，在全国范围内，培养"文检课"教员。

当年，图书馆学专业期刊短缺，研究成果很难发表，因此，先生又创办《津图学刊》，使"广大高校图书馆人员从此可以不仰人鼻息而自有园地。研究的求果、经验的点滴，都将通过这一刊物而广为传播，让人们不再漠视我们这些掌管信息和知识的人"。

尤为难得者，先生以一人开创两系，分别是南开大学分校图书馆系（今天津师范大学管理学院信息资源管理系）和南开大学图书馆学系，培养了大批学生，现如今，国家各级图书馆中层以上干部，包括馆长等，很多都是先生曾经执教过的学生。

先生不仅重视本科教育，还十分重视成人教育和职业教育，开办多层次的学历教育和非学历教育。如1987年，南开大学图书馆学系开始招收三年制的成人业余专科班学员，生源主要来自天津市具有高中、中专学历的在职人员。1989年9月，首次招收夜大图书馆学专科生共56人。1984年，经教育部全国高校图工委批准和委托，南开大学举办高校图书馆干部进修班，截至 1988 年底，为全国高等学校培养了大约 550 名专业干部。

上述举措，重在普及，培养对象包含本科生、专科生以及普通图书馆员及图书馆干部等，此外，先生还特重对图书馆学精专人才的培养。1987 年，他开始招收研究生，培养方向是"图书馆与图书馆事业"，每年指导一至两人，此举，在培养研究生的同时，还成就了两部书稿：《中国古代图书事业史》和《中国近代图书事业史》，时至今日，这两本书，仍是中国图书馆学教育的必读之书。

除了国内成就，还有对外交流。

1985 年，先生赴美考察后，又组织天津高校图书馆代表团访美交流，并签订了互访协议；1991 年，他任哥伦比亚大学东方研究图书馆和东方研究所访问学者，率天津高校图书馆访美考察团访美交流；1993 年，他又任俄

> 1991 年 6 月，来新夏先生（后排右三）率天津市高校图书馆馆长访美代表团，首站访问俄亥俄大学图书馆时留影纪念

玄俄大学图书馆海外华人文献研究中心顾问,由他领导并发起了中国与美国图书馆界的广泛合作。

综上所述,先生获得图书馆界的最高荣誉,实至名归。面对祝福与嘉奖,回首八十载岁月,先生致谢说:

我非常感谢全国各地的学者专家、亲朋好友的与会;我也非常感谢各位在发言中对我所致力的学术领域和为人给予的肯定与鼓励。我更高兴的是,在我八十初度之际荣获华人图书馆界的最高奖项——杰出贡献奖,但这一切都已是往事。在今后的岁月里,我将竭尽所能,鞭策自己,从零开始,努力做好我应该做的事。

五、学术的厚度——"二寸"

10月16日,应台湾汉学所之邀,先生赴台北出席地方文献学学术研讨会,作"地方文献与图书馆"专题学术报告。会后,复于台湾大学、政治大学及淡江大学等作学术报告,并应邀访问台北大学……

25日回津,稍事休息,于29日又赴绍兴。

这是先生应绍兴图书馆之邀,以贺此馆之百年纪念,并在学术讨论会上作"古越藏书楼百年祭"的讲座。

萧山与绍兴,曾经同属会稽郡所辖,故尔,彼此也谓"同乡"。先生祖父来子裕恂公,曾于1928年在这里任知县,仅仅6岁的少年,随祖父同往,但仅尾半年,便匆匆而还。

昔日渊源,今日故地重游。

绍兴正向社会明贤征集笔墨,镌于城东"千石诗林"内。如吴小如、陈桥驿、任继愈、王元化、陈从周、王蒙、余秋雨等,均有墨宝留存,先生也欣然命笔,题为:

勾践卧薪尝胆，右军兰亭修禊。

蕺山春风化雨，鉴湖抚剑自雄。

不意绍郡一城，尽得古今风流。

12月某日，家人忽然拿过一份《中华读书报》，并指某一段落，让先生细看，"这说的是不是你呀？"接过报纸，仔细端详，文章题目是《从"著作等身"谈起》，作者为肖黎，时任《光明日报》编审，于1963年毕业于南开大学历史系。

文中，肖黎先生有如下一段描述：

上个世纪80年代中期，在长春召开的一次学术会议上，遇到了一位我的大学老师，因多年不见，又无深交，只知他年轻时聪明好学，知识面很宽，文笔也好。在校友聊天时得知，这位老师已出版了11部书，他说自己的目标是出版15部书。同学们都很惊讶！他说，我是因祸得福，长时间不能上课，我就看书做卡片。就是在特殊时期（1966—1976）也偷偷地积累资料，因而现在他才能一本一本地出版专著。同学们都祝愿老师早日"著作等身"。从那次聊天至今又有十多年了，那位老师现已年近八旬，依然笔耕不辍，又出版了几部书，想必已经是个"著作近半身"的学者。这在学界已是凤毛麟角。

文中所述者，究竟为谁？先生"冒昧"，自认自领。

理由有三：首先，肖黎在南开读书，与自己在南开授课确有重叠，彼此当有师生之实；其次，自己也的确与肖黎同在长春参加过一次学术会议；第三，自己也的确出版了许多著作，况且时至今日，虽年之八十而依旧不曾辍笔，这与肖黎所述，更相近矣。

先生"对号入座"，非以炫耀，实为"惶恐"。

肖黎此文，乃针砭时弊，他说，"著作等身"，应为形容词，而非量词，以之形容某位学者学识渊博，成果丰厚，而并非真是要将那一部一部的著作叠加开来，以达"等身"的高度。

可某些学者的理解，却有偏颇，他们或主动，或被动，领衔主编了许多大部头著作，实际上，既不"主"，也不"编"，虚名而已，却"登高一呼，就有众星捧月"，"一帮徒子徒孙东抄西拼，搞的是急就章，自然是金玉其外、败絮其中的学术垃圾"。

这篇文章，肖黎"痛陈"，写得尖锐至极。通篇下来，除梁启超外，再有涉及他人，皆以"某某"出现，不道姓名。他将先生与梁启超并列，意在树立标杆，希望学界能向他们看齐，"在学术质量上有所追求，力争每一篇论文、每一部著作都是创新之作"。

当今，"主编"泛滥，求之者，欲以名人背书，增添光彩；应之者，无甚付出，而又新增著述，何乐而不为？

因为"量"上易见，稍一统计，发表了多少篇论文，出版了多少部著作，皆有据可言，写于履历，密密麻麻。

至于文"质"如何，谁来评价？怎样评价？

肖黎担忧，"长期以来，我国未能建立起必要的、科学的学术规范"，"抄袭、剽窃之风愈演愈烈，学术泡沫越吹越大"。他举了一个例子，有一部号称"最权威、最现代、最先进、最丰富、最有用"的词典，仅前面50页中，错误已达64处之多。

先生读过该文，亦有许多同感，遂提笔，另作一文，题曰《等身、半等身与二寸》，仍发表于《中华读书报》。先生认为，真正的学者，勿以"等身"为喜，应以身后能存"二寸"为志。

此前，他曾读过一文，乃新闻界前辈赵超构的一篇文章，大意是说，一个文字工作者的理想，不是"著作等身"，而是看自己的著作，在身后能否在图书馆书架上占有"二寸"的地位。

图书馆存之"二寸"，这证明，仍有人在读你的书。否则，即使"等身"，乃被弃之暗室，付于废墟，岂不徒劳？

所以，评价一部著作的好坏，不在于"权威""先进""现代"之类，而在于是否有人在读、有人在用，能否流传。

以此主张，行此实践。

先生也主编了许多丛书、文选之类，成果俱在，任人评说，天津社会科学院研究员涂宗涛就说，"先生是不愧于'主编'这个称号的"，"例如《史记选》一书，我参加了审稿工作，该书从体例、篇目安排和文字修改，来先生都是亲自动手的；又如《中华幼学文库》，其中《三字经》一书由我编校，来先生任主编，也是从体例、编校人员组成到最后文字定稿，都是亲自过问的。再举一例，1987年春节期间，我去看来先生，他为了由他主编的《天津近代史》能及时出版，连春节也不休息，照样伏案审稿修改。"先生也曾任过许多方志编写组的顾问、指导专家，无不尽其心力，但成果出版后，绝不挂名。于此，山西省史志研究院研究员曹振武先生亦有所证："粗略统计全国有200余部新修志书饱含着来先生的心血与辛劳，其中有50余部佳志获国家或省级奖"，"实事求是，公正准确，肯定成绩不夸张，缺失谬误不隐晦，勉励新秀不溢美，担任顾问不挂名"。

八十初度，先生整理旧作，编辑文稿，收入《邃谷文录》中，共成四卷，观其厚度，若以"二寸"来衡量，恰好比两个"二寸"略强。先生自言，"删其重复，榨其水分，共筛选得170万字"，至于这两个"二寸"能否长留？时间将会是最好的证明。

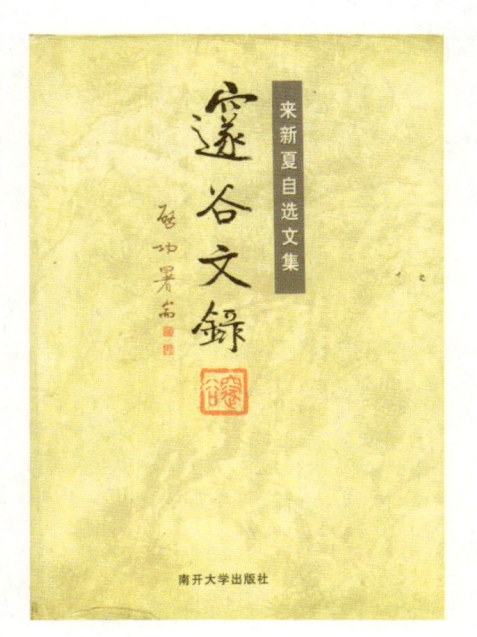

>《邃谷文录》，南开大学出版社2002年6月版

六、老来老来望老来

本年，5月24日，得南开讣告，著名历史学家杨志玖先生辞世。

闻此噩耗，先生久久无法平静。

回忆中，先生初出茅庐，尝叹"知我者谁"？

1951年，先生方任助教，尚不能登台讲学，而杨志玖师则是名教授，彼此资历悬殊，但他并不因先生资浅而轻视。两人曾同在一个教研室工作，又同到农村劳动，还同睡一铺土炕。

犹忆当年，先生告别历史系，志玖师不舍，曾吟诗一首，以志离别，那句"老来老来望老来"，可谓真心一叹！

在先生印象里，志玖师平素寡言少语，但是面对关键问题，却总能直言不讳，据理力争，尤其是肯于为受压抑者鸣不平。他学术造诣很深，致力于隋唐史和元史的研究与教学，特别是对马可·波罗的研究，具有很高的国际水平。

志玖师对于师辈执礼甚恭，其师傅斯年，于1949年赴台，被大陆学界抨击，常人避之犹恐不及，他却不讳师门，多次撰文纪念，这当然要承担风险，也需勇气；他又是郑天挺先生的学生，彼此同在南开共事二十余年，又是同事，"始终敬礼不衰"。

先生以为，这等风骨，以视当今小有所成即绝迹师门者，诚如霄壤。呜呼，先生撰文，临风而吊，心痛言哉！

接着《邃谷文录》《出枥集》，先生另有两部专著面世，分别是《且去填词》与《三学集》。

《且去填词》出版于1月，由天津古籍出版社发行。

先生曾写有一篇随笔，题曰"且去填词"，借宋仁宗御令柳永填词事，暗讽时下一些学有专长者，或主动、或被动，头冠"乌纱"而荒废本业的现象。

是文一出，曾惹争议。有普通读者，也有学术大家，在私下或公开场合，纷纷质疑。议论之处，多集中于仁宗是否是真正的"知人善任"。对此，的确见仁见智。但是质疑者们似乎忽略了一点，那就是先生设此比喻的真正意图。

有鉴于此，先生干脆再以"且去填词"为书名，作无言之辩。此非执拗于与人较之短长也，实有劝世之意。先生被体制遗弃，长达十八年，对于"光阴苦短"，感触最深，人的一生，若能尽己所长，则人生足矣，又何必非要在治国平天下里摸爬滚打呢？

书中之作，多是先生在1999年至2001年间所写，按内容分类，归于五部分。

第一部分，围绕文化所写，有述、有论，有记、有感。对于中西文化与传统文化，皆有自己独到之论。

第二部分，针砭时弊，望能有裨世风，尽一己社会责任。

第三部分，是对有关人物的纪念、怀念的文字，不仅叙述生平，也带有一些历史的感慨和议论。所谓人在世中，每一个体，皆有时代烙印，论此及彼，共呈一代学人风貌。

第四部分，是书序和书评。对待后学、晚辈，先生常有提掖之心。所论、所评，往往不避嫌隙，能尽之优点、缺点，或推介，或建议，或批评，或要求，以此督促作者，文成不已。

第五部分，述游踪，录履迹，观山赏水，穷源溯流，寓文化于山川中，放性情于风月间，置万般景色，尽列于目前。

《三学集》出版于9月份，由中华书局发行，系"南开史学家论丛"第一辑之一种，共43万字。《论丛》主持者张国刚称，能列入此辑之人，皆"史界巨子，南开名师"，除了先生，另有郑天挺、雷海宗、杨志玖、王玉哲、杨生茂、杨冀骧、魏宏运等。

"三学"者，分别为历史学、方志学与图书文献学，人称先生"纵横三学，自成一家"，即源出于此。序言中，他历述生平所至以及治学所得，特叙师道传承，以明学脉。从中学到大学，再到华北大学历史研究室，先生承多位名师教诲，如谢国桢、陈垣、余嘉锡、张星烺、朱师辙、柴德赓、启功、范文澜等。学成后，他一生有为者，唯读书、写书和教书，而这一切，皆系于南开，"我可以毫无愧色地说，我把一生的主要精力都奉献给了南开大学。"

2003年　81岁

一、未了的学缘

2003年，先生81岁。

春，忽遭大疫，这是一种罕见的冠状病毒，英文缩写为SARS，于上年12月首现于广东，随后蔓延，京津尤甚。染病者持续高热、咳嗽，继发肺炎等呼吸系统症状，故又简称"非典"，乃"非典型肺炎"的缩略语。

病疫期间，绝少出门，读书、著述而已。

但有一事仍在进行。从去年12月28日起，先生即在天津图书馆研究生班上讲授"古籍整理"一课，每周一次，至本年3月29日止。在此次授课期间，先生与李国庆议定，编著《书目答问汇补》。

1月间，某日，先生草就一文，题为《读〈关于罗丹——熊秉明日记摘抄〉的札记》，文章的副标题是"兼悼熊秉明先生"。

这又是一篇伤心之作。

熊秉明于去岁12月12日病逝于法国。

近几年来，先生不时会收到一些老友讣告，多有"平生知己半为鬼"之

> 2003年春，来新夏先生在天津图书馆历史文献部研究生班讲授"古籍整理"课

叹。但是对于这些逝者，或多或少，总有交谊，是"谈过心，交流过思想"的，唯此熊先生，缘悭一面。他们原本已经约定，将于春节前后晤面，谁知突遭变故，遂成永憾。

熊秉明（1922—2002），籍云南，生于南京，法籍华人艺术家、哲学家，是著名数学家熊庆来先生的哲嗣。

先生读其书，识其名而知其学，进而思与交谊，憾不可得。

此事，需从去年十月国庆假期述起。七日闲暇，本无特别安排，便在家中卧养，随翻书页。天津教育出版社李勃洋送来两本书，正是熊先生的大作，一本题为《中国书法理论体系》，一本题为《关于罗丹——熊秉明日记摘抄》。

先生自谦，爱于书法，逊于理论。对"中国书法理论体系"的书名就很好奇。历来，关于书法理论的探讨，著作虽有不少，但或研究一人，或论述一派，如此纵贯历代、条析众家，却乎少见。熊先生研究方法究竟如何？思之一探。另外，这本书装帧特别，作者又系旅法学者，如此又多了一层遐想，先生遂停下手头他事，专读该著。

展卷而不能辍手，一连七日，直至终卷而止。

读一本功底深厚而又容易读懂的书，是一种享受。

熊秉明之作，将中国丰富而纷繁的书法遗产，梳理为六大体系，即：喻物派、纯造型派、缘情派、伦理派、天然派、禅意派。条分缕析，追根究底，"把书法的理论归结到哲学的高度，形成全书的主线，把许多人物及其观点都错落有致地挂在这条线上，引导读者只能一气读下去而难以释卷。"

先生感触很多，遂专作一篇书评，题为《条分缕析 追根究底——读熊秉明〈中国书法理论体系〉》，发表于《中华读书报》2002年10月16日的书评专版上。

这篇文章，经李勃洋邮件转发，传于熊秉明一阅。彼时，熊先生正在法国，读后特别高兴。他本来就有在春节期间到天津的计划，遂拟与先生会面。

先生续读《关于罗丹——熊秉明日记摘抄》。边读，边作札记。但仅仅读完一半，因台湾汉学研究中心"地方文献研讨会"相约，只能暂为搁置而赴台。归后，又有绍兴之行。林林总总，迁延许多时日。再次续读前章，忽闻噩耗，不禁潸然。

关于罗丹的研究，命题极为严肃，但该书的体裁却又如此随意。这是从熊秉明1947—1951年间的日记中摘抄出来，再经整理，录而成文，辑而成著。

先生以为，这种体裁至少证明了三点：其一，作者写日记的态度是严肃认真的，不是随手一录，而是博涉多书又深思熟虑；其二，作者具有深厚的学术底蕴，在日记中反映了他很强的学术自信心；其三，作者很有思辨能力，片片段段，略加编辑，即是一篇有中心内容的文章。既有如此储备，何不专为一著？熊秉明解释道：罗丹的思想与自己的思想，已经混淆，很难客观地作一专论。故将日记相关内容增删整理，形成"我中有你、你中有我的作品"。

述罗丹，亦讲自己。反映一位中国艺术学生于二十世纪四五十年代在欧洲学习经历的记录。

先生以为，读这本书，确有参禅意味，有些段落颇具机锋，令人会心一笑后，俯首返求。

下半部，先生读得很艰难。并非作者写得不精彩，而是在这个时候，他已经无法平静读书的心绪。但是，既要作纪念文章，总不能读一半而止。于是，琐琐碎碎，坚持读完，仍旧无法理出一个完整的叙述逻辑。遂发箧中札录，汇入一文，以期用之片段，拾得大概，勾勒出熊秉明先生的学术轮廓。

文稿拟就，投至《博览群书》，发表于2003年第3期。

在先生所作的所有书评中，这是最特别的一篇。以"札记"对"摘抄"，以"片段"应于"片段"，从小处见精神。原来，学者之间，无谓缘深缘浅，但为知己，相识一日，也是一生。

二、结发情深

10月15日，先生夫人李贞病故，享年八十岁。

夫人瘫痪已经六年余，尽管早有心理准备，但是噩耗传来，仍然无法平静。女儿明一驱车疾来，接上父亲，希望送最后一程，但是，还是迟了……

就这样走了吗？不能相信，分明感觉还有那细若游丝的最后一口气，但捕之不到，挽之不回。握了她的手，凝看面容，眼泪再也无法抑制，涕泗横流，泪水滂沱。

六十年连理，折去一枝，怎么可能不为之恸？

夫人病发于1997年6月3日。

急诊、会诊，最后确定为脑动脉瘤。

医生说，要尽快手术，否则生命堪虞。但是即使手术，也有可能下不了手术台。或者会有后遗症，可能瘫痪，也可能永远无法清醒。

踱步，艰难。

先生犹疑、烦躁、混乱地挨过了一个小时，最后决定仍要手术，就算瘫痪或者植物人，至少生命还在！

手术成功，皇天不负，夫人顺利清醒过来！但是第二关接踵而来。24小时后，颅压陡升，这是由于脑内积液增加所致。于是，夫人再度昏迷。

凿眼、导流、埋管，一次复一次，全力抢救，前后共计开颅四次。

病情终于稳定了，但夫人再也站不起身来。

出院回家，雇了保姆。最初几日，状态尚好，有说有笑。夫人强忍病痛，支撑身体，坐起身来吃饭。但在坚持了几个月后，越来越痛苦，渐渐消沉，似有放弃之意。白天沉睡，晚上要先生等陪着聊天，情绪错乱，说一些不着边际、甚至有些"瘆人"的话。

保姆不堪之负，竟也辞职。

先生一人照料，的确力所不济。洗洗涮涮，对八十多岁的老人而言，已经很是艰难，何况一日三餐，擦屎擦尿，如何坚持呢？儿子、女儿也要工作，不可能终日绕于床头。

又坚持了一个月，实在无法继续。在迫不得已的情况下，只能将夫人送去老人院。

这是多么无可奈何的决定！

先生谓之，不顾世俗眼光，其实，这是自我安慰。他人之论可以不顾，但是自己心里的这道坎儿，最难跨越。

夫人李贞，出身于知识分子家庭，父亲是工程师。家里姊妹共有七人，夫人行五。但不幸的是，其余早亡，只剩下她一位，集聚宠爱，自尊自信，爱说爱笑。

先生与夫人相识在高中时代。

当年，他们彼此同在广东旅津中学读书。但是同届而不同班，并且分属文、理，没有多少交集。但他们互识姓名，因为都是校内"名人"。先生是才子，时有文章见诸报端，而李贞则是校田径队的队员，也算红极一时。

高中毕业后，先生在谢国捷师家读书，与夫人偶遇，这是缘分的开始。李贞同样是谢国捷的学生，经谢师撮合，与先生渐渐相知，并在先生入大学二年级后，登记结婚。

当年在北平，二人共历艰难，居无定所，数月一次搬家，当真如流浪一般。

偶尔，岳父接济，再加上奖学金，这几乎就是家里的全部收入。如何够用呢？生活逼迫，不得不勤工俭学。

先生四处投稿，求于稿费，同时也四下寻找编辑之类的兼职，例如那《文艺与生活》。为求生计，差点被污蔑为特务，遭受十八年的折磨。命运常常开玩笑，当日，以之博得生资，日后却因此几乎丢掉"饭碗"。

夫人没有正式的工作，但也想方设法赚钱，为别人织毛衣等，换点儿零用，尽量贴补家里。

所以他们的生活，是从吃苦开始的。

多少年来，他的患难与共、相濡以沫。

下放津郊，夫人随行。

曾经与夫人一起下放至津郊翟庄子村的乔沙女士回忆，当年在翟庄子，乔沙一家与先生一家分别住在生产队长家及队长的兄弟家，两家房子位置相近，为前排、后排，他们又都从南开下放而来，自然关系亲近。

"我们一起下地劳动，回来后有什么事也相互照应，我开始不太会做饭菜，她就手把手教我烧菜。"乔沙说，"头一年我的孩子不在身边，有时候想孩子，我们一起交谈时，她就劝解我，后来女儿先来了，有时我下地去了，她就教我女儿做饭。"

生活越来越苦，但是他们越活越轻松。先生回忆，在农村里，夫人常与农妇们打成一片，笑容似乎更多了一些……

夫人在学术上，也是尽力帮助先生。

时任新疆大学出版社副总编辑的周轩先生介绍，在自己注释林则徐诗作时，遇到些疑难不解之处，只有向先生求教。"几次都是由师母代抄资料，经先生审定后寄我的。"夫人还曾替先生去杭州，校对来子裕恂公的手稿！

就这样，六十年的相濡以沫。婚时清贫，再算上十八年的"内控"，苦过的日子算起来已有二十多年，再加上六年余的病榻折磨，这已经将近三十年岁月了。他们夫妻在一起的日子，算是甘苦各占一半吧。但是，这只是简单的数字逻辑。既然彼此珍惜，又何必在乎或贫、或病？

先生与夫人的感情一直很好。

据周轩回忆，在1992年的暑假，夫人去新疆，于是，先生亲自写信叮嘱："我的老伴李贞女士近日飞抵乌鲁木齐探望亲外甥一家，并作西域之游。如此一次不容易，年老又保守，希望你能动员她大发游兴，拍点照片。"

为了让夫人玩得尽兴，先生甚至动用说客，谁谓用心不周？

夫人曾说，希望自己走后先生能为自己写一篇纪念性文字。先生谨记并兑现承诺，初拟题目是《空留寂寞在人间》，但是，写这样的文字是多么的艰难啊！

昏昏然，理不出头绪，于是停滞。

大约在一个月后，忧伤稍有所抑，继续动笔。仍是写写、停停。每次回忆，都是在心头上撒盐，六十年的相濡以沫，从何说起？又断断续续地写了两个月，终于定稿，由《老年时报》在2004年1月16日正式发表，题目改为《风雨同舟结发情》。

六十年相濡以沫，相守、相望，到了白头。

三、学术的命

6月20日，《天津史志》第3期刊载了该刊赵泉明副主编对先生的访谈，题目是《南朝四百八十寺 多少楼台烟雨中》。

赵主编第一个问题，就提得十分尖锐，有人说先生学问大，成果多，但就是有些"狂"，瞧不起人，"您是如何看待呢"？

对此，先生早有耳闻。

他回答说，在主观上，自认绝无"藐视他人，唯吾独能"的想法。"哪有什么天才？一分汗水一分耕耘"，故何敢言"狂"？要说瞧不起人，他最瞧不起两种人：一遇困难，一碰挫折，就灰心丧气、自暴自弃，这是没出息的可怜虫；另一种人，凡事都怨，说三道四，从不干事，却嫉妒成功者，这是没有志气的窝囊废。而最看重的是"自己不能垮，挺住、耐磨，像鲁迅那样进行韧性战斗的人"。

无欲则刚，有容乃大，对人无欲无求，对己无怨无悔，我行我素，先生之谓也，他说"我始终相信党和国家终不弃我"。

年过八旬，先生看人生，往事迷濛，恍如"南朝四百八十寺，多少楼台烟雨中"。然此迷濛，自有韵味，岂非甚好？

一生都在烟雨中，迷濛地活着，故题作《烟雨平生》，问其人生遗憾，先生慨叹，事情比命长。天天做事，总也做不完。

慨叹时，他正从事《清人笔记随录》的写作，体例一依《近三百年人物年谱知见录》。由此看来，他有两条命，除了生命，还有一条学术之命，生命以百年为期，学术之命更长，以三百年为期，作为学人，养生，不但要养生命，更要养自己的学术之命。明乎此，则可谓"达"也，所谓幸福，以"达"为先，达人知命矣。

12月3日，噩耗传来，吴廷璆先生逝世，享年93岁。

吴先生哲嗣弘明告之，强调说，丧仪等事，一切从简。

先生泣曰："吴先生对我的一生，有着多么重要的关联"，"他对我的关注与奖掖，绝不是语言所能述说的"。

沉浸于悲痛里，无法提笔，但又自感有责任与义务诉诸文字，以示纪念。历数月后，待情绪稍安，再提笔撰文。

吴廷璆对先生，有引进之恩。1951年2月，吴师赴北京中国科学院历史研究所第三所（近代史所前身），向范文澜求聘师资。范老推荐先生，从此，开启了先生在南开一生的事业。

吴廷璆对先生又有知遇之恩。朝鲜战争爆发时，吴老亲赴前线慰问，将"中国近代史"课程，交予先生代授。等他回来，见先生教学甚好，干脆让他继续教下去，由代授转为正职。

在先生的印象里，吴老慷慨好助，但自己却十分简朴。身为国内日本史研究领域的翘楚，又是资历颇深的"老革命"，他本可以向学校提出照顾的要求，但他从不。晚年，只骑一辆破旧自行车，穿行于南开园的各个角落。有一晚，天黑路滑，摔伤了腿，此后，安步当车，即使步履蹒跚，依旧常到日本研究院看资料。

吴师主编的《日本史》，是第一部由中国学者撰著的日本通史，吴老为这本书，历十年辛苦，淬磨于一剑。其时，先生在南开大学出版社任社长，力主出版该书，甫一面世，即成权威。

《日本史》出版时，先生已经退休，吴师竟以八十多岁的高龄，爬上南开北村三楼先生寓所，亲自送书而来。先生惶恐，告罪连连。吴老却说，正好串门，要先生多提意见。

如此谦逊者，遽归道山，如何不痛？

先生常想，吴先生对自己的大德，何以为报？还是用教学与学术来反馈吧！他自信自己通过不懈的努力，应该没有辜负吴老的奖掖和期望。

本年，先生又有两部著作重印，分别是《古典目录学浅说》与《古籍整理讲义》，或为再版，或为增订。

关于增订者，需要特别说明一下。

《古籍整理讲义》原有八章，分别是："论分类"，"论目录"，"论版本"，"论句读"，"论工具"，"论校勘"，"论考据"，"论传注"。内容节选于先生的油印讲稿——《文献整理十讲》。

这个讲稿，系先生于20世纪60年代至80年代创作。

除了上述八章，另有"论正史"与"论类书与丛书"两章。当年，遵照出版社意见，将这两章删去。大概是因为前面八章专论方法，而后面两章，作为几类古籍的介绍，似乎上下不符。

但，这种看法也未必合理，即使专论方法，也应该对古籍的概貌有一定宏观性认识，否则，岂不类于"盲人摸象"？

于是，先生在编撰《邃谷文录》时，又将那删去的两章重新恢复，并对各篇进行修改，有的篇目还做了较多增订。

此际，再次出版，又有新增，将"论正史"一章，易为"论二十四史"，再增加五章内容，分别是"论十三经""论诸子百家""论总集与别集""论地方志""论佛藏与道藏"。

书域拓展，除了介绍古籍整理方法，又概述古籍基本面貌，于经、史、子、集外，又引入地方志及佛、道经卷等。

2004年　　82岁

一、"思白"兄的史与诗

2004年，先生82岁。

元旦，为一篇旧作写补记，这是一篇悼文，怀念著名民国史研究专家孙思白，题目是《博学多才孙思白》。

孙思白先生逝世于2002年8月22日，享年90岁。

得知这条消息是在《光明日报》上。那日，先生刚从南方公务归来，习惯性地打开报箱，看到报纸上的讣告，他简直不敢相信自己的眼睛，戴上眼镜，又摘下来，然后再戴上，反复确认。

孙先生卧病多年，最主要的症状是背痛。

最近几年，又患上了小脑萎缩，但病情一直平稳。在前不久，先生还与孙夫人联络过，得到的消息是，一如故旧，仍在疗养院内治疗。但万万没有想到，噩耗如此之速。最终，夺走生命的是急性肺炎。

"我泪眼婆娑，房颤加快，手中的报纸，不自觉地掉落在地上。"又过三日，情绪甫定，发唁电于孙夫人：

  南游归来，始获思白兄仙去噩耗，不胜痛悼！我与思白兄二十余年交往，谊属至交，情同手足。忆往岁聚首京华，切磋议论，共话史事，而今已矣，得不顿足？临风吊唁，思白有知，当明我心。一俟心情少静，定当撰文奉祭。

这篇纪念性文章成文于次年10月，如今重新整理，准备将它奉于《孙思白纪念文集》中，特行补记如下：

  思白兄辞世后，我写了上文（指《博学多才孙思白》），并几经修改，自以为差强人意，曾多次投寄报刊，希望更多的人了解思白，但均被婉谢。我一直疑惑为何有此冷遇？后来一位熟识的编辑告知："所写的人知名度差点。"我甚感愤懑，骂了几声闲街而已。后来不断看到一些歌手明星，正常或不正常死亡后，常常连篇累牍地大发消息、花絮和悼文等，不禁心有不平，难道一位饱学之士还抵不上那些歌手明星十分之一吗？但忽然想到，子曰："君子固穷，小人穷斯滥矣！"思白之不若歌手明星，固也！

  八十余岁的老人被气到如此程度，甚至"骂街"，非气度不够，概因所悼之人，是他一生至交，如何不急？

  更何况，报社等拒绝的理由，略显轻浮。并非思白先生没有名气，因其无市场而已。眼下，经济腾飞，文化跛足。如思白先生等，虽皓首读书，满腹经纶，但怎比那些大腕明星更能博人眼球呢？故先生叹之，曰"君子固穷"。

  孙思白（1913—2002），原名兴诗，字思白，地下工作时曾作化名孙放，山东济南历城区人，是中国现代史、中华民国史学科的奠基者、开拓者之一。

  因巩绍英之故，先生与孙思白深交，孙年长10岁，故先生尊之为兄。

  兄乃长者，当年，某人造谣，先生愤然。为兄者开导曰，"谣言止于智者"，"不要让无知、无聊、无耻之徒因你'发火'而暗自称快"。见先生犹

> 1982年3月,来新夏先生(右二)到中国第二历史档案馆查阅民国史资料时与孙思白(左二)合影

愤不已,故幽此一默云:"难道狗咬你一口,你也去咬狗一口吗?"先生一愣,哈哈大笑,心结一笑而解……

先生写书,很少请人作序,自称"性格原因"。

其实,学问自作,无需须人自重,他是不愿假借他人名望,烘托自己文章。另外,他还认为,只有自己对自己作品的思路、特点等最为熟悉,所以"自序"较"他序"更有导读之效。但是,《北洋军阀史稿》一书,却为例外,先生请孙思白为之写序。

二、"八角亭学派"

北京东厂胡同1号,对于先生而言,应该再熟悉不过。此处曾是黎元洪旧宅。当年,他在这里追随范文澜师,整理民国档案,如今,成了"中国社会科学院近代史研究所"办公地。

院内有一八角亭，先生等人曾盘桓于此。

这个亭子，对于孙思白来说，同样意义重大。

1956年，他从山东大学历史系被借调至此，与李新、彭明、蔡尚思、陈旭麓等合编《新民主主义革命时期通史》。

亭外假山旁，有一排单人宿舍，"五教授"一人一间。亭内，设置了一间办公室，作为编辑部，统稿、讨论、修订等，都在这里。当日编写教材的工作，套用当时流行话语来形容，真正做到了"三同"——同吃、同住、同劳动。由于他们在一些重大学术问题上形成了具有一定影响的学术思想，被学界称为"八角亭学派"。

此学派一大贡献，是对中国近现代史分期问题。按传统，近代史划分为1840年至1919年，定性为"中国旧民主主义革命"时期，历史的主要界标，为"鸦片战争"及"五四运动"；"五四"以后至今，则是中国现代史阶段。其中，1919年至1949年，又称"新民主主义革命时期"。这种提法，源于延安时期的"中国现代史研究会"。而"八角亭学派"则主张，"从鸦片战争"到1949年中华人民共和国成立，应该统称为中国近代史，而中国现代史则应从1949年开始。

他们认为，自1840至1949年，中国社会性质未发生根本变化，依然是半殖民地、半封建社会，故不应分为两阶段。

较之前的分期，"八角亭学派"的进步在于，不再以领导力量的变化来划分历史阶段，而是根据社会性质来分，这在一定程度上淡化了历史研究的政治色彩，侧重于社会发展本身。

1963年，《新民主主义革命时期通史》基本完稿，并陆续出版，编写人员，也各回原单位。

八角亭，人去亭空。

回到山东以后，在除夕，孙思白作诗一首：

爆竹声中忆故人，起看星斗夜无垠。
神飞京兆会彭李，梦到江南思蔡陈。

几载共期班马业，何年重对西山春？

举杯今夕遥相助，努力加餐德日新。

彭、李者，彭明、李新，一位是人民大学教授，一位是近代史所研究员；蔡、陈者，蔡尚思、陈旭麓，一位是复旦大学教授，一位是华东师范大学教授，故曰"京兆会彭李，江南思蔡陈"。

1993年春节，孙思白又赋诗一首，以赠彭明：

君住西郊我住城，毗邻却似里千程。

一年才得两三见，梦里空怀八角亭。

亭里当年聚五人，至今不见麓公陈。

掩书余子皆伤老，犹喜彭郎一树春。

陈旭麓教授于1988年12月1日谢世，故而诗中有语"至今不见麓公陈"。彭明是含着眼泪才把这首诗读完，然后立即联系李新教授，并将这首诗转述。李新也是感慨良久，急询孙思白健康状况，关切之意，溢于言表。但是不久，李新也重病卧床了。

"余子皆伤老"，人生敌不过岁月，无奈矣！

此际，孙思白的健康每况愈下。他得了一种怪病，背痛难忍。静不下心来看书、写作，严重时一封信也要分几次才能写完。这种背痛一天总会发作几次，用手敲打，然后再揉上几下，或许就能好些，于是他略带无奈地打趣："此病欠打"。

反复检查，甚至登报求医，针灸、按摩，中西结合，依旧无效。究竟是什么病呢？据推测是无菌炎症，但始终没能确诊。

晚年，他身患老年痴呆症，甚至连自己的子女都不认识了，但仍然会说一些怪话。例如，"你说我有什么罪？我们得争啊！"这句话，是他早年学生韩凌轩亲耳所闻。韩凌轩在《忆思白师》一文中这样评价："这是复杂的人生遭遇的超强刺激在他的脑海里所产生的、经过浓缩了的最本能的反映。"

"运动"初期,孙思白任山东大学历史系副主任,主任是蒋捷夫。

1971年春,他被借调到中国历史博物馆,在此间,与巩绍英相识。1973年,他又被借调到中国社会科学院中国近代史研究所,与李新等共同筹划编写《中华民国史》。这又是一次冒险。

民国史,与当代太过切近,遂为"险学",动辄获咎,避之犹恐不及,又如何去写那些"罪人""恶人"的历史?

孙思白建议,只要坚持以马克思主义、历史唯物主义为指导,写真史、信史,用事实说话,客观公正,就不怕什么"帽子""棍子";至于内部,大家要互相切磋,遇有不同认识时可以展开讨论,坦率提出不同意见,但不搞无限上纲。这就确定了方针,统一了认识。但是即使这样,还是不可避免遭批判。

据朱信泉、严如平在《缅怀民国史研究的开拓者孙思白同志》一文中披露,在民国人物传记第二辑出版不久,有人说"传稿有客观主义倾向,应向'梁效''罗思鼎'的有关文章学习"。"它们(指传稿)至少也不能算是马克思主义的"。

的确,这部人物传记确实没有如"梁效""罗思鼎"那样穿"靴"戴"帽"、强词夺理、挥舞棍棒般打倒一切……

先生说他"博学而多才",能证明这一点的,除了诗文,还有著述,先生认为,孙思白对中国现代史学科建设有首创之功。

1958年以前,没有所谓"中国现代史",皆以"中国革命史"代之。孙思白以为,中国革命史与中国现代史有共同点,也有不同点,所以要区分开来。他认为,不同在于,中国现代史还要从中国社会的基础与上层建筑所包含的各个方面进行综合论述,从而使中国革命发展的基本规律建立在中国现代社会发展规律的基础上。

对于中华民国史的研究,他也有奠基之功。编写中华民国史,他与李新等人,首先是为编者解放了思想,确立编写原则,即用事实说话,客观公正,不乱扣帽子等;至于编写步骤,他们以"三步走"的计划推进,从"资料"到"专题",再到"民国史",步步为营,稳扎稳打;在具体写作大纲上。他们主张编写三编六卷的《中华民国史》，一编是民国创立时期，二编是北京政府时期，三编是国民政府时期。以上，皆有提纲挈领之效，为后来研究者铺一通道。

至于孙先生的其他研究，仍有许多，如对北洋军阀史的研究，对五四运动史的研究，对"一二·九"运动的研究，对陈独秀思想研究，等等，皆别出机杼而史论迭出。但是，即使这样的专家，还是被某些传媒机构认为不甚著名，斯文扫地至此！

身前身后，皆过眼云烟，不必计较，但始终难忘者，唯彼此间的真挚友谊。

先生回忆，自己每次去京，总是要探望兄长。那时候，孙家距离北京火车站较近。每次分手，孙思白都要从五楼走下来，送先生到火车站后，方肯回去。他解释道，是担心先生路况不熟。其实，这是不舍啊，哪怕再能多聊一分钟，也是难得……

三、未刊之访

5月，先生在邃谷书房整理一篇采访记录。

这篇稿件是某报记者登门采访后的札录，围绕高等教育问题展开。但事后未见发表。或许，先生所答"有欠精准"，抑或"未合主流"？既不见用，遂自行录出，以就教于方家。

记者所问的第一个问题是关于大学生"论文速成"现象。

先生以为，这虽然并非普遍，但也的确存在。似不能完全归咎于学生，这是社会急功近利风气暗暗渗透所造成。一些教师在学术上的不良行为，也影响到了学生。

现在，高校教育体制过度重视量化，本科、硕士、博士，各自规定一年要提交论文几篇，要在哪级刊物上发表，然后按量给分，以此定优劣，奖学金、保研、博士答辩等，均与此挂钩。甚至教师，也要以论文发表数量和发表刊物级别来调定津贴等。

计"量"固然方便，但由于利益驱动，往往造成不顾"质"的结果。当然，现今电脑普及，检索更易，也为某些人提供了方便，剽窃、抄袭、拼凑速成的论文，有害学风、学术，绝不可取。

记者又问，现在一些博导同时辅导数十名研究生，要看几十篇毕业论文，这对学生学风有何影响？

先生答道，师者，"行为世范"，己若不正，焉能正人？上行下效，也就见怪不怪。如今多招研究生是普遍现象，但人的精力总是有限，超限只能"放羊"。如今有一种怪现象，老师若是要求严苛，便无人报考。但若连续轮空两年，便要撤掉博导资格。无奈，大多数只好随波逐流。首先，学生多，当然有好处，工作量大，补助津贴也水涨船高。其次，门生遍布，其中，再有若干政要、商要，那就更加"相得益彰"了。若积之岁月，门徒日众，尚可自立门派，傲称宗师。至于学生质量如何，造诣如何，学术进展如何，"则非夫子所问也"。

记者再问，现在有很多网上"攒"出来的文章，更有职业"枪手"代写论文，对此怎么看？

先生认为，网上"攒"文章，如果是代人写一些官话、套话之类，或许身不由己。但若以学术论文面世，那简直是犯罪。

至于"枪手"问题，古已有之，于今尤烈。听说，代考、代写论文等，都有明码标价，甚至有"替考公司"之类的中介。找"枪手"的人多为公务繁忙的"阔少""阔佬"，他们为了混文凭，自己又无实学，只好采取用钱雇人的卑鄙手段。近年更有些政要、大款为了包装自己，铺垫升级，也用此法得之文凭、学位，影响极为恶劣。这已触犯法律，必须严惩。

记者所提的第四个问题，认为现在有些学生不认真读书，原因之一是老师指定的书籍无趣，甚至无用。对此，如何来看？

先生以为，这种情况，老师应负主责。现在的确有一些教材或参考书，很难读，甚至读后感觉浪费时间，内容了无新意，文字有欠流畅。有些教师为了出成果，约几个人东拼西凑，这种书怎么能让学生爱读呢？但是，即使是学生读了无用之书，也不必后悔。好书当然开卷有益，而无用之书，要分析它为什么写得如此糟糕，它的不足之处亦可为反面教材。只有那些暴力、淫秽的书籍，读了才会后悔，因为浪费生命。

记者最后又问先生，对大学教育的其他看法。

先生总结了三点：

第一，大学教育应该是精英教育，是培养较高层次人才的场所，应该讲质，而并非单纯求量。国外大学"宽进严出"，淘汰率较高，我们的大学自扩招以来，"宽进宽出"，用数字来显示教育发展，难以保障质量。

第二，大学生的知识基础要广、要杂。我们太求纯了，只为管理方便，把学生局限在专业圈子之内，让学生整天在一个领域中转，枯燥乏味。文理医二应互通，不同学科领域之间至少互选一门课程。宿舍安排，除性别外，各专业学生应以杂处，互相学习，耳濡目染。

第三，要尽力树立大学生的正面形象。过去，大家对大学生都看得很高，认为他们有礼貌、有学问。现在却相反，人们对之颇有微词。希望大学生自己能够注意，学校也可以开一门礼仪性、素质性的公共课，以之陶冶学生……

本月18日，先生赴浙江，出席"海宁市图书馆百年纪念"。

这座图书馆是中国第一个县级图书馆。先生祖父来子裕恂公曾在海宁任教。故在大会上，先生赠来子遗著《汉文典》《匏园诗稿》《萧山县志稿》等，并作学术报告，题为《海宁藏书家浅析》。

会议间歇，参访王国维、徐志摩、张宗祥、徐邦达等名人故居。其中，尤以徐志摩故居令人印象深刻。

在海宁，徐氏有新、老两宅，皆在硖石镇上。老宅为祖居，位于保守坊，是徐志摩的出生地。新宅在干河街，为1926年徐父为徐志摩新婚而建。

先生参观的是新宅。这是一座洋楼，陈设除梁启超题匾曾被破坏之外，其余如故。

楼后有一井，徐志摩留有文字，颇为浪漫："眉，这一潭清冽的泉水，你不来洗濯，谁来？你不来解渴，谁来？你不来照影，谁来？"爱意纤纤，却非钟情者。于此，梁启超特有批评，他在徐、陆的婚礼上，以证婚人的身份为之训词。

先生读这份训词，谓之"古今罕见"。

例如，在该文中，梁启超劈头一句，"志摩、小曼皆为过来人"，你们"离过婚又重新结婚，都是用情不专，以后要痛自悔悟，重新做人"，"愿你们这是最后一次结婚！"

字字皆有分量。爱之深，责之切也。

览此故居，先生心情复杂。对于徐志摩，慕其才华，感其真情，又为其英年早逝而悼。

21日，会议结束。假道嘉兴，小作逗留，游于南湖，登中共第一次代表大会游船会址，并参观纪念馆……

7月，先生所著《学不厌集》，由福建海峡文艺出版社正式发行，共24万字。

人生难耐寂寞，概因皆有希冀而贪求满足。先生以为，"如果能够澹泊人生，敝屣荣华，那不但不会有寂寞的苦恼，反而需要寂寞，进而享受寂寞"。

对于知识分子而言，享受寂寞的方式即是"学而不厌"。故先生以"学不厌集"为题，命名该著。

先生总结说，自己一生历之两次寂寞。第一次，在40年前，被排挤于群众之外，不论经历多少艰难，依旧学而不厌，读书几十种，恢复和撰写多部著作，这是真正"享受了寂寞"；第二次，在10年前，退休还家，"寂寞给我腾出了自由的余年"，学而不厌地读书、写作，完成那些"半截子工程"，"了平生未了之愿"。

《学不厌集》共有五卷。卷一，曰"学术管窥"，乃宏观性综论学术、文化等；卷二，曰"书山有径"，论及自己学术历程，分享治学、读书、写作的方法；卷三，曰"撮其指要"，系先生为己、为人所作的序评；卷四，曰"书海徜徉"，是先生读书的心得体会，主要以书评为大部；卷五，儒林观风，以学者之眼，观人论世，有针砭时弊之议，以裨世风。

10月，先生所著《只眼看人》，由东方出版社出版，收入《空灵书系》

> 2004 年 12 月，来新夏江南行期间留影

中，共 15 万字。这本随笔集为先生历年所积之品评人物的随笔。共 36 篇。分为两卷：上卷 11 篇，述古人；下卷 25 篇，述近代以来人物。取生不入录原则，所收人物，皆以作古。

先生以为，人物是历史的主体。人在社会中，或流芳百世，或遗臭万年，或平凡度日，但是如何品定，依何标准？

传统看法，看人要"全面地、历史地"看，或"四六开"，或"三七开"，要论主流，抓方向，而先生则反之，其方法，就四个字——"只眼看人"。何谓"只眼"？乃"独具只眼"也。

先生说，自己双目皆病，患有白内障。一目手术后，看得清；另一目，仍在病恙中，看人、看物，都是朦朦胧胧。

或曰，如此更好，以健康的眼看古人，因无现实因素掣肘，可以看得清清楚楚；以之病眼看今人，隐隐约约，求之轮廓，诉其大致也。

以上，当然是戏谑。先生看人，以之只眼，目的是聚焦。如射击瞄准那样，集于一点，反而更加清晰，颇能一眼看穿。人生一世，有多少作为？如诉求全貌，何其难矣。不妨聚焦于某点、某处，一事一论，以小映大，岂非另一种探讨？

四、师生深情

10月22日,先生与焦静宜师成婚。

焦静宜本是先生的学生,师生之情如何升华为爱情?焦师觉得,这是始于同情,再到欣赏,上升为崇拜,归结于爱。

所谓"同情",是因先生当年所受的苦难,而崇拜与欣赏,则由于学术。其缘起,在参与编著《北洋军阀史稿》时。

那时,焦师便惊叹先生对于史料的熟悉,针对某个问题,需要查阅某种资料,这些资料在哪本书里,书的作者是谁,是在哪个出版社出版,具体在哪一年出版,先生都记得清清楚楚。她还记得,先生曾说,使用资料不是堆砌,最好的方式是"镶嵌",用最经典、最贴切的材料,说明一个问题,不需要长篇引用,要有消化材料的功夫,前后文搭配,如行云流水,不能因材料的引用而顿挫难通。

《北洋军阀史稿》有大量删改,先生笔勾纸画,若有材料补充,则另裁一纸,贴上"补丁",缀于需要之处,一页稿纸,淋漓满页,东贴西凑,真有些惨不忍睹,但是内容却越来越清楚。

于学问之外,先生的人品,亦令她钦佩。

20世纪80年代,有一次在承德召开某丛书编委会,一位从前的学生来拜访先生。而先生正在主持会议,无暇分身,遂由焦师替他招待。

闲聊间,这位学生说他自己于1957年被打成右派,助学金、奖学金全部被取消。他出身农村,家境贫寒,先生帮助他找了一些刻印讲义之类的活计,才使他能勉强度日,得以毕业。

毕业时,此君被分配到张家口一家工厂,那时,他身无分文,先生又赠给他20元钱。于是,买了车票、行李,到了当地,又用这剩余的钱,坚持了一个月。等拿到第一个月工资后,才算真正稳定。此人名叫黎洪,后来,成为承德一中的校长。当年,他被落实政策,回到南开学园所拜访的第一个人,就是先生。

还有一位名叫胡校的学生,也被打成右派,他是宁波人,家境困难。先生让他帮忙抄写一些资料卡片，然后，付其劳务。此君倔强，若赠以资费，恐其不收，遂以迂回方式，间接资助。

毕业后，此生被分配至山东，"运动"后，任枣庄师院校长，先生落实政策后，第一次外出讲学，就是受他之邀。后来，此生调回宁波，不幸罹癌去世，撇下老母、妻子，还有两个上学的女儿。先生每逢年节或开学日，都会给她们寄钱，直至其女儿工作，胡妻请求先生不要再寄钱物了，而且每年还会寄来一些新茶，先生这才放心。

类似的，还有很多。例如，南开图书馆学系第一届学生中，有一名学生，是个东北女孩儿，无父无母，通过自我奋斗，成为一名作家，而当年，先生几乎每学期都会给她一些补贴。

先生在地方志的研究过程中，结识一人，是甘肃武威人，经常给先生写信，交流一些学术问题，可两人一直未能见面，此人生病时，先生默寄数千元，病愈后，特别感激，他家有棵花椒树，每年丰收，都会给先生寄来一大包，这个人的名字叫作曾礼。

此类，都是焦师亲眼所见，感动之意，默存心间……

对朋友、对学生，尚且如此，对待家人，先生更是体贴周全。

入职南开后，在工资正常发放情况下，先生每月必从薪水中拿出一部分，邮寄给萧山的两位亲属，一位是祖父裕恂公，另一位是西兴镇外祖家的小舅舅，直至两位老人辞世而止。

先生夫人李贞之父早逝，岳母一直和先生一家共同生活，前后共二十年。而在最后五年，她的胯骨摔坏了，开始还能挪动，后来根本不能下床。每日三餐，先生做好后，都亲送床前，而端屎端尿之类，若李夫人不在家，他就代劳，从无怨言，极尽孝道。

夫人李贞晚年，也瘫痪了六年之久，她在病重之际，曾对先生表示感谢，说谢谢先生照顾了她们母女两代人。

毕业后，焦静宜师的家人、亲戚、朋友，代为介绍对象的也不在少数，但都无缘，一来二去，渐失热情。她希望自然地积累感情，不愿意突兀接受某人，毕竟，爱情是一辈子的事情。

1983年5月,焦师从《南开学报》转职于南开大学出版社,于此扎根,直到退休。日子,充实而恬静,读书、编书、写书,这是一种别样的美满。她与先生结合,一如水流成渠。

五、学术伴侣

在李夫人眼中,小焦只是一名学生,孤零地一个人生活,需要照顾。

20世纪80年代,订牛奶比较困难。李夫人到处打听,谁家不定了,立刻补缺,然后,把名额留给焦静宜。每天,李夫人把奶拿回来,放在冰箱里,等焦师下班后再过来取。

90年代,焦静宜师也分得一套住房,就住在先生家后边,彼此更近了。李夫人主动提出,让焦师不必一人开饭,干脆到自己家来吃。焦师婉言,太添麻烦,李夫人却道,仅添一副碗筷而已,并笑称让焦师刷碗——"以工代赈"!就这样,隔三差五,焦师就去先生家蹭饭,若有好吃的,例如饺子等,一定有她的份儿。

李夫人将家里房门钥匙,也都留给了焦师,因为她在医药供应站工作,经常赴外地发货,而先生也经常出差讲座,或参加研讨会,家里常常无人,花草之类,需要有人照顾,况且,李夫人一旦把钥匙弄丢了,还可以找焦师救急。这是一种信任,对焦师,也对先生。

那时,嚼舌根者不少,然问心无愧,任彼流言蜚语。

1993年,先生在日本讲学,其间,成就《中日地方史志比较研究》中文版,计划由南开大学出版社出版,焦师奉命赴日洽谈。出版社方面这样安排,是因她与先生有师生之谊,而她所主持的工作,更与此项直接相关。有人从中作梗,以所谓"作风问题",投诉至学校外事部门,以致焦师出国申请,一直未被批复。听到此事,李贞夫人怒不可遏,亲自去敲分管外事部门副校长的房门,直接追问,凭什么学校不让焦静宜去日本,这难道不是工作吗?

当事者李夫人都来澄清,还有什么说辞?

所以，此行虽然波折，即使在日本也有宵小刁难，但毕竟顺利完成了任务，为南开大学赚来不少外汇。

1997年6月3日，李贞夫人患上脑动脉瘤，晕倒在地，而第一位赶至先生家中者，即是焦师。

李夫人病发前一天晚上，焦师刚好在先生家中做客。李夫人觉得头晕，还呕吐，起初以为是食物引起，先生下厨房，煮了一碗香菇西红柿汤面，吃过后，症状稍缓，焦师这才回家。

次日清晨，大约6点钟，焦师突然接到先生电话，说李夫人摔倒了。急忙赶过去，见李夫人仍倒在洗手间门口，只穿着短裤内衣。赶紧去扶……在医院，手术过程很波折，李夫人从此卧床，不能起身。后来，被转送至养老院。焦师常常去看望，陪着聊聊天，这是一种宽慰。那时候，李夫人最需要的，就是鼓励。

先生也常常去探望，有一次，李夫人对先生说，自己走后，最担心的是先生的生活，她觉得，只有焦静宜能够照顾好先生！原来，在病中，李夫人想了很多，这时候，或许她才不把静宜当作学生，而是当作可以托付的女人，用她来代替自己，守在先生身旁。

先生在李贞夫人去世后，在报纸上发表了一篇文章，题目是《风雨同舟结发情》，而文末有一句："你的嘱托，我已照办，九泉有知，请你放心"，先生言之隐晦，但他所指的就是这层意思。

夫人李贞去世后，先生侄女来明敏专程来了一趟天津，主动找到焦静宜师，彼此深谈了一次。大意是说，先生一生坎坷，如今李夫人故去，希望焦静宜可以代为照顾先生。焦师沉默，没有立即表态。她送明敏去火车站的时候，明敏又进行劝说，让焦师不要管别人怎么看！焦师回答，自己不在乎别人的看法，但不知道先生的态度。在得到肯定性答复以后，最终，焦师与先生走到了一起。

重阳节的婚礼，没有仪式，只有简单的几桌酒席，在亲友的祝福里，两人开始了一段新的人生。

婚后，李贞夫人的照片还在家里摆放，先生解释说，按照老习惯，故去

> 本书作者李冬君（左）与师母焦静宜（右）在来先生与焦夫人的婚庆答谢宴上合影

的人不应该被遗忘。

焦夫人没有反对。就这样，这张照片又挂了三年。

对于先生，焦夫人所求的，仅仅一样，就是尊重。

她曾对先生郑重其事地说："从前，你是我的老师，所以我事事都听你的，现在我是你的妻子，地位就平等了。"先生很爽快地回答："这没有问题，我本来就不是很封建、很固执的人。"

在世俗眼里，会觉得这是一段很奇怪的婚姻。

两人是师生关系，彼此相差 27 岁。知内情者，会替焦夫人委屈，而不知内情者，乃至风言风语。对于这些，焦夫人都不在乎，她认为，能与先生相知三十年，又一起生活了十年，这一切，就很值得！至于委屈之类，更谈不上，他们是学术伴侣，何须解释！

六、奉命停刊

11 月 16 日，先生为《津图学刊》撰写停刊词。

该刊是先生一手所创。第一期刊自1983年，至今已历21年。去岁，甫庆20周年，不料仅仅一年后，遽遭停刊。

在20周年庆时，《津图学刊》编辑部曾有一首贺词：

> 筚路蓝缕，创业维艰。
> 经之营之，载章载篇。
> 铸就辉煌，于兹廿年。
> 思新见解，马跃先鞭。
> 与时俱进，煊赫登攀。

"创业维艰"，真是不堪回首。

当年，先生四下奔走，"磨之又磨"，终于"求"来了该刊的"合法身份"，为高校图书馆人，垦一方园地。

在这21年的时间里，有多少心血凝结？年检、整顿、评比等，每遇挫折，必苦苦挣扎。先生的信念是，只要《津图学刊》能够存在，能够茁壮地成长，他会在所不惜地付出一切。

经费时有不济，那时若肯从俗，收取版面费之类，何愁难以维持？先生却坚决不肯，这是气节问题，不容含混。

如此奉公守法，何遭突然取缔？

在《奉命停刊启示》中，先生椎心泣血：

> 编辑部以未能为广大读者与作者以及爱护本刊的有关人士守住这一阵地而深感愧疚。我们向您们深深地三鞠躬，表示我们最诚挚的歉意！

按官方说法，2003年，根据国家相关政策，《津图学刊》因是天津教委主管、主办，而被列入整顿、治理之列。

此年11月3日，"天津市治理整顿党政部门报刊散滥和利用职权发行工作协调领导小组办公室"向《津图学刊》另一主办单位"天津市高校图工委"发出一份通知:"你单位主办的《津图学刊》在此次治理整顿中实行管办分离"。接到通知后,主管单位负责人多次与出版部门联系,并提出整改意见,未获答复。

2004年1月14日,《人民日报》公布"全国党政部门报刊划转名单",《津图学刊》在列,它被划入天津出版总社。9月10日,编辑部突然接到天津出版总社无编号通知一件,内容如下:

《津图学刊》编辑部:
  为了进一步贯彻落实新闻出版总署关于报刊治理整顿的有关指示精神,按照期刊出版管理规定要求,经研究决定停办《津图学刊》。请你编辑部自收到通知之日起停办刊物,并做好有关善后事宜。

在这个《通知》下发前,有关方面未与学刊商讨、沟通。对于停刊理由,以及如何善后等,该《通知》也无明确说明。后经请示原主管、主办单位天津市教委,遵指示,奉命善后。

关于此刊被终止,坊间多有传闻,无法一一求证。先生感喟,一介寒儒,成败由人,只能奉命,如何置喙呢?

经营21载,说停办就停办,情何以堪!

12月初,因杭州、嘉兴、湖州等多处相约,先生南下,4日晨,到达上海。

江南烟雨,满眼青绿,不见苍黄。

有人来接,旅馆安顿后,又有人来约稿。

5日,与来访者议及《近三百年人物年谱知见录》增订一事;6日,出席嘉兴市图书馆百年纪念大会,会上作《新时代的图书馆人》发言;7日,赴嘉善,游西塘古镇;8日,至杭州,游西湖,先生"心境舒畅,物我两忘,流连山水",自谓"人间一乐"。

9日,往富阳,参观华宝斋制纸刊印公司。

先生称,该公司创始人蒋放年为一普通乡人,白手起家,成就线装书出版大业，为传统文化递之薪火，功不可没。

10日，赴湖州师院，作《中国新文化建设问题》报告，明确主张选择传统文化，融合外来文化，建设民族文化。

次日，第二讲，《读书与人生》。然后游乌镇，访茅盾故居，观其陈设，朴实无华，当地政府重在保护，故不张扬。其时，乌镇静雅，青石板路，流水小桥，有焦师随同，初游于此。

湖州城内，有皕宋楼遗址，先生等人走访之。

楼主人陆心源，为清末四大藏书家之一，藏有两百部宋刻本，故曰"皕宋"。可惜，藏书于1907年，被其子陆树藩作价10万元，售与日本岩崎氏静嘉堂文库，书去楼存，令人叹息。又历经战乱，毁坏严重，如今，遗址尚在，虽有修葺，但终非原物。

12日，赴安吉，访吴昌硕纪念馆；13日，回萧山故里，偕妻静宜、侄女明敏，往湘湖包家湾墓，祭祖父裕恂公。

14日，与区志办同人谈，为第二届修志建议。

先生指出，要在总结第一届修志经验教训的基础上，纠谬正误，拾遗补阙。新志书，当设三篇："前篇"，与前届志书衔接，解决遗留问题；"正篇"，为新志主要内容；"附篇"，为专题论述，强调方志要有考辨，有存异，以之加强地方史志的学术内涵。

16日，经由南京赴扬州，参与评议《清史·朴学志》样稿，此乃戴逸主编《清史》的一部分，主编为扬州大学教授祁龙威。

次日，召开讨论会，先生发言，曰先"正名"。

"朴学"，又称"汉学""考据学"。汉代郑玄曾"囊括大典，网罗众家，删裁繁芜，刊改漏失"，故清人又称"朴学"为"郑学"或"许郑之学"，"只有说明'郑学'，'汉学'才有根据"。另外，朴学还称"古学"，清代汪中曾云："古学之兴，顾炎武开其端"。此志，既以顾炎武为"朴学"之始，则"古学"之名不能失。

19日，会议结束，先生一行回京，次日返津。

奔走忙碌间，一岁又除。

2005年　83岁

一、五十年来成一著

2005年，先生83岁。

1月8日下午，应"缘为书来"网站之约，与网友对话。这是他第一次在网上接受采访。

所谈琐碎，有请教于学问方法，也有询问故事、故人等。

例如，有网友问道，"对于历次运动，您持何种看法？"

先生回答说，劫难不应忘记，悲剧不要重演。

1月，先生所著《清人笔记随录》由中华书局出版，约50万字。"笔记"一体，形式为散，一篇文章或一卷著作，往往不列主题，"信马由缰"，它不求结构的完整，但能直抒胸臆。

据先生考证，笔记文体，始于汉魏，兴于唐宋，盛于明清。在古籍归类中，难以入列，经史子集，皆不能括。

而其特征，则在"杂"上，内容所及，无有不涉。有鉴于此，历来整理者，多将笔记类作品纳入子部杂家类。

然亦非绝对，有些笔记，专记史事，如杨捷《平闽记》、冯甦《见闻随笔》等，《四库全书》将他们纳入史部杂史类。另有著作，多记地理山川，如高士奇《金鳌退食笔记》、吴绮《岭南风物记》等，被纳入史部地理类。总之，因内文而分，不必划一。

对于读书者来说，笔记可称便用者有二：一来，篇幅短小，多为片段，易读、易懂。每篇，长约数百字，少则数十字，颇似日记，述故事，写人物，兴之所至，随意而作。二来，内容丰富，大则国计民生，军政要典，经史大义；小则园林佳胜，里巷陋文，甚至鬼怪传奇等。以此，先生曰"中国传统封建社会生活中的众生相，毕呈于眼前，绘声绘色，光怪陆离，包含了巨大的信息量"。

先生撰《清人笔记随录》，耗时费力，每读一笔记，辄写录文一篇，涉猎作者介绍，内容大要，有关序跋，备参资料，版本异同等。若一人撰有多篇笔记，则于此人条下作多篇录文。全稿以撰者生年为序，难以确考生年者，则列于有生年者之后，以姓氏笔画为次。这种写法，进展很慢。因为读完一本笔记，往往历之月余，更何况悉心考订，反复征引，更费工夫，故历时五十年乃成。

先生自述，少时好读杂书，尤以笔记为大宗。

"少时"，是指高中及大学时代。例如，他在1941年7月至10月间，曾连续为《东亚晨报》副刊撰写《邃谷楼读书笔记》，内容以经史为主，另有诗词、佛道典籍等，其中笔记也为数不少，如洪迈《夷坚志》、钟嗣成《录鬼簿》、崔述《读风偶识》等。

入职于南开大学后，为讲授中国近代史，丰富讲学趣味，先生多引用清人笔记，以此，涉之更深，历之更广，又经十年，箧中成稿，已有百余篇，结集两册，自称"如入宝山"，目之所及，凡"文学、典制、人物、风情、异说、物产、奇技，无所不包"。

先生津郊插队期间，若有余暇，则重整旧作，不但《林则徐年谱》《近三百年人物年谱知见录》在整理，而且这本《清人笔记随录》，当时也在修复中，还有新著《古典目录学浅说》。

>《清人笔记随录》，中华书局2005年1月版

乡下治学，因陋就简，笔记之类，箧内私藏，随时可读。待先生复职后，因公私之事繁忙，进度反而变慢了。

先生真正系统性地恢复写作，始于20世纪80年代末，于公务任上"退歇"，年逾"花甲"，却如"少年"复出。

《清人笔记随录》辑录撰者共有一百四十余人。每位，少则撰有一种笔记，多则二三种，甚至五六种，故总数近约二百种。但这仍非全部。先生说："旧箧所存随手札录之笔记残笺，尚有百余种。其中以清人笔记为主，尤以清朝前期为多"，然"纯为谈奇说怪、因果劝戒之作"，于征史论事无补，故虽有成稿，仍然摒弃。

五十年间，先生写随录近四百篇，因"运动"焚稿，反复重写、再写者，则已无法统计，故其虽有"竭泽而渔"之心，但清人笔记数量太大，八旬老者，体力渐衰，势所难能。故先行付梓，若得余暇，再成二编、三编……或待后人承续，共此佳著。

稿成，交付中华书局，这里，仍有渊源。

1991年，先生写作《古典目录学》，与中华书局编辑崔文印交往颇多。有一次，两人在编辑部谈及《清人笔记随录》的创作，与崔同在一个编辑室的何英芳女士很感兴趣，遂征询样稿，并赠以一大捆中华书局用来出版繁体书的直行稿纸。但完成此著，谈何容易？延至何女士退休，仍未完成，先生遂欠中华一笔账。

现在，书稿杀青，当然要"还债"。即使何英芳已经无法再任这本书的责编，但当年慧眼以及鼓励之情，如何能忘？

二、发掘新史源

清代笔记数量难以俱考。仅先生一人前后经眼者，已近400种。而这远非全部，尚未爬梳、整理者，仍有很多。

数量可观，但研究与利用薄弱，故成果不多。

笔记这种文体，有其缺陷，因多数撰者，皆信笔而为，或未经详核，或道听途说，或记忆有误，还有人故意作伪，如载太平天国史事的《江南春梦庵随笔》与《燐血丛钞》，已由罗尔纲和祁龙威两位考释证明，该作者本身并不熟悉太平天国的实际情况。

以此缺陷，故为历来史研者所忽视，或目以"野史"，或当作"寓言"，皆不入史。在新编《清史》整理文献讨论会上，所列《清史》史源，除了档案文献，另有七项，分别是清人诗集、清人日记、清人尺牍、清人碑刻、清代边疆文献、清代专项文献和外国文献资料等，仍缺"清人笔记"这一项，也就是说，忽视仍在。

实际上，研究历史者，对任何一则史料，皆应审慎，即使如官方档案，或正史资料等，也不能例外。对于史料、文献的应用，关键在于"考辨"，去伪存真，又何必以类型而轻视呢？

笔记作为某种特定文献，亦自有其优势，作者以自娱心态著述，反而少受羁绊，无所避讳，无所顾忌，无所掩饰，故能透露某些真实情况和真实思想，某些风俗、民事，正史不屑一记，笔记却多有留存，此又可补正史之不足，这其实是笔记的主要功能。

例如，清张焘撰《津门杂记》，卷中有《混星子》一则，很详细地记载了天津社会底层地痞流氓的无赖行径，至今，"混星子"一词仍存于天津俗语中，意思是指不近情理者。而《妓馆》一则，则记"花街柳巷"事颇详，"天津女闾自称曰店"，"其龟鸨曰掌柜，假母曰领家，领家住处曰良房，指引桃源之人曰跑洋河者"。"跑洋河"，即津门所谓"跑合"，是"拉皮条"的人。此等"不雅"，正史无语，但在今日之研究者看来，却弥足珍贵，宜有其用。

故先生以"笔记"为"新史源"，视其为"私人档案"，50年来，经眼400种笔记，可敷文献之征者，殆过千条，以笔记所得之史料，撰论文多篇，如《清代前期的商业》《清代前期的商人和社会风尚》《清代前期地主阶级结构的变化问题》《清代前期江浙地区的饮食行业》《从〈阅世编〉看明清之际的物价》等。

《清人笔记随录》，将社会经济方面的史料专列一卷，附于书末，目的有二：一来，这类史料，可供研究者直接引用，免其重复爬梳；二来，以事实证明清人笔记的史研价值。

此中前辈，首推谢国桢与张舜徽。

谢国桢著《明清笔记丛谈》，介绍48部笔记，首列书名，介绍撰者，言及卷数、版本，再述内容，论其价值；张舜徽著《清人笔记条辨》，则侧重于对笔记的考辨与利用，择其可用者，析之，用之，所述，所论，可以赞同原作者，也可反驳与批评。

先生著《清人笔记随录》，近于谢国桢《明清笔记丛谈》，虽规模更巨，考辨却更为精详，考证尤为审慎。

如《阅世编》撰者叶梦珠，本无明确生卒年记载。

先生读该书卷九《师长》篇《金伯固先生》条，有载"崇祯甲戌""余年十二"等语；崇祯甲戌为1634年，按"年十二"上推，其生年为明天启三年，即1623年。又读同卷同篇《瞿行言先生》条，复见"崇祯丙子""余年十四"等记载，崇祯丙子为1636年，按"余年十四"上推，仍为明天启三年，即1623年。

又如《溃痈流毒》四卷，没有标明辑者，卷中常有鹤间评语，亦称鹤间居士，当系辑者别号，但他是谁呢？

　　某日，先生偶于书肆，读道光华亭王氏族谱，见有《鹤间草堂主人自述苦状》一卷，为清人王清瑞自作之谱。

　　此"鹤间"莫非彼"鹤间"？详细翻阅，内中有载"余辑《溃痈流毒》一书"。再查，在《自述苦状》文后附有姚椿长所作的一首诗，其中有语，"《溃痈流毒》谁所为？嗟尔载编空激切"，诗下有注，云："君辑《溃痈流毒》一书，详载英夷反复事。"据此，当可定论，辑撰《溃痈流毒》之人正是王清瑞。按该《自述苦状》记载，王清瑞，字辑之，后改名清亮，字慕筠，初号省斋，又号心萱，自称"鹤间草堂主人"，江苏青浦人，生于1788年，卒年不详。

　　至于版本考证方面，先生也不惮于烦。

　　查慎行撰《人海记》，咸丰年间，张世宽得稿本，为之校刊，称此著共二卷，计三百九十七条，"向未刊行"。实际上，该著于道光年间即有刊本，为《昭代丛书》壬集补编沈氏世楷堂刊本，为一卷本，不足三百条。此当张氏所未察，而由先生考出。

　　曾衍东撰《小豆棚》，人言六卷，经先生考证，历来说法，仅有八卷与十六卷，六卷之说，"未知何据"。先生撰《小豆棚》提要，原刊于《出枥集》中，其时未有线索，待再刊于《清人笔记随录》时，已查明出处，此说出自温州图书馆藏六卷手抄本。

　　因《小豆棚》中，多言神、狐、鬼、怪事，故有人把它当作《聊斋志异》，媒体炒作，一时兴起，先生不以为意。

　　《津门杂记》中，对天津租界多有赞美，称："立法皆善，巡查贼匪，宵小潜踪，人得高枕安居。清理街道，无秽气熏蒸，不致传染疾病。为益处甚大，何乐如之。"对此，先生以为，此乃见小是而略大非。无视外国侵入后，对中国主权的危害。

　　这则札录的另一个版本，也载于《出枥集》，先生在该文内直接痛斥，"撰者囿于时代见识，多皮相之言"，"外国侵略者之所以如此经营管理，纯为便于建立国中之国的殖民业绩，而所谓'善政'只不过是一种客观效果，而绝非侵略者本意。"

在国家、民族的大是大非问题上，先生怒言："百余年前之撰者作此等语，犹可曲谅其见小是而略大非，不意百余年后竟有人以中国殖民化结束过早为憾者，实为丧心病狂之谰言。"

总之，先生研究清代笔记，别其版本，撮其旨要，评其得失，论其价值，仍以"为人之学"为宗旨，要"于人有用"，诚如著名清史专家戴逸先生评价，该书乃"清史研究者所必备"。

三、打住吧"全译"

3月23日，先生在《中华读书报》上发表一文，题为《"全译"到此打住》。

这篇文章的缘起，因点译二十四史一事。

去岁，在出版界有一浩大工程竣事，即《二十四史全译》由汉语大词典出版社正式出版，文言与白话左右对排，参照直译。

是书一出，论者纷纷。

有人说，它是"空前绝后的鸿篇巨制，惊天动地的出版盛事"。

显然，这种评价略有浮夸，但论规模，的确浩大。且不论全译后多少卷册，即便原来的文言原版，亦非轻易卒读，总计三千二百五十卷，计有四千七百余万字。如此规模，所费之资，可谓巨矣，已达数千万元人民币。前后历十三年，茌此事业者，共有二百余人……

对这样的"全译"，首先，当然是敬佩。

主编为许嘉璐，系倡导与组织者，而孟繁华总持其事，杨冠三投资以支持。

许先生是一位学有根底的学者，从政之后仍不忘学问本业，推动《二十四史》的点译工作，的确难得；孟繁华先生是位知名出版家，能主动承担具体工作的重任；杨冠三先生是位经济学家，甘当后勤，斥资组织专门公司，但又在商而不言商，不谋利润，自始至终，无怨无悔。这三位的精神和作为，不仅无可厚非，更是值得尊敬。

"未可厚非"，系就三位的付出而言，但此全译事业究竟是否必要，先生却持有疑问。

点译二十四史，目的若何？明乎所旨，再以此倒推，如果能实现，自然极有必要。如果未能实现，则难免有虚耗之叹。

二十四史，号曰"正史"，它的文化价值无法估量。即使放眼世界，亦鲜有所匹。为之点译，最主要的目的当然是"普及"，也就是希望能有更多的人去读，并且能够读懂它，利用它。

有学者指出："如今能直接阅读文言文史籍的人日渐寥寥"，如何将二十四史翻译成一般读者可以读通、读懂的史书，已经"迫在眉睫"，否则，随时间流逝，它将如印度梵文，成为只有少数人能够读懂的古文字了。

言之切切，却"只见树木，未见森林"。

首先，现在究竟是谁在读、用二十四史呢？先生以为，共有两类人：一类是以历史学为专业的读史研史者；另一类是以历史学为兴趣的读史爱史者。

先论前者，既以历史为本业，竟然不能读古文，这如何研究呢？即便有这样的《全译》，可是在征引注文的时候，总不能引自白话版吧？或曰，仍可参之译文而录于原文，且不言中间周折多少，更令人担忧的是，以如此根底来研究学问，能够扎实吗？

再说后者，即使以历史为兴趣，难道真有必要去通读一遍二十四史吗？在当今图书市场上，关于各朝各代，皆有通俗之著，即为爱好，选轻松、通俗、扼要的著作来读，岂非更加便利？

一些人言之凿凿，说全译是拯救文化遗产。但殊不知，这只是治标之术，而非治本之道。如果不能增强学生阅读古文、运用古籍的能力，全译复全译，拯救复拯救，何时才是尽头？根本之途，还是要放在对人才的培养上。

其次，二十四史如此浩瀚，点译一遍，财力、物力、人力，皆有巨大付出，而欲收回成本，以资平衡，势必要提高定价，这是不可避免的方式。即以《二十四史全译》为例，每套定价六万元人民币，依当时物价而言，已达

"惊人"地步。先生以自身财力状况说明,他在全国著名的高等学府内任教五十余年,为高级教授,工资也只不过每月三千元,再加上稿费等杂项,月入不过四千。先生感叹:"如果不做任何支出,不知要积累几年才能有资格问津。"

大学教授尚且一叹,那些平头百姓如何能买得起?

所以,此著恢宏,但真正能读之、用之者,仍是寥寥,它更多的归宿,恐怕还是"装点厅堂,供高朋贵友指点椟与珠而已",如何普及了呢?

最后,尽管译者费心费力,但书成众手,即使多番批改、校正,但谁能担保内无错译呢?另外,古文之美,自有雅意,经一手、二手全译,即使文意未改,但美感缺失,这难道不是对传统文化的损害吗?

综上,先生对"全译"颇有否定。但需要明确的是,他并不是对《二十四史全译》这套著作存有成见,而是对"全译"的做法有所保留。

更令他担心的是,此"全译"一起,群起而效。你译《资治通鉴》,他译《昭明文选》,还有全译《世说新语》的,何时是了?

先生这样说,绝非杞人忧天。

近年,学界追风几成习惯,只要有一项大工程出现,不管实际是否需要延伸,很快就会形成你追我赶的局面。

先生举例说明,前一阶段《四库全书》重印,不仅有台湾、上海、厦门的文渊本,北京的文津本,杭州的文澜本等,即使与《四库全书》有瓜葛者,如《续编》《存目》《禁毁》等,也纷纷出笼,除了纸质版本,又出光盘软件,琳琅满目。先生曾作《何必如此拥挤》一文,以表担忧。但虽苦口婆心,却听者寥寥。

5月,先生所著《邃谷书缘》由河北教育出版社出版,共23万字,收入《书林清话文库》中。

同入该文库者,尚有韦力著《书楼寻踪》,曹培根著《书乡漫录》,孟昭晋著《书目与书评》,刘尚恒著《二馀斋说书》,谢灼华著《蓝村读书录》,周岩著《我与中国书店》,徐雁著《苍茫书城》,虎闱著《旧书鬼闲话》,林公武著《夜趣斋读书录》,胡应麟著《旧书业的郁闷》,范笑我著《笑我贩书续编》等。

上述，从书名中约略可窥，这套丛书专述于书人、书事。中华书局编审、本文库主编之一傅璇琮在丛书总序中说，清话、清谈、清言，都有情深思切、朝夕细叙之意。故这套丛书，实际上是以"书"为纽带，再将作者的情义凝结其中而娓娓道来。

先生在这本书的自序《书缘》一文中，总结人生："活了八十多岁，回头一看，只干了一件正经八百的事，那就是与书结了一辈子的缘。"

全书共三卷，分别是读书、读志与读人。

读书卷，是先生多年来所写的书序、书评及读书心得等；读志卷是他为各种志书及相关研究所作的志评；而读人，则记一些读书人的逸闻轶事，颇增掌故。书中人物，有古来先辈，如顾炎武、严复等，也有当代与先生交谊者，如顾廷龙、吴廷璆等。

藏书、读书、写书，结交读书之人，都是围绕着书来展开，此中之缘，即为"书缘"，遂题该著《邃谷书缘》。

四、仰望启功师

6月30日，启功先生病逝。

先生是从电视上得知这条消息。

近些年，故人走得多，似乎已流干了应流的眼泪，但六十年师生情谊，往事历历，面对荧屏，不觉泪已滂沱。

这夜，提笔，六十年琐碎，撷取片段，连缀成章。

当年，先生平反后，对外宣告喜讯，最先告知者，便是启师。当时，启功说："王宝钏寒窑十八载，终有出头之日"。

对于此事，先生曾在《众人捧柴》一文中有所提及。启先生读过后，同样感慨，致信相恤："（众人捧柴）其中涉及不佞题签事，因及旧谊，并及薛平贵之典故，回忆前尘，几乎堕泪，以不佞亦曾自言'王宝钏也有今日'之语，虽然身世各自不同，而其为患难则一。抵掌印心，倍有感触，半世旧交，弥堪珍重！"

启师在1958年被补划为"右派"，1966年在运动中又受冲击，直到1978年才彻底平反，伤心岁月，凡二十载。在这二十年内，身为"千夫所指"，百感煎熬，而生活又异常艰难，至亲及恩师陈垣等先后离世，孤苦无依。所以，他们一位"寒窑十八载"，一位"艰辛二十年"，观此及彼，如何不感同身受？

1978年，启先生自纂墓志铭，他的想法倒也简单，防止身后别人代写而有阿谀之嫌。文曰：

中学生，副教授。博不精，专不透。名虽扬，实不够。高不成，低不就。瘫趋左，派曾右。面微圆，皮曾厚。妻已亡，并无后。丧尤新，病照旧。六十六，非不寿。八宝山，渐相凑。计平生，谥曰陋。身与名，一齐臭。

大厄之后，对之生死，早已通透。

时在1996年，先生赴北京探望恩师。

恰巧，启功刚从医院返回寓所，看到先生后，一把将他拉坐在沙发上，急问年岁。答之曰"七十三（周岁）"。

听罢，启师哈哈大笑："你七十三，我八十四，一个孔子，一个孟子，都是'坎儿'，这么一挤一撞，就都过了'坎儿'了。"

生死戏谑，自撰墓志铭已令人惊愕，又在生前求赠挽联，更令人惊掉下巴！

先生回忆，1998年10月18日，启师来信，言："今年眼底出血，罩于黄斑处，已成'病变'之瘤，左手执放大镜，右手作字，其苦殊难言状。屈指春秋，马齿已届八十又六周矣，前程可计。老友如赐挽章，幸使八识（佛教用语，大乘唯识宗把人内在的心识分为八类，如眼识、耳识、鼻识、舌识等八类）未离之际，得获一读，来朝火路堪增快慰矣！"

挽联、悼语要在生前一览？

先生拟了两副悼联，一用典，一直白，奉于师前，启师复信："赐联二稿俱佳，看不出高低分别，倘承赐书，以小幅合书为妙，因斗室堆积，已无隙'墙'（更无隙地），不能悬挂也。"

无隙墙，非虚言。先生常登启府，所见，唯陋室两间，外间稍大，为书房兼客厅，书画陈杂，一张桌子，一把旧藤椅，一张双人沙发，内间为卧室，有一单人床，仍要放些杂物等。

启功学满天下，非财力不够，仅义捐、义卖之款，多以千万为计。但他仍是这样简朴，蜷缩于一角休息，且常掩于书卷或杂物中。这是先生亲眼所见，当真心酸。

先生选直白之联，恭楷手录，复寄于恩师。

少时求学，缺衣短食，启师嘱咐先生，每周日来家里改善伙食。待先生学业有成后，彼此又在学术上不时砥砺。

1997年，先生《古典目录学研究》付梓。

启功时年85岁，阅后，仍致信，并建议："又目录书中，特表彰刘氏父子之大功。其开辟之功何在？似值得详告后学。子政（刘向）之录（《别录》），只存数篇，已详记之，而子骏（刘歆）之略（《七略》）已另换面目而存，其原作已佚，后学仍有未知者，尊著既兼为导俗便蒙，则前人已言之事是否仍以略加启示为宜？"

1998年，启功又致信于先生，询问有关八股文资料等事。云："大著中有'贩卖'一章，言及明太祖指示文臣，有关八股最初模式，此八股文真正源头，纷纷臆测俱如瞎子摸象，鄙人拙稿其一也。倘荷不吝指示：此书见于何处，其所据出处曾否提及？"

上述两则材料，颇可窥他们学术交流的点滴。

第一则，启先生有所指导，另一则，启先生又有所请求，故教学相长，其与先生，亦师亦友也。

先生所著之书，多有启师题签。

考虑出版社刊印之用，启功于每一幅题字，往往横竖版本，各写几款，

> 1996年6月,来新夏先生(右)赴京拜望启功师(左),师生于启府合影留念

以供筛选。先生遂将这些题字汇总于一处,装裱珍藏。其中有一幅"萧山县志稿"的题字,是先生代祖父来子裕恂公遗著所请。而启功因为繁忙,有所疏忽,待及忆起,急忙补就,并写信致歉:"命题令祖遗稿,一再迁延,实已昏忘,又兼冗杂太多之故。今日猛忆起,亟盥沐敬题,必已迟误,仍以上寄,第赎前愆耳!"

回忆和泪。往事难以尽述。

师恩难忘,先生写完悼念的文字,"临风北拜,焚稿以祭",长叹而悲曰:"呜呼哀哉!而今而后,小子将何所仰望?"

五、学术自纠二则

忙而复忙。

8月29日至9月1日,先生赴北京香山饭店参加"林则徐与近代中国"

研讨会，作《林则徐研究与林学研究》的主题报告。

"林则徐研究"是指以林则徐个人为研究对象，如对其生平事迹、学术作品、人格思想之类的探讨；而"林学研究"则是指以林则徐为核心，纵横延展，于其履历所涉、思想所及，皆可探讨，甚至对那些研究林则徐的相关学术作品，也可以作为"林学"的研究对象。

关于"林学"的提法，先生早在2003年在泰州举行的学术会议上，即有书面发言。会后，曾惹争议。有反对者认为，关于林则徐的研究，相关成果非常丰富，有传记，有年谱，另外《林则徐全集》也已经出版，可谓备矣，如何能够继续深入下去呢？甚且，将"林则徐研究"提升至专学的高度，是否有"拔高"之嫌？

先生以为，人物研究，能否成为专学，可据以下五个标准来判断：1、这个人物必须有一套完整一贯的主导思想，指导其一生的事功与学行。2、这个人物的历史贡献与学行的成就，必须有崇高的历史地位，具有划时代的标志性意义。既继承和弘扬民族的优秀传统，又对同时代人物有所影响，更为后世树立典范。3、这个人物本身遗留有大量有关自身的各种形式的原始资料，保存比较完整，足够他人作研究根据。4、这个人物拥有足够数量的研究者和广阔的研究空间。5、这个人物对现实社会生活各方面有借鉴与启迪作用。以上述五端来对照，林则徐无一不具备，如何不能设为专学呢？

当前，《林则徐全集》出版，其他研究成果亦多，但是绝不可谓"已经到头"，"没有余地"。相反，先生认为，这些成果"不仅为林则徐研究奠定了基础，更为推动和建立林学研究开拓了空间"。

9月15日至18日，先生赴北戴河，出席华北图协成立20周年纪念大会，与会者主要是华北五省市高校图书馆人员，共170余人。

华北图协创立于1985年，二十年风雨，如何能忘？

在这次纪念大会上，先生的发言依"情"字展开，俱述过往，情真意切。

在初创时期我们靠的是一股"热情"。在发展进程中，我们得到国家和各地区教育行政领导部门的"关怀之情"。华北地区高校图协之所以能顺利而迅速地发展，不能不念及全国高校图工委的老少朋友庄守经、萧自立、李晓明、朱强等的深挚"友情"。华北地区高校图协工作的推动与发展，可以毫无愧色地说，是我们和各地图工委的负责人同乘风雨之舟的"共济之情"。而更为重要的是全国高校图书馆界成千上万的一代代同仁，以似海的"深情"作为我们华北地区高校图协注入活力的无穷源头。我们经历了艰难的昨天和成就的今天，我们也必将迎来辉煌的明天。

在发言中，先生数度哽咽。
此中之泪，是悲怆，怀之故人、故事；是欣喜，感之成果、成就；更是期待，望以明日的辉煌。

　　我六十三岁倡议组建华北地区高校图协，七十三岁在河北省石家庄市参加十年庆典，八十三岁又参加了二十年庆典。在此，我与同志们约定：我将尽力保护自己，满怀信心地争取与老少朋友们共庆华北地区高校图协的三十年庆典。

台上洒泪，台下沾巾。
现场，爆发热烈而持久的掌声。但是，一向信守诺言的先生，这一次却爽约了，以后图协三十年、四十年、五十年庆典大会……再也没有先生身影，但是，他的嘱托仍在，希望长存。

本月23日，先生写就一篇"檄文"，自己"揪斗"自己，题目是《我的自纠状》，其原由是《清人笔记随录》中的几处错误。

《永宪录》，原书题为萧奭著。友人相告，应作萧奭龄。李世瑜《有关〈永宪录〉的几个问题》中有所披露，称：北京大学图书馆藏有原为李盛铎保存的抄本，内容比中华书局印本多出十几万字，作者为"萧奭龄"，中华书局印本题作萧奭，实有脱字。

《南江札记》条，有一段文字论证有误，该卷四，作者邵晋涵论定《后出师表》非伪，与时人伪作之说相辩。先生加以评论，认为卢弼在《三国志集解》中引此《南江札记》原文，称该引文语出于何焯。但实际情况是"何焯引自邵晋涵"，并未加以注明，致使卢弼文中犯错。先生论曰："卢弼因未读《札记》，而为何焯所欺。"

先生判断的错误在于，何焯生于1661年，邵晋涵生于1743年，两者相差八十余年，何先邵后，如何引注？原来，先生将何焯与何秋涛二人混淆。因已失误，而归咎于先贤，令他深感不安，于是，自我揭发。著作之误，人尽有之，纠正错误，默改而已，而先生却发文自纠，公之于众，他觉得个人得失事小，贻误后来事大，若隐忍不发，企图蒙混，则心中愧怍，而有负于读者……

10月7日上午，先生出席"清史"项目座谈会，下午赴合肥，参加《李鸿章全集》评审会。

12日，仍在合肥，参加"刘铭传学术研讨会"，次日，在会上作《刘铭传与台湾开发》报告。

14日，会议结束，访刘铭传旧居，至小岗村，了解"包产到户"缘起，目睹当年村干部与村民集体决策的证物。

中午，访三河镇——曾国藩与太平军激战之地，遗迹甚少，仅存老街而已。下午，乘机赴萧山。

17日，应邀为萧山修志人员讲二轮修志有关问题。讲座后，赴淳安千岛湖休养，22日，由杭返津。

老骥"出"枥，马不停蹄，不迭地奔走。

六、私淑顾廷龙

11月13日，先生赴上海华东师范大学，参加"中国古典文献学及中国学术的总体发展国际学术研讨会——暨纪念顾廷龙先生诞辰101周年"。

会上，先生作《顾廷龙先生与版本目录学》报告。

顾廷龙（1904—1998），字起潜，江苏苏州人，著名版本目录学家、书法家、金石学家。

对于顾老，先生以师礼侍之，为之私淑。早在二十世纪三四十年代，先生尚在高中读书，便常在《大公报》《益世报》等文史副刊上读到顾老文章。那时候，顾老常用的署名是"起潜"。

1979年，中国图书馆学会成立，在山西太原举行第一届学术年会。在会议分组讨论中，顾老与先生同组。

至今，先生依然记得初次见面时的感受。

顾老谦和，毫无做派，对待后学，笑意盈盈，操着吴语式普通话，娓娓道来，有关版本目录学问题，有问必答。

1982年，在天津召开地方志会议，再相逢时，二人已成忘年交。对谈间，先生向顾老求字，请为书斋题名："邃谷"。

会后不久，顾老便寄来作品，乃篆体横幅，朴雅厚重。先生展字，凝视良久，甚为珍爱，急忙装裱，悬于墙壁上。

1983、1984年，顾老有求必应，又分别为先生所著《近三百年人物年谱知见录》《方志学概论》题写封面。

禀顾师命，先生在《古典目录学浅说》基础上，续作《古典目录学》，稿成，油印，寄顾老，求指点，并请序。

其时，顾老年已84岁，仍费时半年，通读全稿，提若干修改意见，定稿后，顾老遂应先生恳请，赐"叙"一篇。

先生说，古时"序""叙"并用，为尊著者，多用"叙"字，如《〈说文解字〉叙》，曹丕《〈典论〉自叙》，韩愈《〈张中丞传〉后叙》。宋代以后，苏轼祖父名"叙"，为避讳，苏轼著述，乃用"序"，后世沿用，"序"更流行。顾老以"叙"见赐，乃尊著者，嘉后学也。

"叙"中，顾老概述目录学源流、功用以及研究状况，评价《古典目录学》："广征博引，深入浅出，叙述简要，议论平实，颇多创见，足为研究古典文献及传统目录学者入门之阶梯。"

先生读此，感慨已深。当年，顾老高龄，是享誉极高的著名书法家，

> 1979年7月，来新夏先生（左一）在太原出席中国图书馆学会成立大会暨第一次学术讨论会，这是"运动（1966—1976）"后首次参加学术活动

"竟然以硬笔书法的端庄正楷，在小方格稿纸上写下全文，无一笔不到位，无一字出小格，一气呵成，浑然一体，实为难得珍品。"全文七百余字，一丝不苟。先生如何能够不珍视呢？

立即另行誊录，而将手稿珍藏。

顾老之于版本目录学，得益于经眼大量书目。顾老自从业于燕京图书馆之始，即广搜各种版本书目，厚积已充栋。当其收书、编书之际，必以书目相校，对各类图书之存佚流传，了然于心；又亲手校读编制书目。顾老不断校读藏书家已成书目，并择要写出具有参考价值的题跋。读得多，编校得多，当然得心应手。

顾老关于版本目录学的各种论述，散见于多篇文章中，勾稽荟萃，已得精要。例如，他于1961年底撰写一文，题为《版本学与图书馆》，在这篇文章中，他为"版本"及"版本学"下定义：

版本的含义，实为一种书的各种不同的本子，古今中外的图书，普遍存在这种现象，并不仅仅限于宋元古籍。在九世纪以前，经过不断地传写，在印刷术发明以后，经过不断地刻印，因而产生了各种不同的本子。有了许多不同的本子，就出现了文字、印刷、装帧等各方面的许多差异。研究这些差异，并从错综复杂的现象中，找出其规律，这就形成了版本之学。所以版本学的内容实在是相当丰富的，如关于图书版本的发生和发展，各个本子的异同优劣。制版和印刷的技术，版本的鉴别，装订的演变，以及研究版本学的历史等，应该可以成为一门专门的科学……

关于版本学，人有轻视者，认为版本学，仅关注"几行几字""边栏尾口"，而不问其大体为何，仅限于搜寻"宋元旧刻"，做古籍整理，而未知其"辨章学术，考镜源流"之功能。因此，顾老曰，"治学而不习版本之业，犹访胜境而徘徊于门墙之外也。"

先生以为，上述论断，俱为灼见，这些宝贵的遗产，对后来学人，尤其是从事版本目录学的研究者，更应予以继承和发扬……

2006年 ── 84岁

一、《儒藏》相争

2006年，先生84岁。

4月7日，教育部古籍整理研究工作委员会主任、北京大学中文系教授、《儒藏》"四大主编"（汤一介、庞朴、孙钦善、安平秋）之一的安平秋先生亲赴津寓，代"儒藏编委会"邀请先生出任顾问一职。

关于《儒藏》，先生早有所议，他作《说说新编〈儒藏〉》一文，发表于《文汇读书周报》2003年9月19日上。

彼时，倡编之议初兴，却也是"争论"最激烈的时候。

先生首先在《中华读书报》（2003年1月29日）中，读到了有关北京大学汤一介教授等正在主持编纂《儒藏》的消息，旋即，又在《光明日报》（2003年4月1日）上读到了中国人民大学孔子研究院召开座谈会，讨论编纂《儒藏》价值等报道。

北大与人大，都在言说《儒藏》编修等事，却"各说各话"，实在看不出二者之间有任何关联。于此，不免疑惑，莫非两家各自为政，都在独立

> 2007年4月，来新夏先生（右）接受北京大学古文献研究中心兼职教授之聘，左为该中心主任安平秋教授

进行研究吗？那么大的一套书，人力物力，难以计量，若分头进行，叠床架屋，劳民伤财，莫此为甚！

很不幸，竟被先生猜中。

实际上，关于《儒藏》之争，并非仅仅上述两家。北大、人大之外，尚有川大参加。早在1997年，四川大学古籍整理研究所即有编修《儒藏》之议，随后，率先进行了商标注册、工商注册、版权登记等。一时间，"三国鼎立"。

各家各持其理，都在媒体上大造声势。上述《中华读书报》《光明日报》等，即是北大、人大的宣传阵地，而川大的宣传，则主要集中于四川媒体。

例如《成都晚报》在2004年的3月31日发表一文，题目是《〈儒藏〉工程寻求盟友：北大人大蓦然回首，川大已在灯火阑珊处》。这个题目写得已经非常直白，自矜之意，溢于言表。《四川日报》于2005年12月16日也发表一文，题为《川人骄傲：千古〈儒藏〉兴于蜀》，这篇文章更是直接亮出"长矛"，毫不隐讳地讲起"三家争论"：

> 不知是"英雄所见略同"，还是受了川大人的启发，时隔5年之后，2002年北京大学和中国人民大学也相继提出编纂《儒藏》，于是围绕《儒藏》的编纂立项问题，中国的几所著名高校来了一个"三国之争"。2003年8月，教育部将"《儒藏》编纂与研究"列入哲学社会科学研究重大课题攻关项目2003年度课题。在其举行的招标过程中，据业内人士介绍，北京大学因为名教授的出马和一掷千金的实力而一举夺标，汤一介教授等领衔的一批北大学者成为北大《儒藏》编纂的组织者和实施者。就在北京的两所高校大造舆论之时，最早倡编《儒藏》的川大埋头苦干，八年磨一剑，一下就亮出了首批《儒藏》"史部"50册。

这篇文章，火药气息浓烈。

实际上，按照道理来讲，既然教育部已经公开招标，且课题花落北大，那争论就应该结束了，但是川大、人大等，仍在各自努力。

川大之要诀在于"占领先机"，率先成之"战果"；而人大方面则另辟蹊径，开展《国际儒藏》研究。

先生最担忧的事情是，三家相争，难免重复而有所虚耗。

虽然有学者对此进行解释，大意是，北大、人大、川大，各有侧重。北大所编的《儒藏精华》，是选择儒家的重要性、代表性作品进行整理；而人大《国际儒藏》则侧重于对海外流传的相关儒家文献的研究，认为三家"实际是起到了相互补充的作用"。但是，考诸实际，明显有牵强之处。汤一介先生早有所志，北大主持之《儒藏》分为两种，一为精华本，一为大全本。精华重于经典，大全重于全面。先成前者，再成后者。也就是说，在"大全本"中，无论国内、国外、经典、普通，皆系其收录、研究的对象，焉有不重复的可能？

三家之争，是学术之争，也是利益之争。

《四川日报》的那篇文章对此有所议论。文中说，就目前已有的传统文化资源和成果来看，四川能走出夔门的最好东西就是《儒藏》，现在四川抓《儒藏》，就相当于当年文翁抓石室（"文翁石室"，是在公元前143年至公元前141年之间，由蜀郡太守文翁所创建，是中国第一所地方官办学校。连续办学两千多年未有中断、未曾迁址，郭沫若曾就读于该校）。

这篇文章认为，若以《儒藏》整理研究为学术背景，占领了制高点，纲举目张，很多事情则大有可为，诸如恢复书院，系列出版，打造相关人文旅游景观等。

"占领制高点"，要争夺话语权。当然，上述仅仅是媒体的一孔之见，难以尽述学者情怀。如汤一介等，编修《儒藏》，确实有虑于"中华文化的发展前途"之想。彼等济世之心，自是题中之义。

先生当然是支持新编《儒藏》的，称其为"儒生数百年来的宿愿"，但对如此"相争"，则不以为然，先生认为，正确的方式应该是以"文人相亲"的合作，而非"文人相欺"的争夺。

北大主导的《儒藏》，最初的计划是要在2010年完成包括近500部、约一亿字的《儒藏》精华编，同时编撰《儒藏总目》和10卷本的《中国儒学史》。到2020年，完成包括5000种、约十亿字的《儒藏》大全本。

如此浩大的工程，即便北大，也难凭一己之力而独自支撑。所以，汤一介等先生的做法是，以北大为主，联合26家高校及科研机构共同进行，这其中就包括了"三家之争"中的川大，由川大负责"史部"的文献整理与编纂等，但是遗憾的是，人大未列其中。

当然，关于新编《儒藏》的一些具体问题，先生也特有自己的想法，他所发表的《说说新编〈儒藏〉》一文，正是希望以此与汤一介等诸位先生商榷。

第一，汤先生主张《儒藏》以标点本为好，认为更加实用。先生却以为，标点之弊，在于甚难准确。几乎"没有不标错的书"。何况，标点一部大书，旷日持久，最关键在于，在时下的考核体系中，标点古籍不算成果，这便难以激励学者。如果标而不校,那等于"半截子工程"。再若标而有疑,又将如何考订呢?所以先生主张,还是影印本好。

第二,汤先生主张《儒藏》编修分步骤进行,先行"小而精",再到"大而全"。先生以为,这两者,本来就模糊,只有同在,方可比较。否则,哪个是"大",哪个是"小"呢?至于"精"否,评价标准又是什么?谁来评定?而所谓"全",则绝无可能。只能说"大致而已"。

第三,关于《儒藏》断限问题,汤先生主张"断之于清"。先生仍有所议,"清"是指何时?"清初","清中叶",还是"清末"?此间一差就是百年多。另外,民国、"五四"以后,以及1949年以来,对儒学的研究仍有新作,如若尽皆摒弃,似有所憾。所以,先生主张《儒藏》的断限,"上限可不封顶,下限应断在2000年,以为世纪之作"。

学术相议,本乎初心。但有所说,各秉其理。

先生对《儒藏》、对汤一介等教授有之议论,亦本于交流的态度。此番,安平秋教授等代表《儒藏》编委会聘先生为顾问,亦不以上述议论为意。彼此学者之风,由此可证。

二、挽留杨玉圣

5月,先生发表一文,题目是《挽留杨玉圣》。

学术腐败现象,时有发生,先生也曾亲历一回。

有位剽窃者,竟然给作者写信,声称,抄袭是为了晋升职称以养家糊口,实属无奈,并且还要与之交朋友,说什么"不打不成交",这番言论,不知应该作何评价。

而考诸实际,往往更加恶劣,教授、博导、博士生、硕士生、本科生,时有涉及,而一些媒体所披露的事件,简直触目惊心,不仅有"权学交易""钱学交易",甚至还有"色学交易",越来越拉低学人的底线。

有抗争者,如杨玉圣,独立创办一网站,名曰"学术批评网",对学术上诸般不端，进行揭露与挞伐。

什么是"学术批评"？杨玉圣在接受《民主与法制报》记者采访时解释，其中含义当有广义与狭义之分。广义者，只要是从学理意义上对学术有关的评论，均可称为"学术批评"。这里的"批评"也含建议、鉴赏之类，并非一味找缺点、挑毛病。狭义者，比较直白，专事揭露学术失范、学术不端和学术腐败等现象。

杨玉圣解释说，我国虽有三千多家人文社科刊物，但几乎是清一色"论文集"式的办刊模式，几乎没有刊物愿意发表学术评论或学术批评类文章。故而，构建"学术批评网"，目的就是为学术批评提供一个平台。他几乎是以一己之力，与学界的不良相抗衡。

杨玉圣在2001年创办"学术批评网"，选择上线的日期是在3月15日，这当然别具深意，是如消费者打击假冒伪劣商品一样，而行"学术打假"。"学术批评网"设有若干栏目，如"学术规范""学术批评""学术评价""学界观察""史学评论""学问人生""学术信息""新书报道""期刊快递"等。从栏目名称可知，内容涵盖广泛，并非专事批评与抨击。当然，也有侧重，创办初期，以批评为主，这是针砭时弊，有裨世风。随着网站越来越成熟，学术建设内容也渐渐增多，这是希望将学术导入正途，健康发展。

杨玉圣教授的本职是研究美国史的专业学者，业余而行学术批评，于是，一些不理解他的人，污蔑他"不务正业"，而被他批评的人，当然更恶言相向，其中甚至不乏学界权威、领导权贵等，所以，由之所累，不但赔钱，搭时间，花精力，事业受挫，而且官司连连，苦不堪言，总之，是"赔本挨骂"，成就"傻瓜的事业"。

因其苦苦支撑，支撑至无法支撑，故欲隐退。

他隐退的理由有二：一是已与人民出版社签约，应约撰写一部《美利坚合众国史》，这需要时间，必须全力以赴；二是自己调任中国政法大学，教学任务更重，分身乏术。

先生闻讯，急忙电话慰留。通话中，杨有难言之隐，这当然可以理解，一人抗争，在旋涡中挣扎，伤痕累累。

相劝未成，遂作文声援——《挽留杨玉圣》。

杨玉圣出生于1963年，山东青州人，比先生年轻整整40岁。二人本不相识，先生读了他的学术批评，暗生好奇：这究竟是怎样的人？何以没事找事，不怕得罪人呢？又为什么信息会如此灵通？不禁感叹，当世竟有这般"铁面御史"，总想见上一面。

初次晤面，是在2003年，地点在北京。

先生觉得，杨玉圣长得像个孩子，言谈举止也保持一种"赤子之心"，快人快语，实属性情中人。越聊越投机，彼此年龄相差40岁，竟然没有代沟，遂成忘年之友。

先生认为，学如积薪，要让后来者居上。他甚至有些佩服这位晚辈，称他以一种"大群小己"的战斗精神为"学术圣殿的守望者"和"学术道路上的清道夫"。

以此，先生挽留杨玉圣，希望不要放弃"学术批评网"，别人以其不务正业，先生正相反，他认为学术批评与美国史研究，二者若能兼得，当然最好，若必选其一，他更支持学术批评。

世上与其多一位研究美国历史的专家，不如多一位历经考验、富有战斗精神的学术批评家。因为美国史专家易得，而有胆有识的学术批评家尤其难求。须知，美国史只是史学领域中一隅，而学术批评则是关乎学术发展与争取美好前途的宏大事业。

支持杨玉圣的，当然不仅仅先生一位，其他如任继愈、王元化、黄安年、李世洞、王宁、满运龙、许章润、陈平原等等，均以不同形式施以援手。

面对师友们慰留，杨玉圣自然感动，于是再行抖擞，坚持抗争。对此，他在《有师友的人生是幸福的人生》一文中有直白表露："就是因了整整大我四十岁的来教授的'挽留'，我没有把学术批评网交给朋友打理，而是坚持自己主持，因为我不能辜负了这位比我的父亲年龄还大的德高望重的前辈的嘱托……"

三、"清道夫"傅耕野

6月15日，心绪难宁。

不知为什么，在最近几日，先生总有一种不安、不祥的感觉。翻阅电话本，筛选着拨打，逐一询问老友，慰以平安。

当电话打至傅耕野先生处时，却是傅先生哲嗣傅奎接听。傅奎略带悲伤着告之，因为肺栓塞，傅耕野已于13日逝世。

若闻惊雷，悲极而愤。

责曰："你父病重，为什么不早告呢？"先生其实是自责，恨自己未能在老友生前见最后一面，所以才会有所迁怒。

傅奎也委屈："我父亲在病重期间特别叮嘱，凡是80岁以上的老朋友，都不要惊扰。"

听此，先生心中一恸，泪水夺眶而出。

傅老在临终之际，仍不忘关怀老朋友，他是担心同辈人，年老谊深，恐怕难承遽痛啊。

先生挂掉电话，浑身无力。伏在桌案上，放肆地痛哭一回……

傅耕野（1923—2006），名功赞，字耕野，别号"京华髯翁""长白布衣"，满族正白旗人，原姓为"沙济富察"，1943年毕业于北京师范大学历史系。

他是名门世家。高祖富通，系乾隆孝贤纯皇后的幼弟，曾任山东登州镇总兵。祖父克星额，曾任广东琼州府知府。父谦豫，曾任驻法公使馆参赞，兼任西班牙代办公使等。

先生与傅耕野相识于华北大学南下干部培训之际，时在1949年，全国解放在即。培训完毕，彼等七人因有名校历史学专业背景，由范文澜亲定，留于华北大学历史研究室，协助整理国民政府遗留下来的北洋军阀旧档。

二人同龄，傅老略长，先生尊称为兄。

那时候，两人皆有家室，负担很重，而研究生班却是供给制，所得补贴仅敷个人之用。范文澜先生怜此艰难，便允许傅耕野做些兼职，主要是在北京市内的一些中学教书。后来，先生回归天津，在南开大学工作。而傅耕野留在北京，在西城区进步中学任教。

两人分属两城，飞鸿不断，但有机缘，必定相晤。

1957年"反右运动"，傅老因"妄言"被定为极右。

那时候，傅老是中国农工民主党党员，自1949年5月，便在农工党北京市党务整理委员会机关办公，此后，无论他在华北大学，还是在进步中学，组织关系一直都在原地，未能及时调转。

所以，有可能是，反右初始，因他颇有微词，而授人以柄。再一详查，便发现他与章伯钧等又有过工作交集，这样看来，如何不是"右派"呢？遂被下放，驱往茶淀农场，劳动改造。

当时，傅奎兄弟尚幼，傅嫂体弱多病。家里支柱垮塌，生活捉襟见肘。此时，先生也在难中，但尚好仍有工资，遂趁每次进京之际，尽己之力，资以微薄。

"王、张、江、姚"垮台，傅耕野回城。

得到消息，先生亲赴北京，为他祝贺。

傅家老宅坐落于北京香饵胡同。老友相晤，恍如隔世，彼此皆有厄运，如今得以再世为人，能不伤感？在书房内，举杯对饮，有一棵老树穿顶而出，坐拥陋室，相酌苦酒，和以清泪两行。

傅老告曰，原单位不肯接收自己，被重新分配到了北京市工程局东城养路队。本是北京师范大学出身，范文澜先生高足，在那个大学生短缺的年代里，他竟然去修马路，这算什么安置呢？先生愤愤，傅老苦笑，不申辩，也不痛骂，唯举杯，一饮而下……

从此，他每天都穿着号坎，跟着沥青车，走几步，就要从车里舀出一勺沥青，撒在柏油路的空缺处。若是累了，就坐在路边喘息，拿着破草帽，扇风驱暑，总比被囚、被辱的日子好多了。

他给自己重新起了一个笔名——"清道夫"。

内中之喻，或有两层：其一，这是他的职业，他就是在扫马路、修马路啊，不是"清道夫"还是什么呢？其二，他也暗下决心，以民国书法家"清道人"李瑞清自励,暗与比肩。

有一次,他在福绥境一带修路,听说自己恩师王森然先生因"抄家"而困居在附近,遂不避嫌隙,径去拜访。

推开师门,满目苍凉。

王森然曾经誉满京师,登门求画者络绎,如今却门可罗雀。孤老垂垂,无所事事。经历八次抄家,资财尽没,现已困顿至极,本想书画遣怀,但连纸张都买不起了。

见如此境地,傅耕野十分难过,但自己衣食尚有所虞,也无力接济,就将仅有的一张四尺宣纸赠给老师。这纸珍贵,得之不易。森然师将它裁成二十四页,每页拟一小品,以遣聊赖。后来,森老又将这些画作赠给耕野,以款当日赠纸之情……师生之间,深情如许。

四、生前有个死之约

傅耕野从劳改到恢复工作,共计 21 年困厄。

21 年里,他在农村与老乡同吃同住,下过大田,种过水稻,修过水库,种过果树、蔬菜;在干校,盖过房、和过灰;回到城内,春、夏、秋修马路,冬天挖下水。

久厄之后,是大彻大悟。

他变得更豁达,面对文人相轻、小人阿谀等,均能泰然处之。遂作《行止歌》,以明本志:

> 不求名,不逐利,不着急,不生气,
> 定时睡,按时起,远小人,近知己,
> 讲人情,重信义,无愧天,无愧地,
> 惜光阴,勤学艺,为国家,多出力。

在此文中，原有一排数字，分别是"三十五""二十一""五十六""七十一"。这些数字，在耕野先生的心目中，都具有特殊的意义。他在三一五岁时被错划"右派"，历经二十一年困顿，五十六岁时"右派"被改正。而那"七十一"则颇有一些"玄妙"，有一位星相家占卜，曰："耕野一生，到了七十一岁时，才开始走运。"甘于默默，重新执笔，书画遣怀，静待那"七十一岁"的慢慢到来。

他的书法，入门时，楷书学柳公权，行书学潘龄皋，后改宗郑板桥，待基础砥定，便进而泛学百家，博采众长，追蹑黄山谷、何绍基、石涛等笔法神韵，其所书长卷《板桥道情十首》，字体活泼圆润，富有立体感，章法横无列，竖有行，字距行距，顺其自然，通篇观之，别有至情。书画名家王森然、萧劳、李长路、沈鹏、董寿平、王佐贤、王遇举、刘开渠、韩绍玉、齐良迟等先后在上面题诗、题字。当时，著名历史学家周谷城老先生也在现场，边看边诵：

老渔翁，一钓竿。靠山崖，傍水湾。扁舟来往无牵绊，沙鸥点点轻波远，荻港潇潇白昼寒，高歌一曲斜阳晚。一霎时，波摇金影，蓦抬头，月上东山。

此文，周谷老从小吟诵，吟于此，真乃情景交融，遂欣然题字，赞曰："耕野书法，字中有画，画中有字。"

傅老作画，尤擅梅、兰、竹、菊。

画竹，学郑板桥，兼学王森然。粗竹画枝，生动而有灵气。亦有朱笔画竹，常附墨蝉，红黑相映，满纸清风。画梅，则"用墨酣稳"，"飞白妙绝"，"枝瘦花稀"。其最为卓著者，莫若画兰，构思奇妙，有时浓笔铺陈，满纸错落，挥洒之间，生机盎然。有时惜墨如金，两三枝叶，一二奇葩，却能清新洒脱而别具意境。

先生评其书画曰："艺术根底深厚，早年所作飘逸潇洒，偶露锋芒，而晚年更见深沉。"

耕野以为，写字、作画，必有诗书之蕴，故诗、史兼修，常有文章发表，多怀故人、故事，记之掌故等，尤其有关于北京风土名胜者，更是他主要的描写对象。他的文章崇尚简洁，毫无赘语，浅显直白而直廓胸臆……

或许，真如当年占卜所云，傅老境遇，果然日进不已，而且声名日隆，七十岁后，长须飘胸，号曰"髯翁"，简直仙风道骨，不似凡尘。求字、求画者，纷纷而来……

他以豁达之心，存达观之念。

过往，先生受难十八年，傅老受困二十一载，但傅老似乎更平静。默默生活，逆来顺受。先生曾存疑问："难道耕野被残酷的历史车轮碾压得'心死'到连喜怒哀乐都流淌干净了吗？"

其实，伤心人别有怀抱。

傅耕野自己说："耕野书画，不愿闻达，但求传世。因知当代得名，苦不堪言，死后名传，尚可含笑九泉。"

于世，已无所争。他常劝导先生，要以平和的心态处世。曾赠给先生两副对联，一联曰："不足处甚好；偶然者亦佳。"另一联曰："宠辱不惊，看庭前花开花落；去留无意，望天上云卷云舒。"

第一副对联，是傅耕野先生被落实政策后，于"刑满"归来之际所赠。此联，如杯苦酒，是参透人生后的一种豁达。得此联，先生顿悟，遂写一文，以志所思，有如下一段文字：

"不足处甚好，偶然者亦佳"，是一位饱经沧桑，受尽磨难者的悟道之言，是医治诸般烦恼的良剂。人到老年，常思一生某些"不足"而深以为憾，若能守"不足处甚好"，则一切皆可归于平和，减少无数愤懑。设逢机遇，偶有所得，则处之于淡然豁然，而有"偶然者亦佳"的潇洒。人生若此，可谓进入淡泊宁静之佳境矣。耕野于宽释归城之初，即书此相勖，足以见其精神之升华。

此心，彼心，心心相印矣。

> 傅耕野先生的赠联

另一副对联,赠于世纪更新之际。此时,先生已经离休,闲暇在家,自"花开花落",任"云卷云舒",唯淡泊而已。

先生此刻,难得清闲,名利偕忘,往事俱如烟雨,焉用介怀?但老友体恤之心,依然令自己动容。后来,两人行一约定,"我先走,你画一画,焚之!你先走,我写一文,也焚之!"

这是生死剔透之约。如今,耕野先生已去,先生遂静坐于桌前,和泪为文,然后焚之于火,临风而悼……

五、与陶东风论"随笔"

本年,先生仍有两部专著出版,分别是《书文化的传承》与《皓首学术随笔·来新夏卷》。

《书文化的传承》出版于6月,由山西古籍出版社刊行。

这本著作的前身是《薪传篇》,出版于1991年。同年,先生赴日本讲学,又以该书为基本内容,增删改订,作连续性讲座,易名曰《中华传统文化的传递》。2003年,先生又将这个讲义再行修订,附录于《古籍整理讲义》一书之末。随后,在该年末至次年春,复以讲义为蓝本,在天津图书馆古籍研究生班作再一次讲授。2005年春,又在天津电视台科学教育栏目以此内容为核心,作连续播讲。

至本次出版,这部著作凡经六次删削、补订。

较之前述,本次版本最大的特色是图片,共有百余幅,行图文并茂之举。是著,从图书产生之前的口传记事述起,以图书形态的变化、内容的传承为线索,论及图书印刷、典藏、整理、流通等诸多环节。再述于文化传承的基本内容,从蒙学教育引至经、史、子、集等,最后论于图书的编纂、汇集。所作各篇,言必有据,且以普及教育为主,深入浅出,以便初学者入门。

《皓首学术随笔·来新夏卷》出版于本年10月,由中华书局刊行。

这部著作与先生之前各种随笔集相较,颇显另类。裁辑标准乃以"是否

> 傅耕野先生的赠联

有学术内涵"为依据，共分为九卷。卷一曰"管窥蠡测"，是先生对历史研究及编纂的个人认识与学术观点；卷二曰"书山有径"，述于学术方法与治学路径；卷三曰"撮其旨要"，系先生为各种学术性著作所写的序言等；卷四曰"激扬文字"，为先生所写的各种书评；卷五曰"口讲指画"，为先生公开讲演、采访问答等；卷六曰"旧事如新"，乃谈论掌故，述之往事；卷七曰"吹疵摘瑕"，为先生自纠或评说他人著述的作品；卷八曰"流风余韵"，为仰慕先贤及怀旧思念之作；卷九曰"镂之金石"，是先生为津门名胜古刹等所撰写的碑文。书末附"我的学术自述"，陈说过往，履之学踪，"俾读者有以知我"。

参与这套学术随笔写作者，还有如季羡林、任继愈、何满子、黄裳、吴冠中、吴小如、戴逸等，皆一时之贤，赫赫名家。这些先生所呈现的作品，亦以学术为标的，虽是随笔，仍以治学为皈依。

"学者随笔"，兴起于20世纪90年代，诸如《当代中国学者随笔》《当代学者文史丛谈》《历史学家随笔丛书》《现代中华学人笔记丛书》《京华学者随笔》等。

还有一种随笔，是"作家随笔"，出现的时间稍早，在20世纪80年代较为流行。与"学者随笔"相较，两者均以作者身份来分类，或为专业学者，或为专业作家，各有优长。

先生认为，"作家在激情思维和生动有趣的表达方式上很有优势"，"而学者在深层思想、对文化的独特思考与见解"上有优势。

其时，"学者随笔"方兴，而"作家随笔"渐衰，故有人呼吁，要以"学者随笔"代替"作家随笔"。

先生乃学者，且多作随笔，但他并不赞同将两种随笔如"楚河、汉界"那样划分，而是主张"你中有我，我中有你"。

至于此兴、彼弱，是时代使然，乃社会思潮所致。当"作家随笔"兴起时，时代在"疗伤"，那时，"伤痕文学"之类，颇能引发共鸣，而"文化热"中，人们对于历史文化有了更大的需求和更高的追求。

有需求即有市场。有追求则有动力。

在市场经济条件下，"学者随笔"漫卷而至，势必良莠不齐。于是，又有人直接批评："是不是那些既写不出像样的学术论文，又没有真正的悟性与灵感、因而也搞不了文学创作的人，把学术随笔当作了自己的救命稻草？"行此批评者，乃学者陶东风先生。

当然，陶先生是在针砭时弊，非有确指。他在《关于学术随笔的随笔》一文中分析说，"随笔"是随意、率性地书写，而"学术"必要谨严而合乎规范。二者似乎格格不入。对于"随笔"而言，越是天马行空、自由酣畅，甚至有些主观主义，才越吸引人，而"学术"则要客观，要理性，必须循规蹈矩、逻辑严密、论证充实。

陶东风读了很多学者的随笔，他认为大多数"既无学术又不像真正的随笔，既无逻辑也无灵性，既不严谨也不潇洒。结果我们从中既享受不到学术的理性力量与逻辑力量，也享受不到随笔的感性魅力与汪洋恣肆。"考诸实际，此言非虚，但仍有可资商榷的地方。

"学术"与"随笔"有矛盾，正如陶氏所言，一侧重理性表达，一强调感性抒发，但有"对立"，就不能"统一"吗？

陶先生也认为，"学"与"术"，可以拆开。他说，现代学术，其中"术"的因素越来越重，"学"越来越与特定的技术、程序、方法——"术"联系在一起，越来越学科化、体制化，以至于"不术"便"无学"了，而与通常所说的"不学无术"反其道而行之。

问题就出在这里，"学""术"二字，"学"是核心，"术"是实现"学"的方式、方法、途径等。陶先生之误在于，他把"术"固定化了，所谓"特定的技术、程序、方法"，这"特定"一词，已然直白，说穿了就是论文与专著。因而"随笔"与"学术"的矛盾，实为"随笔"与特定之"术"的矛盾，而非"随笔"与"学"的矛盾。

且，苟利于"学"，何必千篇一律？论文、专著可行，"随笔"如何不可？先生旗帜鲜明地提出了两个观点：

其一，"学者随笔"与"作家随笔"应该交融。

要情景合一、情境合一。有文有识，方是上品。

这就要求作家要增加阅读量,拓展识见根底,对学者而言,则要措意文法,改变自己晦涩难懂、脱离民众的行文方式。

其二,要区分"学者随笔"与"学术随笔"。前者以身份论,后者以内容定。就是说,不能一看到作者是一位学者,那他所写的随笔就一定是"学术随笔"。学者如何不能写一些意兴遣怀之作呢?如此一概而论,用"学术"的框子去硬套,岂非南辕北辙?

所以,这次《皓首学术随笔》系列,先生即与参加该丛书的诸位学者议定,专选他们所作的"学术随笔"之类,是想努力证明:"随笔"亦可"学术"。

2007年　85岁

一、书生身后事

2007年，先生85岁。

有一天，忽然接到了一位朋友邮递而来的包裹，打开一看，竟是先生以前出版的一部著作。翻开书页，更加疑惑，原来这是自己在多年前赠送给另一位朋友的礼物，在扉页上还留有签名。

这位受书之人刚刚辞世，先生专门撰写了一篇纪念文章。孰知哀伤未久，他的子孙们便忙着处理遗物了。其实，这也并非后辈不贤，只是彼此专业不同，为了清理空间，择之不需者而去之，也是人之常情。

幸好，这部著作被先生的朋友在书摊上发现，见有题签，遂予回购，然后物归原主。

掂此旧著，心绪难宁。

先生思忖，生、老、病、死，自己走过了前三个字，对于藏书，身后任其散矣，何如生前自家料理，免得贻累子孙，自然而然地产生了主动散书的念头。

他以为:"聚与散是一对辩证存在的孪生物,他人的聚才有你的散,你若永世常聚,则后人又如何聚书成家?"

回忆当年,自己聚书是从高中时代开始。

那时候,课余,或假期,先生常去书肆,例如,天津劝业场、天祥市场、泰康商场等,稍长为师,聚书更频,条件便利也。

至上世纪六十年代,已积书万余,线装古书,亦不胜枚举。然浩劫忽起,辛苦所藏,或被抢,或被焚,所剩无几。

被冷冻了十八个年头后,先生复出,再次聚书,又积累了几间屋子的藏书,具体数目尚不可确考,总在数万册以上。

先生所藏,绝非泛泛,必精选版本而别挑内容。他的研究,纵横几个领域,所以反映在藏书面貌上,博而能精。

满室皆书,布列纷纷,却能分门别类。

先生晚年,讲究藏书之学,认为,藏书的历史,从书籍诞生就开始了,至今,已有两千多年时间,可分为三大系统:官藏、私藏与公藏。这三大体系,构成了中国历史上完整的藏书体制。

据先生考证,中国的私藏,应从孔子时代开始。

孔子及其门生弟子,以私学之需,"删诗书、定礼乐",而储存了大量典籍。嗣后,历代藏书,至清朝而达鼎盛,据不完全统计,清代"著名藏书家已近五百人,为历来藏书家总数的一半"。

藏书家的心态,其共同者,主要有两点:一是,他们都珍惜和善待民族文化传统,千方百计地保护图书;二是,藏书家都把藏书作为自己的自怡行为,以藏书为手段,求得自身心态满足。

若论高下,当分两种境界。

第一种,以所藏为私有,希望"久传后世,津逮子孙"。如元朝赵孟頫,他在自己藏书卷末题字:"吾家业儒,辛勤置书,以遗子孙,其志何如!后人不读,将至于鬻,颓其家声,不如禽犊。若归他室,当念私言:取非其有,勿宁舍旃。"自己的子孙要是卖书,禽兽不如;他人要买该书,对不起,奉劝别买!赵氏爱书至此,以至于不顾斯文,破口大骂,足见痴书之状。

但须知，世间哪有永远不散之物呢？还是清末藏书家叶德辉说得通透："诸人皆眷眷于其子孙，究之藏书家鲜有传及三世者。"所谓"富不过三代"，家业尚且难以维持，更何况图书？天灾人祸，或蠹、或盗、或焚，如何久持？怨之、骂之、咒之，皆无用矣！

第二种，以"用"为要。明代李如一言"天下好书，当与天下人共之"，先生也说"只有读书家才是真正有意义的藏书家。"

藏书目的，在于保存、传递一国、一民族的文化，使之世代相传弗替，为立国之基。此为前提，欲实现之，要将藏书用起来，而非束之高阁，秘而不宣。有鉴于此，先生以为，真正有意义的藏书家，应秉持一种仁人爱物的精神。所谓"仁人"，便是把书与人的关系紧密联结，使其所藏，能尽量发挥培育人才的社会功能。而所谓"爱物"，则表现在对图书的爱护上。爱护图书，目的是让更多的人能够读到这些书。说到根本处，还是为了更久远地传递文化。

秉此理，先生躬行之，然其散书，何以不散于著名图书馆？那是因为馆大欺书，他"怕落得巴金捐书被剔旧处理的命运"。

此次散书，分置三处，分别是"来新夏方志馆""来新夏著述专藏馆""来新夏民众阅览室"。夫人焦静宜至今记得当日先生挑选赠书时的情景。她在《根的情意》一文中有所披露：

> 几乎每一部书都经他亲手挑选、下架。十几天的时间里，书在他手中一遍一遍摩挲、端详，我分明感到了他心中的不舍，然而又多少次，在一番掂量之后还是果断地放到了捐赠的纸箱里……

先生不止一次地说，书就像是自己的儿女，把这些书捐赠给家乡，"希望它们在萧山的乡亲特别是年轻一辈中发挥更大的价值……"

2月1日、2日、3日，连续三天，"来新夏方志馆""来新夏著述专藏馆"，绍兴"来新夏民众阅览室"次第开馆。

先生亲临现场，揭牌、剪彩……

> 来新夏先生在"来新夏方志馆"门前留影

"来新夏方志馆"坐落于萧山江寺公园。绿林环抱,修竹掩映,加之古色古香的小楼,颇宜读书与治学。先生捐赠各种史志及相关研究作品近千册,另有《中国近代史资料丛刊·北洋军阀》出版前的一校、二校、三校样稿及部分油印稿。

"来新夏著述专藏馆"设于萧山图书馆内。先生前后共捐图书七千余册,另有百余件物品,例如傅耕野先生的赠联,启功书法等。先生多部作品的手稿、校对稿、荣誉证书等,也在捐赠之列。

"来新夏民众阅览室"设于绍兴齐贤镇一处农舍中。农舍主人是一位失地农民,名叫孙伟良,平素以换煤气为生,业余孜孜以求于学问,自题书斋为"羊石山房",因经常向先生请益,遂成私淑弟子。先生将自己所收藏的一些通俗类、普及性的藏书赠予此君,共500余册,目的是让当地的农民借阅学习,以开阔视野、拓展知识。

上述图书、方志等,是先生多年所积的绝大部分,尤其是那些手稿、笔记,字字心血,珍贵程度可想而知。

这次散书之后,先生仍有多次赠书之举。

例如,在2012年初,天津图书馆新馆建成,馆内李国庆向先生征书,拟在天图建设"来新夏书房"。

先生回忆,这次捐书颇感痛苦,因自己所留皆是精简之后的作品,案头常用,如何赠得?但有所志,绝不失言,先生遂拟定"三不捐"的原则:朋友签名本不捐,近年尚需不时翻检的专业书和工具书不捐,枕边消闲书不捐,其余,尽由妻子焦静宜代劳。

于是,经夫人整理,又捐千余册给天图。

其他捐书,如赠南开大学图书馆、杭州图书馆、浙江图书馆等,时或有之,亦随缘所至。

说来也有意思,因为公开自己散书的态度,一些人以为有机可乘。

从2004年以来,先生陆续收到来自湖南、湖北、河南、江西、江苏、河北等地多人、多部门来函,目的当然是索书,理由却千奇百怪,有的想在农村建立图书室,有的是表示仰慕以之珍藏,有的要先生加盟名人藏书

> 孙伟良（中）与来新夏先生（右）及焦静宜夫人（左）合影

室……

他们索书不是几本，而是几十本、几百本等。

不胜烦扰，只好沉默。须知，书，只有在那些真正读它、用它的人手中，方有价值。

二、活在"民众阅览"里

在参加绍兴"来新夏民众阅览室"开馆仪式期间，先生在孙伟良家中，看到了自己曾经选编的一本油印资料，题目是《中国图书文献选读》。

这份油印资料是1984年南开图书馆学专业创办之初所使用的教材之一，由先生选目，再由古汉语教师张文桂先生编辑，酌加简要注解和练习题。

当年，由于条件及时间所迫，只好边授课、边选目、边编辑。具体地说，就是由先生选定一篇文献，张文桂立即着手编辑，定稿后再请焦静宜师的胞弟帮忙刻写蜡版，再交油印，如此随印、随讲、随发，至课业终结，竟积累至43篇，也算小有规模。但先生当年并未收藏该稿，如今再睹，如晤故人，几乎落泪。携回天津，赏玩多日，再题跋如下：

> 上世纪80年代初，我创办南开大学图书馆学系，规划设此课程，以补诸生图书文献之缺。并请张文桂先生授此课，由我选目，张先生编辑。久已无存，今见伟良得此本，犹忆当年创业之维艰。
> 　　　　　　　　　　　　　　来新夏识于天津，二〇〇七年四月

为何如此珍重？正如题跋中所云，概因当年"创业维艰"。

那时候，南开大学图书馆学系甫设，人才、教材两缺，而《中国图书文献选读》即是先生在教材方面的一种应急方略，该著的选篇布局，特能反映出他在图书馆学教育方面的基本思路。

作为教材，目的当然是培养学生掌握专业知识与技能。

图书馆学系的"中国图书文献选读"课犹如历史系的"历史文选"课，它兼具两种教学功能：一是培养学生阅读古文献的能力，即古汉语水平；另一方面是培养学生了解图书事业的基本文献与基本知识等。以这两个教学目标为核心，先生的选篇兼顾文法意义与文献价值。

《中国图书文献选读》，取材广泛，有正史，如《史记》《汉书》《宋史》《明史》等；有文集，如《苏东坡全集》《渭南文集》等；有县志，如《鄞县志》；有笔记，如《挥麈录》。体例包括解题、正文和注释。解题，交代文献基本知识，如作者简介、时代背景、内容概要等；正文就是选篇的原始文献；注释是疏通正文所需的必要解释，侧重于字词章句之类。

先生选目，围绕图书事业展开，将目录学史、藏书史相结合，同时再选择若干指导如何读书与治学的篇目，将图书馆学所应具备的专业知识与治学方法相交融。

例如，集内开篇，选择《史记》中的《老子为周守藏室史》，这篇文章

出于《史记》，意义在于，它很有可能是我国关于管理国家（即官方）图书的最早记载，因而具有中国图书事业的源头意义。

关于目录学方面的文献，为选集大宗，占全集半数以上，所选篇目包括两方面内容：一是目录学史中的代表作，二是研究目录学或整理图书文献方面比较重要的人物。

例如，在目录学作品方面，如《〈战国策〉序》，作者刘向，这篇出自《别录》。《别录》篇目虽然大多亡佚，但通常被认为是"目录学"的开始。再如《〈汉书·艺文志〉序》，作者班固。《汉书·艺文志》是现存最早的完整的目录学文献。其他如《隋书·经籍志》《新唐书·艺文志》《宋史·艺文志》《明史·艺文志》《七录》《古今书录》《四库全书总目提要》等等，都是研究古典目录学的重要参考文献；至于重要目录学家，涉及的主要人物有荀勖、令狐德棻、李延寿、魏徵、杜佑、郑樵、孙星衍、缪荃孙等等。

关于藏书史方面的文献也包括两方面内容：藏书楼与藏书家。

选篇所涉及的藏书楼有天一阁、皕宋楼、八千卷楼、述古堂、汲古阁等；涉及的藏书家有范钦、李常、叶梦得、陈振孙等；还有对古代藏书楼规章之类的介绍，例如《流通古书约》就是讲藏书家约法，这篇文章的作者曹溶建议，藏书家彼此之间应该公开藏书目录，标列彼此所缺，而存书者再请役工缮写成复册，校对无误后再与对方互换有无，这样彼此便都能有新书增列，古书也借此流传。

关于指导如何读书与治学的篇目大多融合在上述藏书史与目录学史的篇目之内，但有几篇则是例外，几乎是单独强调这部分内容，例如《谈孺木墓表》。

《谈孺木墓表》作者黄宗羲，文中所述谈孺木，是指著名史学家谈迁，他辛勤著述，历时26年，成《国榷》一书，规模百卷，共四百多万字，但稿成之后，却被盗贼所窃，悲痛之余，视手尚在，遂再次重写，又历4年而成。先生选择这篇文献，明显是在鼓励学生们读书、治学要有克服困难的勇气，要有韧性，百折而不挠。

上述，就是先生选编的基本内容及思路，仅仅43篇，却可谓用心良苦。

> 来新夏先生自费印制的《中国图书文献选读》

    这部选集一册三用：一是作古汉语学习之用，侧重字词、文法等；二是作图书馆学研究之用，了解这门学科的源流演变以及重要作品、重要人物等；三是作为读书、治学方法之用，透过具体内容，学习读书与治学的技能，而通过知识与方法的积累，沉淀学术人格与道德。这就是先生作为教育家的格局与抱负。

    无奈，"中国图书文献选读"课随着先生与张文桂师的先后退休，竟无人以继，这本油印小册，也被湮没在岁月的长河里。

    2010年初，上海交通大学出版社策划一套"当代大学读本国学基础系列"丛书，邀请先生将目录学列入其中。先生将孙伟良所收藏的《中国图书文献选读》油印本重加整理，自费印了一百多本，分送众人。此举，遂使当年的心血不至空付，该选集再得流传。

三、以美治学

    教育的视野，不应仅仅局限于教学本身。

如果仅仅是为了把课讲好，单纯地强调知识与技能，这是教书匠的思维；教育家的着力点应该是培养学生的学养，进而是道德上的引领，教会学生怎样做人。

先生如何看待教师这个职业呢？他在接受《学习博览》记者采访时表述如下：

> 一个人一生中会遇到许多老师，他们以毕生的精力教学生知识与做人之道，为自己的学生奠定一生事业的基础，给以深远的影响。过去把老师排在"天地君亲师"之列，说明在给自己生命的父母之外，就是为我们开通事业通衢的老师，所以学生有自称"受业"的说法。有的老师甚至成为自己一生事业的依傍，使你终生难忘。

感恩自己的老师，也努力做好别人的老师。

先生教过多门课程，如"中国近代史""中国历史文选""中国通史""史籍目录学""古典目录学""历史档案学""鸦片战争史专题""中国图书事业史"和"北洋军阀史专题"等。

授课水平，有口皆碑。很多人，因为听了先生一次讲座，改变了一生。这样的例子有很多，例如，当年创办分校图书馆学系，先生一次演讲，吸引了众多学子报名，从而挽救了一个专业；又如，刘小军当年在湘潭大学图书情报专业学习，听了先生一次讲座，备受鼓舞，矢志报考南开，后来终成所愿，并投身来门，后任天津商业大学经济学院院长；再如南开大学图书馆副馆长穆祥望，原是学习哲学专业，也因听了一次先生的讲座，决定转学图书馆学。关于那次讲座，穆祥望在《来先生改变了我的一生》中有如下一段描述：

> （先生）没有讲稿但条理非常清晰，观点鲜明，逻辑缜密，问题分析和阐述丝丝入扣，可谓是高屋建瓴且深入浅出。他口才很好，妙语连珠，都是道理的讲述和历史的脉络，耐人寻味，学生们听得入了迷。两个小时的讲座，场内鸦雀无声。

"鸦雀无声"的奥秘究竟在哪里？

先生教学，可以分为五个阶段：备课、讲授、作业布置、答疑解惑与学科考核。

备课阶段，就是撰写专著的过程。他讲课，非常重视教科书的选择，所选者，或为自撰，如《目录学浅说》《方志学概论》《社会科学文献检索与利用》《古籍整理散论》等；或为自编，如《读史工具书介绍》《史记选》《中国图书文献选读》等。

先生常说一句，"给人一碗水，自己得有一桶水"，这就是在强调备课的程度。他的备课，所有关于所要讲授内容的方方面面都要尽量周到，这样才不会有盲区，讲授时才能如鱼得水。

关于授课，内容虽是根本，但还是可以学得，而那独有的神采，则发自内心，出于学养，不但要先天禀赋，还要有后天赋能。

先生讲课，举手投足之间，皆能发出一种美感，此种美感，体现在多个方面，如仪表、语言、板书、逻辑与方法等。

犹然记得，先生在八十年代讲授古典目录学课，一开课，就令人震撼。先生步入讲台，脚下竟然穿着一双男式高跟鞋。同学们的目光都被那高跟鞋所吸引，然后，眼神交叉，惊讶！

"运动"甫过，"两个凡是"阴影未散，思想解放，也要有外在的表现形式，先生穿上高跟鞋，就是在飞扬着自己的思想，标列着自己独立追求。

先生洁白似云，高蹈如鹤，难道真的是从"牛棚"里出来？身上为何没有受煎熬的痕迹，神情何以没有气馁的样子？头发一丝不乱，裤线根根笔挺，一开口便金声玉振，一抬头就眼高于顶，真是"岩岩若孤松之独立"，如魏晋之人，醉眄庭柯，目送归鸿。

先生用高跟鞋，为学生们开启思想启蒙的第一课。

南开大学商学院柯平教授对此也同样印象深刻，他说，无论在什么情况下，只要先生开讲，必定西装革履，一尘不染，头发梳理得特别整齐，而且手势自然，语言铿锵，极有风采。

谈及授课时的语言，柯平进一步解释，先生的普通话非常标准，讲课时从不看讲稿，但能滔滔不绝，语言非常有磁力，讲话不快、不慢，时而铿锵，时而低沉，而且用词准确，不用俗语，又不是文言，将讲话的声音、语调、语速的节奏，拿捏得恰到好处，非常能打动人，而且时间把握，也特别精准，一课授毕，铃声响起！

还有板书，先生拿一支粉笔，在黑板上挥洒自如，板式一清二楚，字走龙蛇，极其潇洒，结体谨严，一笔不苟，才情学识聚于笔端，随腕流转，涉笔成趣……

柯平也说，先生的板书，"竖写横移，错落有致，书法劲美，令人欣赏"。

南开大学历史系冯尔康教授对先生讲课的印象，除了板书整洁、漂亮，就是讲授的条理性。在其心目中，论授课条理性，只有讲授秦汉魏晋南北朝的杨冀骧先生可以与之相论。

对此，柯平教授仍有同样感受，他说，听先生讲课，若能把一节课的笔记记好，基本上，就可以写出一篇文章来；若能把整门课的笔记做好，自然也就可以整理出一部著作了。

有现存的学生笔记可以佐证，1975级中国史学生莫声铨保留了先生当年讲授"史籍目录学"的听课笔记，所记内容，条理清晰，内容丰富，若打印成章，真的就是一部小著。

先生常说，"授人以鱼不如授人以渔"，故其教学，并非单纯传输知识，还要传授治学方法，指示门径。

先生教人做学问，要"从根做起"。这是当年范文澜师对他的教导，如今学成，他亦以此教人。历史研究"从根做起"，所强调的是对第一手材料如档案等原始资料的挖掘与利用。

顾炎武曾以"采铜于山"和"废铜铸钱"来探讨治学的两种方式。"铜"是指资料，"采铜于山"，是教人要注重搜集原始资料，"旧钱"或"废铜"，是比喻转用别人用过的资料。写文章、做学问，如果不注重挖掘原始材料，而仅仅转引他人，所得结果就像"废铜铸钱"，质量差自不必说，甚至还会将原始资料曲解、散碎。

先生又以"挑水""倒水"说来说明问题。

"挑水"者，用桶从河流里去挑，可以用完再续，而"倒水"，则是从别人的桶里去倒，倒一次少一次，且难免泼洒一些，浪费一些，一如资料之一转再转，不但减损，而且损之又损。

先生之于治学方法，总结了许多，诸如怎样读书、如何写论文、如何甄选材料、如何札记内容、如何记录资料卡片……

总结之，为"十六字箴言"："立足于勤，持之以韧；植根于博，专务乎精"。前两句是治学态度，后两句是治学途径。

"立足于勤"，要勤读、勤思、勤写、勤听。根本在勤读，勤读以"致疑"，疑而后思，思而后得，得而写之，最要紧是落实到勤写上，勤写要积少成多，由片段成整篇，由多篇而成专著。

先生授课，重视作业，对作业的批改尤其认真。

他的学生王立清，在《一生事业的依榜》一文中回忆说，先生批改作业，能指出学生的问题和不足，"几乎每次都会对我们的文章做出批注和修改，包括错别字、标点等等。有时，我们修改后的内容，先生还会再次过目，甚至返回再改，直至满意为止。"

当年，陈垣师教他如此，他以之教学生亦如此。

在辅仁大学求学时，先生常在柴德赓、启功府上问学，也到过陈垣、余嘉锡家中请教，如今自己家中，也常常坐满。

刘小军在《羡鱼不如结网——记恩师来新夏先生对我的关怀与教诲》一文中介绍，当年自己生活拮据，逢年过节，先生常常邀请自己到家中做客，除了指点学业，更为自己改善伙食。

刘家盖房缺钱，先生慷慨相助。毕业后，又帮他联系工作，结婚时，因父母远在湖南老家，不能来津，先生与师母又以其父母身份参加婚礼，并代表家长致辞，如此深情，如何能忘？

王立清在《一生事业的依傍》中另有回忆，读来令人动容。在先生逝世以后，师母焦静宜曾转给王立清一封手札的影印件，这是在1991年3月20日先生写给中国人民大学图书馆馆长杨东梁先生的亲笔信。信中，先生述过工作事宜后，又特别交代如下：

王立清系我系硕士研究生，曾从我专攻图书事业方向，具有双学位资格，为人颇好，工作负责，历年获奖，已蒙贵馆录用，今后尚祈严加要求扶植成长，专此奉恳……

直至先生离世，王立清才知道有这封信的存在。

先生育人之心，除了治学标准，还有一个独特的审美标准，他希望自己的学生，要有对"美"的追求。

"美"，是形象，与俊、丑无关；是学养，充满书卷气；是个性，以独立人格，发自由思想；是道德，用诗与远方，用星辰大海，来把心中的道德律打开。

四、以文养病

4月3日，先生就医于天津医科大学附属医院。

经确诊，心速过缓，留院手术——安装心脏起搏器，前后住院一周余。

当年，先生著述《天津近代史》，殚精竭虑，而致房颤，如今年岁已高，依旧操劳，使本就"伤痕的心"，不堪重荷。

此次病来，似乎突然，突发之猛，有山倒之势。

安装心脏起搏器于医学而言，只是很平常的手术，但对先生来说，影响极大。因为，在他潜意识里，自己是位病人了。

躺在病榻上，被强制休息，于是，他回忆往事。

往事诉诸文字，可他不能执笔呀，只好口述，由焦夫人代笔作记录。一篇又一篇怀念性的文字，就这样在病榻上完成。

第一篇，发表于4月20日，刊载在《文汇读书周报》上，题目是《范老的"二冷精神"——记范文澜老师》。"二冷"，是指"坐冷板凳"和"吃冷猪肉"。先生一直将此奉为治学座右铭。

4月30日，又发一文，题为《忆念青峰师》，刊载在《光明日报》上。

> 2003年4月1日,来新夏先生出席绍兴名贤馆开幕仪式,在范文澜师像前留影纪念

柴德赓先生极具才华,文采、口才、书法,俱为学生所称道,他籍隶诸暨,与萧山毗连,因乡音之故,与先生又格外亲近。点滴提携,都在心中。病榻上的怀念,虽文字不多,却字字真情。

第三篇,是先生为《启功书信选》所作的前言。

为纪念启功师,众弟子四处搜寻其遗札,收得各种书函,约三百余件,准备结集出版,遂委托先生撰文,以之代序。

病中,通读信稿三百余篇,往事历历于眼前。

先生与启功彼此最珍重的一段时光,竟是他们共历患难的岁月。灾难,在两位老先生的心里,竟是真情的最好印证。

6月20日,先生再发一文,题为《鹤发童颜亮尘师——记张星烺老师》,刊于《中华读书报》。张星烺是先生在辅仁大学识得的第一位名师,先生评价亮尘师,"学贯中西""识兼文理"。

如此人物,却渐被湮没,内中原因,可堪玩味。张师学术鼎盛时期,大约是在20世纪30年代,1951年遽归道山。

先生综述亮尘师一生,存其事迹,叙其学识,希望以己之力,呼唤后来学者对他进行再研究,以正其名,以存其学!

10月,天气转凉,先生将养半年后,身体康复,又恢复了往日繁忙,或讲座,或编新书,马不停蹄,由北京,到上海,再回萧山,又赴慈溪、湖州,然后去澳门,一路辗转,一个多月时间匆匆而过,11月下旬,返至津寓,不久又应国家图书馆之邀赴京。

先生由津赴京。会议要求当日报到,太匆忙,毕竟八十多岁,唯恐不济,他特意提前一天赶到会场。不承想,国家图书馆当日有会,招待所基本住满,主办方有些措手不及,仓促地为他调剂出一个房间。走到门口,抬头一看,不禁哑然,门牌"119"。

"这不是火警吗?"先生笑着问,服务员随口回答:"您老不会倒着念吗?"这下更尴尬了,"倒过来是'911',我今天不是被烧,就是被炸!"一句话,逗得大家前仰后合。

次日,雪霁,一片银装素裹。工作人员前来迎接,其中有一位小伙子特别热情,抢过大衣,非要帮先生穿上。先生从未被如此服务过,不知应该怎样配合,而小伙子也手法生疏,他怕把大衣弄脏,就将它举得高高,而先生患有肩周炎,胳膊不能抬起,只好接连地喊"低一点儿""低一点儿""低一点儿"。结果费了半天劲儿,可双手还是无法穿入袖管,最后还是自己穿,才顺利穿上。

一番折腾后,先生不禁暗笑:"看来我们都不是官场中人啊。"一个不惯于被人伺候,一个也不太会伺候人。

当日,报告厅内百余人,先生侃侃而谈,一气呵成地讲了两个多小时。听众非常热情,讲座结束后,很多人围上来,请求签名。虽然疲惫,但总不忍拂意读者,只好一一签就。

眼看人群散去,可以喘息了,又见一位二十多岁的青年,怀抱着一摞书，晃悠悠地走进来，自称工人，几乎收全了先生的专著和随笔，不但请求逐书签名，还请求再写几段题跋。二十多本书啊，实在犯难，但不忍拒绝，只好咬着牙，一本一本地签……

先生将这件事写到文章里，题目是《快乐的尴尬》，他打趣道："两天之内，我无意中得到了三个快乐的尴尬。看来尴尬不一定都无奈，而是在于自己的心态如何，如果你能自得其乐，那么即使是无奈的尴尬，也能从中寻找到一定的乐趣。"

本年，先生又有三本著作问世：其一《谈史说戏》，这是增订本，与马铁汉等合著，由山东画报出版社出版，共18万字；其二，《邃谷师友》，由上海远东出版社出版，该随笔集多是先生怀念师友之作，别开生面之处在于附录，题为"友人眼中的我"，收录了诸如刘泽华、张梦阳、宁宗一、冯尔康等评述先生的文章。其三，《阅世编》，该著系先生在十年前点校，近又重加整理并改写说明，由中华书局再版。

2008年　86岁

一、倡导"地方文献学"

2008年，先生86岁。

这是奥运之年，又是大灾之年。

5月12日，四川汶川县发生地震，震级8级，共造成69227人死亡，17923人失踪，374643人受伤。

如此悲欣交集的一年，先生依旧忙碌，以八旬之躯，为筹备"地方文献国际学术研讨会"斡旋。是会在萧山举行。会上，先生提交《地方文献学学科建设与人才培养》一文，文中，他阐述了地方文献学学科建立条件、人才培养以及现阶段如何推动等问题。

"文献"一词，最早见于《论语·八佾》："夏礼吾能言之，杞不足征也；殷礼吾能言之，宋不足征也。文献不足故也。"朱熹注曰，"文，典籍也；献，贤也"，"文献"即为"文贤"。

"文献学"是一个很宽泛的概念，与某些具体学科相联系，"文献学"又有若干分支，如与历史学相联系，有"历史文献学"分支；与古代文学相联

> 2008年3月17日在萧山举行的"地方文献国际学术研讨会"上主宾合影（左起：方晨光、来新阳、朱新夏、安平秋）

系，又有"古典文献学"分支。

而先生则致力于将"文献学"与"方志学""谱牒学"等相联系，建立"地方文献学"分支。所谓"地方文献"，是指地域性比较明显的资料，如方志、族谱、碑拓、档案、图册、簿录以及种种非书籍承载的资料——音像、缩微胶卷还有电子图书等等。

因此，先生的定义是："地方文献学"，要反映一个地区的自然地理和社会历史，包括政治、经济、军事、民俗、物产等情况，不论载体形式如何，都应是"地方文献学"的研究范畴。

对于"地方文献学"的探索，先生从研究"方志学"起步，他是1949年以来中国方志编纂和方志学发展的奠基人之一。学者杨静琦总结先生在方志学领域的主要贡献，提出了"五个第一"。

首个"第一"：1980年在天津市召开中国地方史志协会预备会，先生作《总结旧志，创编新志》的发言，会后，他将这篇讲话稿整理修改，发表在《天津社会科学》杂志上（后由日本学者译为日文，在《东洋史学报》发表），这是首届修志在全国发表的第一篇方志学论文。先生为编纂新方志，作了理论上的准备。

第二个：1983年，先生组织编写并出版了全国第一本方志学专著《方志学概论》，这本书是先生在1981至1982年间，以中国地方史志协会理事职责，为全国修志工作的开展，组织举办华东、华中、华北、西北各大区修志人员培训班上的讲稿。《方志学概论》及修志培训班，为全国编纂新方志奠定了理论和人才基础。

第三个：1983年，先生在洛阳市召开的"中国地方史志规划会议"上的发言和"河南省修志人员培训班"上的讲话，提出了新编方志的四项评判标准，即政治标准、论述标准、资料标准、结构与文字标准。"四项标准"的提出，为新编方志提供了准则。

第四个：是1996年出版的《中日地方史志比较研究》，这本书首次向国际学术界介绍中国新方志编纂与研究，将"比较研究"的范式引入方志研究，推动了中国"比较方志学"的建立。

第五个：是1997年12月29日由先生主持的"海峡两岸史志比较研究会"，这是两岸史志界首次正式开展交流。两岸方志研究，求同存异，毕竟同宗同源，合作交流才是历史大势。

从上述"五个第一"起步，进入地方文献学。

早在1984年4月，先生就建立了由全国高等院校古籍整理与研究委员会直属的"南开大学地方文献研究室"。

这个研究室，由南开大学图书馆学系和图书馆合办，设在图书馆内，从事地方文献学的专项研究，主编了《河北省地方志提要》《天津地方风土丛书》《天津旧志整理资料》《萧山丛书》等。

以此为基础，先生认为建立"地方文献学"的条件已经具备，在《地方文献学学科建设与人才培养》一文中，指出"地方文献目前已经进展到可以建设专门学科的时机"，关键是人才。

> 1994 年春，来新夏先生在南开大学地方文献研究室查阅古籍文献

结合自己多年实践，先生提出人才培养的两条路径：一是正规教育，在高等院校建立地方文献学专业，这是长远举措，也是治本之策；二是培训教育，聘请专家，巡回讲课，以应急需。

与之相应，要总结历来地方文献的研究成果，进行专题研究，编写教材和撰写专著等，循此四端，渐次展开，"地方文献学"的学科建设，自然水到渠成。

二、流人学研究

5月25日，先生赴哈尔滨，出席"流人学研讨会"。

何谓"流人学"？即使专业史学研究者，对于这门学问亦颇有陌生之感。

先生称此为"晦学",虽然重要,但"资料发掘艰难,前人成作较少,一时难见其功,学人多视为畏途,潜研者寥寥"。

实际上,顾名思义,"流人学"乃专项研究于"流人"之学。而所谓"流人",系指因罪被流放贬谪者。

古有"五刑"说。先秦时期的"五刑"是指墨、劓、刖、宫、大辟。"墨"即刺字,"劓"为割鼻,"刖"为断脚,"宫"为割势或幽闭,"大辟"是死刑。上述刑罚,多以残害身体为主,后来,肉刑渐省,"流放"纳入正刑。隋律中,"五刑"被重新确定,分别是笞、杖、徒、流、死。"笞",用鞭子鞭打,"杖"用木杖责罚,"徒"即监狱关押,"流"则是流放,"死"为死刑。

由此可见,流放,是仅次于死刑的重罪。

或曰,既为"罪人",又何必研究呢?实际上,遭受"流刑"者,其中很大比例是蒙受冤屈、备受迫害之人,而且这些人中,又颇多学者,世有"天下才人半流人"的说法。例如林则徐,因禁烟而被流放新疆,他在当地兴修水利、布施文教,造福一方。

所以"流人学",是有必要且有积极意义的。

先生接触流人学是在高中时代。那时,他常去谢国捷师家里借书,而谢国捷的堂兄,即是著名历史学家谢国桢先生。在谢家,先生读过一本谢国桢著作——《清初东北流人考》,这是他第一次识得流人之学,但也仅此而已,此后凡四十年,未尝再读新著。

直至二十世纪八十年代初,他结识了新疆周轩、黑龙江李兴盛,才又再睹,如周轩所著《清宫流放人物》,李兴盛所著《东北流人史》《中国流人史》等。赖此二君,重启流人学的研究。

先生与周、李二人,书信往还,指点不辍,还为李兴盛写了一篇书评《流人学的脚步》,其中,有如下一段议论,赞之李君以及流人学研究:

其一,研究者必须久居边远戍地,对流人生活背景、岁月煎熬有亲临其境的切身感受,有一种为不幸者存史的激情和冲动,乃以真挚的感情去探讨、研究、论述中国知识分子的忧患史。这是最重要的精神支柱。

其二，研究者必须具备发现挖掘史源、搜检考校史料和公允评论人物的学识底蕴与熟练技能。唯其如此，方能于人于事，持之有故，言之成理，方能由此及彼，由表及里，由个案至群体，由远古及近世，撰成诸种有关著述，使流人学之研究不数十年而蔚为大观。这是最重要的物质基础。

其三，研究者必须澹泊自甘，不急功好利，不艳羡荣华。以悲天悯人之心，阐幽发微；不偏不倚，还人物以本来。终其生而无怨无悔。这是最重要的史德。

此次研讨会，会期两天，至27日结束。

6月8日，先生86岁生日。依以往习惯，必吃一碗南味黄鱼卤面，如此就算庆祝了。而今天似乎有些例外，他一直在忙碌，在电脑前不停地敲打。夫人焦静宜过来催促休息，但当看见电脑屏幕上的文章题目后，便不忍打搅，该文题为《故乡的思念》。

读读文中的一个片段吧：

> 我喜爱我的故乡，我眷恋我的故乡，我的故乡有无数值得自豪和夸耀的地方。我的故乡有长达八千年历史的古船遗物，提高了中华文化的年轮；我的故乡有秀丽清新的湘湖，足与人们艳称的西湖媲美；我的故乡有不可胜数的志士仁人、学者文人，以彪炳史册的业绩激励后来；我的故乡有滚滚而过的钱塘江流，不仅有万众瞩目的潮峰景观，多少年来更孕育和丰富了浙东文化的内涵；我的故乡的广大乡亲们，具有丰富创意和奋发图强的良好素质，来发展自己的乡土；我在故乡有多位感情深厚的乡友，不时传送故乡的前进声音和故人的温暖。我有幸是这方土地的子孙，我以萧山人视为自己的光荣。我永远思念我的家乡，永远眷恋我的家乡。

萧山，于经历而言，只是童年一段短暂时光，但先生内心深处，却始终以此为皈依，甚至希望自己百年以后，落叶归根，能在家乡觅得一方墓地，树一座墓碑，上书："读书人来新夏"。

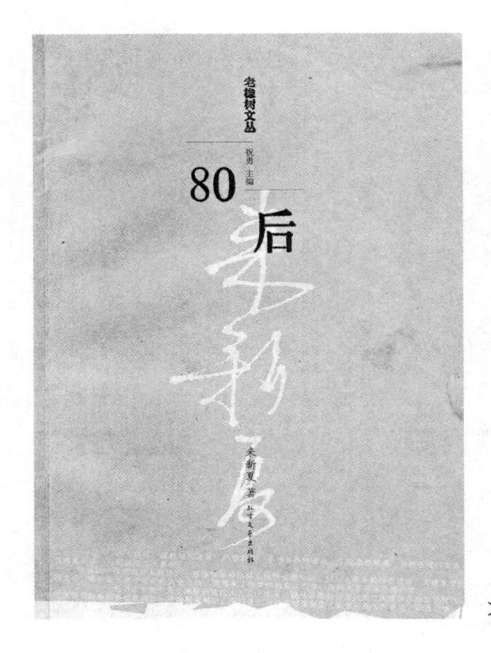

>《80后》，北方文艺出版社2008年9月版

无论捐书故乡，还是指导萧山地方志编写，甚至力促在家乡召开国际学术会议等，都是尽自己的一份努力，希望能为家乡做些具体事情，这是他对"根的情义"……

本年，先生仍有两书出版，分别是《清嘉录》《80后》。

《清嘉录》是由清代顾禄所著，先生于多年前点校并出版，原由上海古籍出版社刊印，此次再版，转予中华书局，为"清代史料笔记丛刊"之一。《80后》是先生的又一部随笔集，由北方文艺出版社出版，约15万字。

且此书名，多么青春！

先生如何以"80后"命名呢？这里有三层含义：

第一层次比较直白，此集所收录的作品，都是他在80岁以后创作，自然可称"80后"了。

另外一层，是怀念，也是一种感慨。先生在这本著作的目录页特别标列了如下一段文字：

八十年代，随着时代发展，思想解放，不再有各种顾忌，于是重整笔墨，开始在报刊发表一些随笔文字，一写就是二十多年。

原来，"80后"，也是指二十世纪八十年代以后。在这个阶段，先生重获新生，他的随笔文字也是这八十年代以后的产物。

第三层含义是激励。当年，"80后"几乎就是年轻人的代名词，80岁的老人家，身体已经垂老，而心态却如"80后"的小伙子，钻研学问，不敢落人之后啊。

三、"我看国学"

在参加"流人学研讨会期间"，先生曾为哈尔滨师范大学文史二系师生作《我的国学观》讲座。

本年，对国学问题，先生演讲了几次。10月24日，为南开大学图书馆全馆人员作"论国学"讲座；11月6日至7日，在天津市图书馆讲解《经史子集概要》；11月11日，在津郊沙庄宾馆参加全国图书馆古籍年会，作古籍整理与保护的报告。

经史子集、古籍整理，与"国学"何涉？

先生认为："中国古籍可称中华传统文化之总汇，也即时尚所谓国学之所在。质言之，今所谓国学，即经史子集之学而已。"

"国学就是经史子集之学"，持有相似观点者，还有刘梦溪先生，他在《论"国学"》一文中，对国学所下的定义是："盖国学有宽窄两重意义，宽的就是胡适所说的，凡研究一切过去历史文化的学问，就是'国故学'，也就可以简称为国学。后来大家普遍接受的国学就是中国传统学术的说法，也是比较宽的义涵。国学的窄一些的义涵，应与经学和小学联系在一起。"同时，进一步指出，中国的传统学术，就是经史子集"四部之学"，在向现代学术转变以后，已为艺术、文学、史学、哲学诸学科所置换，总称作人文学科。

刘梦溪此文发表于2006年，载于《中国文化》杂志第二十三期上，全文约两万五千字。发表后，邮寄给先生。因目力不及，先生读这类长文，颇费力气，花了一周功夫，详细阅读，发现文中观点与自己颇多相合，遂复书以答，这封回函，又被刘梦溪选刊在《中国文化》杂志第二十四期上，题目是《我看国学》。

刘以《论"国学"》，先生以《我看国学》回应"国学热"，先生表示"我不敢反对国学，但我不赞成'国学热'"。

据刘梦溪考证，在中国，"国学热"主要"热"在两期，第一期是在二十世纪二十年代，第二期从2005年开始。

两次"国学热"，此时、彼时，有许多相似。

二十世纪二十年代，倡导国学热者有章太炎、梁启超、胡适等人，北京大学设有"国学门"，清华大学设有"国学研究院"。

而在21世纪初兴起新一轮"国学热"时，某些大学也成立了国学研究院，即使在小学教育中，也有专门举办国学班的，互联网上更热闹，一些人在喋喋吵嚷，要遴选当代的"国学大师"。

实际上，所谓"国学"，是对以"西学"为代表的外来文化的应激性反应，是特定历史阶段的产物。晚清以还，欧风美雨狂袭而至，谈论西学、介绍西学成为时尚，相比较之下才有了国学的说法；而21世纪初的"国学热"，亦是在改革开放的大背景下，西方科学文化、生活方式、价值观等被大规模引入，甚至是融入，在中国国力日益增强的条件下，"国学"对"西学"的抵触也渐渐发生。

对比两个时代，民族情怀皆是倡兴"国学"的内动力，第一阶段特为"保种存国"，故曰"整理国故，再造文明"；后一阶段似颇以传统文化为自矜，甚且有"国学"挑战"西学"的意味。

继承传统，发扬祖国文化，这肯定是没有过错的。

但是，以"意气化"来争短长，是否合适呢？先生就觉得"国学热"似乎不正常。事实上，"国学"这个概念是否成立，本身就值得商榷。钱穆先生在其所著《国学概论》中说："学术本无国界。国学一名，前既无承，将来亦恐不立。特为一时代的名词。"

清末民初，东西方文化冲突剧烈，故章太炎、梁启超、胡适等第一流知识分子才积极倡导，这是激发种姓的文化自觉。

国将不国，若舍弃中国文化，中国何以自立？

故此阶段，为救亡图存，"国学热"尚可理解。

然而，在二十一世纪的今天，欲以"国学"与"外国之学"对立，这无异于自树藩篱。而欲以"国学"解决中国的现代性问题，这恐怕也难做到。先生对此很明确："祖国的优秀文化传统应该珍惜、继承、弘扬，但不能一哄而起。'跟风'是我们的'国病'。"

"千万不要把所谓国学当作补废救弊之灵丹妙药。"

"旧学商量加邃密，新知培养转深沉"，先生引宋儒朱熹两句名言，以"旧学"和"新知"来转换"国学"与"西学"。

2009年 —— 87岁

一、文以哭友

2009年，先生87岁。

人生步入这个阶段，几乎无岁不闻哀伤。

本年初，先生连续发表悼文，纪念几位逝去的老友，分别是鲍延毅、林天蔚、曹聪孙。

鲍延毅（1937—2004），江苏沛县人，山东枣庄学院中文系教授。关于鲍教授逝世的消息，先生起初并不知情，直至去年末才辗转从朋友处了解。噩耗之痛，让人难以忍受。纪念文章的题目是《鲍延毅教授与〈死雅〉》，发表在《老年时报》上。

20世纪70年代末，先生刚刚被落实政策，前程未卜，心绪惶惶。其间，有早年学生胡校来邀，请先生赴枣庄师范讲学，也包含让他散心的意思。因为这样的机缘，与鲍教授相识。

鲍延毅写成一部名为《死雅》的大型辞书，遗憾的是这本书未能在他生前出版，但又幸运的是，在他过世三年后，终能付梓，多年心血，未尝空付。详睹这份书稿，先生既愧又惊。

愧疚的是，故人长期卧病，直至逝世，自己未能亲往慰问及吊唁；惊讶的是，鲍教授能以二十六年时间，独立完成有关"死"的同义、近义词的专门词典，共达150余万字。先生称此书为"前所未有的奇书"。因为，世俗关于"死"，一般讳莫如深，而鲍教授却"惊世骇俗"，从2000多部经、史、子、集、说部、杂著中，搜寻例证，归纳为10494条。每一条目下又有多条诠释，而每一条诠释又均设例证，每一例证又均有文献根据，称得上是一部翔实的工具书。

人生一世，草木一秋，生死终究不可避免。

如何面对生死？这是每一个人都不得不思考的事情。鲍教授的生死观与先生的生死观，颇有相通之处。

先生曾作《戏解死之惑》一文，收在《依然集》中。言死之惑，其实，也就是如何看待生死的问题。先生说，生老病死乃人生一大轮回，而死是最后黑黑的一个大句号，是坦然面对，还是消极恐惧，个人各有自己的选择。先生的选择是自然而然。庄子"齐彭殇，一死生"，寿长八百岁的彭祖与短命的夭殇一样，最后的结局都成尘土，所以庄子将生死划成了等号，这是需要如何的胸襟？

先生倡导百无禁忌的生活，核心是让自己快乐。饮食又何必诸般禁忌？不但破坏了口腹的享受，抑制了食欲，甚至瘪着肚子去见马克思或上帝，这值得吗？至于衣着，有些老年人也颇多顾虑，保暖、得体外，颜色稍有艳丽，就担心别人闲话。其实，爱美之心人皆有之，老年如何不可求美？活到这个年龄，不令自己快乐，反而在乎别人的眼光与评价，岂非太累？先生建议："任人闲言碎语，我自顾盼多姿，颜色漂亮些，款式时髦些，剪裁合体些，至少可以冲掉不少老态。"如此，纵然走向彼岸，也将留给后来者美的形象。

鲍教授的这本词典，虽是工具书，但字里行间也充斥着关于生死的辩证。例如"并命"一条，诠释有二义，一是相从而死，二是舍命捐生。释文下所举例证，如《颜氏家训·兄弟》《后汉书·公孙瓒传》《资治通鉴·魏元帝景元元年》《郎潜纪闻》等，都在教育人们如何正确地对待生死。正如已故语言学家、南开大学教授邢公畹先生所评价："它不但可以提供大量科学研究的材料,可以增长很多有用的文化知识,而且它处处向人们提供生的价值。"

林天蔚(1925—2005),广东高州人,著名民族史、中外关系史、史学史、地方史专家。林教授逝世于2005年。本年初,他的生前好友台湾曾一民先生筹划为之编印纪念文集。林夫人向先生征稿,遂呈悼文一篇,题目是《学兼史志林天蔚》。在这篇文章中,先生评价林教授,勤奋好学、默默耕耘,为一"纯学者"也。

林教授学兼史志,与先生致力方向多有重合,彼此引若知己。

二人相识于1993年11月。当时,先生应台湾淡江大学之邀,参加第一届"21世纪海峡两岸高等教育学术研讨会"。此间,顺访政治大学历史系,向学生做"北洋军阀史"的学术报告。

报告完毕,林氏相邀晤谈,并让出自己课时,为先生提供讲台。当时,先生刚刚作完一个半小时的演讲,但盛情难却,遂又以"史志异同"为题,在课堂上与学生交流。在二人共同推动下,1997年年底,在天津成功召开了"中国海峡两岸地方史志比较研究讨论会",这对团结两岸学者和推动地方志学研究发挥了重要作用。

后来,林教授定居加拿大温哥华,多次邀请先生。1997年5月,先生访美,顺访温哥华,并应温哥华中华文化协会之邀,做了讲演,这一切,又是由林天蔚安排。他为先生联系不列颠哥伦比亚大学图书馆,促进了南开大学图书馆与该校图书馆的交流。

《中日地方史志比较研究》出版后,先生分寄友人,征求意见,林以数月之功,通读全书,细加分析,详论得失,写成书评,两万余字,先生叹曰"其勤其情,于今思之,不禁泫然!"

林著《地方文献论集》一书,完成于2001年,其后,不断增补、完善,直至病重而止。先生为之序,长太息矣!

曹聪孙(1928—2009),天津人,著名语言学家,天津师范大学图书馆原馆长、现代汉语专业教授。曹教授逝世于本年1月26日,先生也是在报纸上知此噩耗。家属体恤,年高者哀伤难负,但于先生而言,未能在友人病中探视,是多么遗憾!

先生与曹聪孙教授相识，是因工作机缘。

二十世纪八十年代，先生兼任南开大学图书馆馆长，其时曹先生亦任天津师范大学图书馆馆长，彼此多有业务交往。

1983年《津图学刊》创刊，先生任主编，曹聪孙任编委，两人共事，"历时二十年，和衷共济，从无违言"。

先生记得在1991年6月，他与曹聪孙教授一起参加天津高校图书情报工作委员会访美考察团，对美国俄亥俄州六所大学图书馆进行访问，并参观纽约、华盛顿、哥伦布等城市。

在华盛顿波特马克河畔的公园里，大家看到一座雕像，颇生议论。这个雕像为一男人半陷泥土中，状似挣扎。雕像名为《觉醒》，观者多有感慨，"分明是溺水啊，哪里觉醒呢？"

曹教授却不以为然，回国后专门撰写一文，题目是《觉醒者还是溺水者》。他以为，"雕像面部的嘴大张着，神情激动，右臂略微弯曲着"，象征着这个觉醒者正在从地球内部冲出来，马上就要露出全身，站立起来了。先生支持此论，相比于溺水挣扎，这个分析不但有理有据，特有人生向上的积极意味，遂将此文收入自己主编的《名人文化游记》（新世界出版社2002年1月版）中。

曹聪孙先生学识渊厚，尤其语言学功底令人赞叹，精专而不玄涩，通俗易懂。他所著的多部工具书，如《中国俗语选释》《古书常见误读字字典》《新词新语词典》及《现代汉语规范字典》等，都属上乘之作。这类"为人之学"，亦与先生治学相洽。

呜呼！先生悼曰："聪孙飘然西去，于学坛少一名师，而我年届垂暮，又哭良友。欧公吊其友曼倩曰：'生而为英，死而为灵。'余虽难望前贤项背，伍于聪孙，亦将三复斯言……"

或许因哀伤之故，先生真的病倒了。初始只是感冒，进而转为肺炎，再则心力衰竭，不得不入院治疗。

3月30日至4月24日，先生一直在医院里被抢救，"输了无其数液，吃了无其数药，总算闯过来了"，然而，出院回家休养，仍需卧床，自言："唯读书以能消遣耳。"

二、"五次撞击"理论

卧榻在床,被强制休息。

天气又渐渐热了,所以一直到秋凉,先生基本都处于静养状态。但是,身体休息,思想却不能停滞。

读书、写作,这仍是每日必须做的事情。

4月,先生所著《中国图书事业史》由上海人民出版社出版,共39万字。这部著作是在《中国古代图书事业史》(上海人民出版社1990年版)《中国近代图书事业史》(上海人民出版社2000年版)基础上,删削改订,合二为一,记述从古代至中华人民共和国成立以前的图书事业通史。先生言,二书合一,并非机械式拼接,而是重加审视,统一体例,"删繁就简而不失原意地再创新整合"。

此间,《中国古代图书事业史》《中国近代图书事业史》二书的责任编辑虞信棠先生、毛志辉先生贡献良多,二人主动承担整合、编辑等工作,再经先生审定、修改,方成是著。

合二为一的优点,概括起来主要有两个方面:

其一,体例统一。原《中国古代图书事业史》虽以历史时期分章,但每章标题皆以图书事业发展阶段命名,而《中国近代图书事业史》则以近代历史时期分章,二者体例不同。经这次修订后,皆以历史时期划分章节,设立标题,增强了"史"的概念。

其二,内容简练。原二书,某些方面有叙事过多、内容琐细之弊,合二为一之后,依据"以图书事业为核心"和

>《中国图书事业史》,上海人民出版社2009年4月版

"要言不烦"的原则，精心删节而不失原意，特别是在古今图书衔接部分，尽力删去重复，略去承接，以求古今通贯。

《中国图书事业史》是先生在图书馆学领域的最主要作品。在这个领域中，他另主编或著有《图书馆学　情报学　档案学简明辞典》《古籍整理散论》《古典目录学》等。这些作品都承载了他的思想，凝聚了他的创造，构建了他的图书馆学体系。

先生在图书馆学方面的成绩，集中反映在图书馆学教育、图书馆事业以及图书馆学研究等方面。

论诸图书馆事业，先生在1979年创办南开大学分校图书馆学系；1981年，他又推动建立了天津市高校图书情报工作委员会，并长期担任常务副主任一职；1983年，他创办了天津高校图工委的机关刊物——《津图学刊》，并任主编长达二十余年；1984年，他担任了南开大学图书馆馆长，同年创办南开大学图书馆学系，并担任南开大学出版社社长兼总编辑；1987年，他又任全国高校图工委常委。先生一方面周旋于馆务、系务及图工委的领导事务，一方面钻研、总结每个岗位所遇见的新问题，思考解决办法，用于图书馆学研究。

例如，在改革开放初期，文化领域也出现了"趋利"现象，这就是所谓的"图书馆与市场经济的关系问题"。

先生本身不反对图书馆采取多种营利手段，当年为了缓解南开图书馆经费压力，同时也为图书馆员增加收入，先生早在二十世纪八十年代中叶，就采取了复印、装订、照相、缩微复制等创收方式，但这种创收手段都有一个前提，即不影响图书馆本业。

顺应经济大潮，许多图书馆创收事业都做过了头，例如，有的图书馆，将馆舍部分出租，用来开办化妆品店、小食品店、游戏厅等，存放图书的空间越来越少，这样下去，可行吗？

先生以为，图书馆虽有其服务性与经营性两面，但二者应分主次，要以服务为主，兼及经营，即使经营，也要有所选择，要扬长避短，从事智力经营，动用信息资源提供有偿服务，接受项目委托以及书刊售借、读者咨询等，切不可拉低图书馆的文化品格。

与之相应的是，先生对"技术至上"的回应。

二战以后，图书馆领域现代技术广泛应用，从缩微复制、静电复印、声像技术到计算机、光盘，都在影响和改变着图书馆的运作模式，故有人盲目崇拜并推行现代技术，而忽略古典传统。

先生赞同现代化，但反对只顾一面和不切实际的做法，在实现图书馆自动化的同时，还需传统文化及理论的配合。

他特别强调对图书馆理论的研究，以克服图书馆偏于应用性的倾向，强调了被忽略的图书馆学的理论性与学术性。

中国图书馆事业一直是理论与实用并重。

早在两千年前，刘向父子提出了世界最早的图书分类体系——六分法，比欧洲第一个《万象图书分类》早了1500多年。千年前的宋朝郑樵提出了校勘图书的理论著作《校雠略》，明朝胡应麟、清朝章学诚又有补充和发明。这些优良传统，如何可以偏废？缺乏基础理论研究的应用，难免会陷于事务性的重复操作中。

先生图书馆学，打了历史学的底子，立了目录学的架子，故《中国图书事业史》，能将中国图书史、目录学史、图书馆史三史合一，并提出"五次撞击"理论，成为史论贯通的通史。

"撞击"，是指不同文化和体制的碰撞。

中国是世界图书馆事业起步最早的国家，始自周秦。当时，国家设有专门机构，配备专业人员，制定管理制度。古代图书事业，以藏书为主，贮藏书籍的场所，被称为藏书楼，及至近代，中西冲突，文化对抗，剧烈的撞击，也撞到了中国图书事业上。

第一次撞击，在戊戌变法前后。西方图书馆学理论和技术操作程序东传，如杜威分类法取代中国传统的四分法等。

碰撞的结果是：中国图书馆事业，由以藏为主，走向藏用结合，并开始以用为主，从藏书楼向近代图书馆过渡。

第二次撞击，发生在"五四"前后。新文化运动中思潮迭起，特别是马列学术的引入，为图书馆学注入了新元素。

1921年，康敏尼特图书馆（Communist）建立，是第二次撞击的重要标志，它又名马克思主义学说研究会图书馆。

第三次撞击，是1949年中华人民共和国成立。这次撞击，使近于瘫痪的中国图书馆事业得以复苏，但非常时期"使中国的图书馆事业遭受了历史上的最严重的浩劫"。

第四次撞击，是非常时期结束，拨乱反正。"把失去的夺回来"成为举国上下一种巨大的撞击力，撞向中国的图书馆事业。

经济转型，从计划经济转向市场经济，先生认为，这种转型，表面上不像战争来得那么激烈，但实际上，经济体制变换的撞击力对社会和群众的冲撞极大，人们一时间还有诸多不适应。

上述四次撞击已经发生，第五次撞击正在到来。

先生认为，中国的发展，经历了"政治时代"，现在，正处于"经济时代"，而"文化时代"的到来，是历史发展大势，中国图书馆事业，也将伴随"文化时代"的到来，出现第五次撞击。

"五次撞击"说，是先生以历史学的视野，通观中国几千年图书馆事业的发展历程，据历史规律所做的推断，他预测第五次"撞击"的到来，向我们展示了一个中国书生独有的人文情怀。

先生在图书馆学方面"纵横三界"，研究及实践涵盖图书馆教育界、图书馆事业界和图书馆学研究界，每界皆以人为中心，将人文主义精神贯穿到中国的图书馆事业之中。

三、修志"三新"说

5月6日，先生所著《访景寻情》由湖南岳麓书社出版。

这部作品所收，乃先生游踪所及。他既读万卷书，又行万里路，国内国外、沿海边塞，虽记景访古，亦抒发情感，评说史事，于地方经济文化建设等，亦有建言……

新书出版不断，手中之笔不歇。

6月3日，应《海源阁》杂志之邀，撰写《林则徐与杨以增》一文，后发表在《中国文化》杂志上；6月25日至27日，为校图书馆90年纪念集写序；7月6日，为纪念《博览群书》300期，写《我与博览群书》一稿；7月19日，所撰《溥仪出宫》七篇，开始由《紫禁城》杂志连载发表；7月26日至30日，整理写定《张履祥年谱考略》，由《中国文化》杂志发表……

以上所述，仅为梗概，其间，阅读资料、参校典籍、审改稿件，等等，如何细说？

这是怎样的节奏呢？87岁的老人家，眼已昏花，手也颤抖，人有恙，身有疾，还如此忙碌，其勤、其韧可见。

病歇期间，萧山志办沈迪云来津探望，提起二轮修志。

举目全国，《萧山市志》在二轮修志大潮中，当处潮头位置。它以1005万字的规模，一举夺得全国新修县（市、区）志字数之首。当然，一部良志，非在字数之优，而论诸质量与创新，该志仍然不遑多让，卷内大篇幅"注释"以及"社会调查"等，尤其引人注目。

在《我对二轮修志的一些看法》一文中，先生提出的理论与方法，在二轮《萧山市志》的实践过程中，得以落实。

此文，发表在《中国地方志》2010年第1期上。

文中，先生提出，二轮修志应以"三新"原则。

一轮修志，"三新"理论，普及甚广，此为胡乔木提出，分别是"新观点""新资料""新方法"；二轮修志也以"三新"，此由先生首倡，分别指"理念新""内容新""编纂方式新"。

所谓"理念新"，系指在现有基础上，提高志书的学术性。学术性绝非空言，而是要求以坚实的材料作基础，继承传统并创新。提及"继承传统"，这里要明确，不是照搬过去的旧东西，"传统"本身，即是个动态概念，今日之"创新"，即成明日之"传统"。

提高学术性，要有科学理论指导。什么样的理论可称为"科学"呢？说到底，"就是看有没有体现实事求是的原则"。

"内容新"，系指文献检索与田野考察相结合。

先生说，"志书的生命线就是凭资料说话"，文献固不可缺，但绝不可忽视对新材料的发掘，如田野调查或口述史等。

而"编撰方法新"，则包含五个方面：一是，正式撰写志稿前，要备资料长编；二是，编纂志稿要讲究文采；三是，志书要重视图表运用；四是，多注释；五是，人物志要讲究写作方式。

收集资料，要能收尽收，宁滥而勿缺，按志书门类，分别编次，一一对应，给正式修撰志稿者，留下思想回翔空间。

讲求文采，非仅以辞藻多加粉饰，而是务求字斟句酌，脉络清晰，逻辑合理，且能笔端长带感情，令人读之有味。

重视图表，是指在志书写作过程中，运用数字化方式，以图表呈现，弥补文字叙述不足，用数字说话，更能准确。

增加注释，论其利，在于帮助读者理解正文，便于读者利用注释，对志书材料深入检索，求诸出处，增加其学术含量。

人物志，为志书所必备，然"生人"能否入传？

通常，"盖棺"才能"论定"，故首轮修志，"生不入传"。但此举，在二轮修志中，因时代切近，其人尚在，若拘泥前定，难免偏颇。可如果要为"生人立传"，又该如何保证其客观呢？先生给的建议是，"以事系人"，即只述事功，不作结论，不予赞颂。

先生的"三新"理论，体现在二轮新修《萧山市志》中。张海成在《破解二轮〈萧山市志〉的"千万之谜"》一文中指出，《萧山市志》最大特色在于"注释""社会调查"与"口述历史"。

对于注释的作用，张氏之文概括为三个方面：

其一，"对'争议'和盘托出，是非让读者裁定"。

例如西施，对她的死因尚存争论，包括坊间传说等共有"四种说法"，撰者以"边注"方式一一说明。正文中关于"西施"的词条仅有288字，而用于阐述西施死因的"边注"竟然 528 字。这样的注释，不但使正文更加简洁，而于事实，却显得愈发准确。

其二，"深度解说，指点迷津"。《萧山市志》中有云："萧山民众素有尊师重教之风，80 年代中期起，萧山城乡居民的教育意识与日俱增。"该句平平，似乎无须申说，但是没有证据，怎么让人信服呢？于是撰者以"注释"方式加以说明，列举了一系列例证，共为萧山"素有尊师重教之风"添加了340 字的注脚，岂不有理有据？先生所言"志书的学术性"，也正是在这个细节上，得以彰显。

其三，"社会调查"与"口述历史"等的运用，张海成则直接评价，与其他地方志相较，《萧山市志》的"社会调查"令人瞠目，其"口述历史"则"绝无仅有"。

四、民间读书会

进入 9 月，天气转凉。

先生调养已近半年，身体渐渐康复。恰巧内蒙古电视台张阿泉来邀，请他参加"第七届全国民间读书会暨鄂尔多斯笔会"。

"常穿鄂尔多斯毛衣，应该去看看这个原产地。"

这当然是先生的调侃，答应参会，一是朋友相邀，盛情难却；另外民间读书会不同于其他活动，它是读书人自发组织的交流平台，故而往往思想碰撞，别开生面。

与此大会者都是些什么样的人物呢？

先生说："他们不是被其他各种各样的人间百态所左右的一些人物，而是作为书蠹、作为书虫，一天到晚在书里面讨生活，从里面求愉悦，从里面也能求到治国安邦的想法。"

在这次大会中，高龄且望重者，除了先生，还有流沙河老先生。

流沙河（1931—2019），四川金堂人，本名余勋坦，中国现代诗人、作家、学者、书法家。年轻时，诗作《草木篇》，被当时批评为"假百花齐放之名，行死鼠乱抛之实"，成了"钦点"右派，进而厄运连连。白天修路、拉锯，晚上挨批、挨斗，被监管劳役，前后共达十二年，而那"右派"帽子，一戴就是二十年。

众人来到鄂尔多斯，这是一个阴雨天。

九曲黄河，呈一"几"字，鄂尔多斯就是被这"几"字三面环绕，它的西面、北面、东面都是黄河，南临黄土高原，与万里长城相邻，面积约七点八万平方公里，人口一百六十万。

这里盛产煤炭。"乌金墨玉"四处皆是，众人在乌兰木伦矿区参观，颇有震撼，幢幢别墅正在装修，这是"有煤人"的新居，他们不但居无所虑，而且按月分红，足可悠游岁月。

但先生却从中感到了危机："试想几十年后，煤挖尽了，自己的子孙身无长技，面对荒漠，又如何是好！这是在吃子孙饭。听说这些煤有不少被日本人买去，倒在东京湾里，为子孙储备资源，给子孙留饭。"两相比照，仔细推敲，得不悚然？

在这次读书会上，先生一共做了两次演讲。

第一次演讲，以"怎样读书"为主题，俗语谓"学海无涯苦作舟"，先生改了一字，改"苦"为"乐"，要"乐作舟"。

谈到读书方法，先生以为，"一目十行"不足取，"十目一行"才正确，也就是说，要精读、细读，边读边思考。

还要"博观约取"，广泛阅读，精益求精。

先生举例说，现在许多历史研究者，学中国史的不懂世界史，学古代史的不懂近现代史，怎么能做好学术研究呢？

"博学"是打好基础，"约取"是在"博学"基础上，去伪存真，去粗取精，以其考辨过程，分门别类，择己所需。

先生的第二次演讲，是介绍自己对于北洋军阀史的研究历程。在发言开始前，主持人盛赞他是"大师"。对这样的称谓，先生绝不敢担当，他说："称我是'大师'，使我很不自在，这年头'大师'是骂人的话啊！这可是让我避之而又唯恐不及的哟!"

时下"大师",名目繁多,"书法大师""气功大师""紫砂壶大师""国学大师"……若由己出,难免骄矜;若从他人道来,当然也有阿谀的可能。不论怎样,"大师"都不可取。

先生一生,与北洋军阀史研究,患难相随。

当年因为研究"坏人"的历史而受牵连,即便是在新世纪的今天,也仍然有人质疑,说他研究"恶"的历史,肯定思想也有问题。这是怎样的逻辑呢?历史也能用好坏、善恶来形容?

先生的发言,赢得与会人员热烈而持久的掌声。

五、回应钟叔河

年末,先生自我总结,作《年终盘点》:"读书人日常行事,不出两道:一是出行游历,一是读书写作。"

行游,天南地北,遍历山川;读写,坐拥书城,日日推进。

先生下半年出版的著作主要有两部:

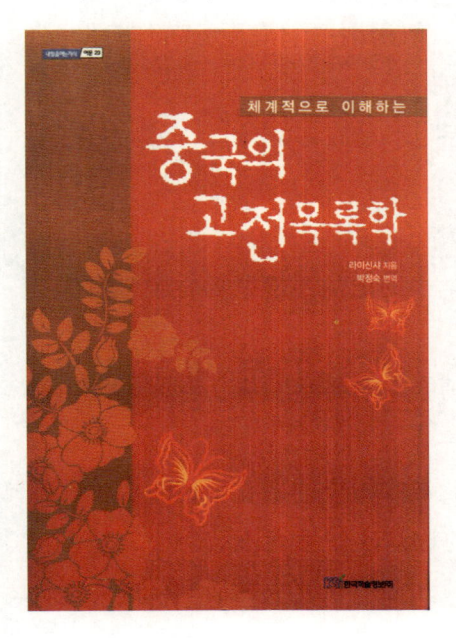

韩译本《中国古典目录学》,翻译者为朴贞淑,朴女士毕业于韩国启明大学中国文学系,获硕士学位,2005年,就读于南京大学中文系中国古代文学专业,获博士学位。

《书前书后——来新夏书话续编》,山西出版集团三晋出版社出版,十四万字。这部著作共分四部分:关于藏书与

>《中国古典目录学》(韩译本),韩国京畿道坡州市韩国学术情报 2009 年 9 月版

读书、自序、他序以及书评等。序言缀于书前，书评发表在著作出版之后，这"书前书后"的名字可称恰切，既形象又引人注目。

但谁能料想，这个书名却引发了一场争论。

原来，著名学者钟叔河先生也有一部同名著作。是书首次出版的时间是在1992年，由海南出版社出版，又于1996年重版2印，2012年11月份，由安徽教育出版社再次出版。这是钟先生的第一本散文集，辑录了钟先生所编、所著图书的序言、后记等。如此，在形式上的确与先生所著的《书前书后》有相似之处。雷同欤？抑或剽窃创意？钟先生发文质疑，提出不愿与人"共饮一杯水"。先生也发文回应，表示歉意，却又委婉建议，书名雷同不必过于芥蒂。

钟先生的文章发表在《文汇读书周报》2011年8月12日上，题目是《〈书前书后〉的书名》，文中有如下一段文字：

> 《书前书后》的书名，是二十年前我自己取的。当时即知书名非商标不受保护，和尚用得，阿Q也用得；但我只习惯用自己的杯喝水，不习惯与人"共饮一杯水"，为了不错拿别人用过的杯，曾经认真检查，并未发现有珠玉在前。十年之后，忽从《××书局简讯》得知，有人求购《书前书后》，书局以某先生新作寄之，回信却说要钟叔河的，这才知道出了同名的书。不久以前又听说，另一位先生名叫《书前书后》的文集也快成书了。两位先生都是望重之人，难道不嫌不干净，硬要捡起和尚用过的东西来用么，当然不至于此。我想恐怕只能怪我自己，怪我和我的书"知名度"太低，别人根本不知道有这么一档子事吧。如今有人愿意再来印它一次，再印几千册，知名度稍微提高，第四种、第五种《书前书后》也许就不忙于二市了吧。

在这篇文章中，钟先生明显带有些情绪，但并未具体指出究竟是谁雷同了他的书名，而且表述谦敬，亦显仁者之风。

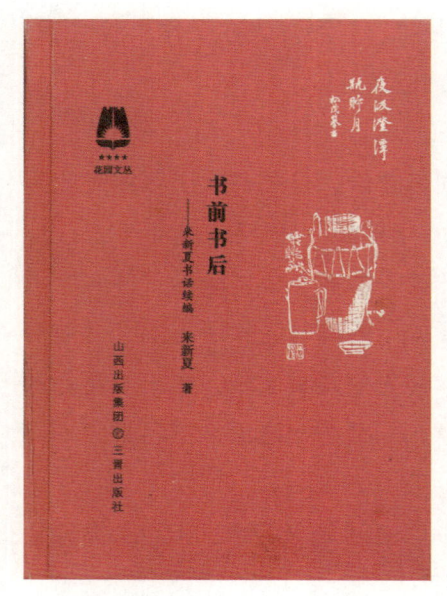

>《书前书后》，山西出版集团·三晋出版社2009年8月版

其实，《书前书后》不仅只有钟叔河及先生的版本，据不完全统计，至少还有徐城北的《书前书后》（山东画报出版社1997年版）、王充闾的《书前书后》（万卷出版公司2016年版）。

先生的回应文章题目是《书名雷同及其他》，发表在《中华读书报》2011年9月14日上。在这篇文章中，先生首先承认，这是"粗心大意"的缘故，自己所著，原定书名为"来新夏书话续编"，临近出版，责编觉得书名平淡，建议改用现名。

当然，这不是把责任推卸给旁人，因为先生觉得，书名雷同，自古已然，他曾读过图书馆人杜信孚等编著的《同名异书通检》，其中收录同名异书3500多条，例如《陶渊明年谱》即有梁启超和朱自清两种；《中国文化史》有顾康伯、柳诒征、陈登原三种；《易说》一书同名者竟有20余种，张元济先生的孙女张珑女士的自传以及英若诚先生的自传皆以"水流云在"为名……

在文章结尾，先生又是一番真诚地说："错用别人的杯喝水，终究是一个不文明的错，是读书未遍的陋。与其让别人瞎猜测，不如自己投案坦白，求得从宽。因此，我在这里向老先生唱个喏，道个歉吧！"两文一来一往，虽然意旨有别，甚且针锋相对，但两篇文章，都是真挚诚恳。文坛切磋，互相裨益，可称佳话。

本年，先生多年经营的三部书稿即将完成，分别是《近三百年人物年谱知见录》增订本，百余万字；《书目答问汇补》，与李国庆、韦力合著，百余万字；《清代经世文选编》，多人合作，先生任主编，约二百万字。三部大书规模非常，这是他"为人之学"宗旨的体现，用他自己的话来说，"吃桑叶吐丝，啃青草出奶"。

上述是写作方面的状况，而关于读书，先生在《年终盘点》一文里，特别列举了三部：《史记》《烽火智囊——民国幕僚传奇》《文化的江山》。

病中重读史记，尤重《太史公自序》，先生从几十年前即开始为该序作笺释。如今养病，重理旧章，又增笺释几条，全文累计近五万字，他感叹："深恳有生之年，能最终完成。"

《烽火智囊——民国幕僚传奇》，作者伍立杨，辽宁教育出版社出版。先生评价该书，"内容、文字，堪称二美"。

《文化的江山》，于本年4月由山西人民出版社出版，全书上下两册，60余万字。先生认为，这本书是"别有创建的中国历史书"，他用了将近一个月的时间通读，在阅读过程中，"常常有击节拍案的时候"，遂真心一赞："如果历史书都这么写，那会拥有多少读者啊！"兴奋之余，提笔写就一篇3000多字的书评。

先生评价说："全书以爱的眼光，贯穿了美的理念，选择历史，改写历史，并期待新的历史面貌。"

> 来新夏先生（右）与《文化的江山》作者之一刘刚先生（左）合影

2010年　88岁

一、还史于民之心

2010年，先生88岁，是为"米寿"。

元月，《交融集》由湖南岳麓书社出版。

先生撰著随笔文章，由来已久。据现存资料，第一篇发表于《庸报》，时间是在1942年9月8日，题目是《翘辫子说》。这篇文章是对萧山一带俗语"翘辫子"的考释，通篇500余字，语句平实，描写却很细腻，摹之状，解之疑，读来饶有趣味。

真正大规模地写作随笔，自20世纪80年代开始，从60岁以后倾心为务，综合统计下来，随笔字数已达两百万字，随笔集也出版了三十余部。有人评论，称先生这是"衰年变法"。

学术类文章，形式固定，逻辑严密，文字平实，在理性思维及知识含量等方面占据优势；随笔散文，短小精悍，精髓在那"随"字，随意、随形、随性，自由自在。二者风格不同，形式迥异，岂非"变法"？或曰，先生从前也写随笔啊！即使论文、著作等，亦文采卓越，如何"变法"了呢？

> 2010 年春，来新夏先生在书房留影

论事、说理要抓主流。

先生60岁以前的随笔，只是零星创作，偶然遣兴。即使有如《火烧望海楼》之类的文学化、艺术化作品，但相对学术作品而言，仍属少数，特殊年代的压抑，使他不敢纵笔。而60岁以后的情况则全然不同，不但佳作不断，且续有随笔结集出版。

所以，"衰年变法"之说，若从随笔数量分析，有一定道理。但是，此中之"法"能用文章"体裁"和"数量"来解释吗？更深层次的解读，应指做学问的原则和宗旨。

若依此考察，先生之"法"何曾一变？

先生研究学问，方向广博，历史学、目录学、方志学、图书馆学，在多个领域著作迭出。众多成果，看似纷繁，但有一原则始终贯彻，即"为人之学"。

关于"为人之学"，乃陈垣师所教导，先生默默谨记，付诸实践，例如《近三百年人物年谱知见录》《书目答问汇补》《中国近代史资料丛刊·北洋军阀》等，都是以己之力，助他人之学，甘作别人的"铺路石子"。

先生的随笔，仍秉"为人之学"之旨，用通俗的语言，普及历史知识等，反哺民众，开启大众史学，直言："读了一辈子书，有许多信息应当还给民众，过去写的那些所谓学术性文章，只能给狭小圈子里人阅读，充其量千儿八百人，对于作为知识源泉的民众毫无回馈，内心有愧，而且年龄日增，也到回报的时候了。"

先生以浅显优美而又富于知识含量的文字，展示其文的升华，史的超越，超越"成一家之言"，而反馈于民。因而有了一种"文史交融"的新格局。

南开大学教授宁宗一先生在《从对接到契合：来新夏先生古稀"变法"实录》一文中，从心灵史的角度强调先生的这种文史交融，他概括说，先生是在史学和文学两条路并行的轨迹上进行了从容"对接"。

宁先生认为，史学与文学，皆可纳入"心史"范畴。所不同之处，历史侧重记录重点人物、重大事件的纵向发展过程，而文学则侧重于横向个体、个性。但无论纵向与横向，均统一于人类的"心灵"，即反映人类思想、情感、理性等。所以，他认为："来公的随笔最突出的特点正是以当代意识审视历史，又在历史的背景上思考当代，真正做到了当代意识与历史深度的融合。"

但是，言之交融，除"文史交融外"，还有一种意味，便是跨学科建设。先生以多种学术工具，致力于公共学术平台建设，要在公共的学术平台上融文史哲于一体。

这种"融合"，非泛泛于辞藻之间，而是学术的"融合"。先生以目录学打根底，而目录学又超越学术流派、学科分类，故而最适宜以之打造"公共学术平台"。先生的随笔可以说是"打散了写的中国学术史和文化史"，究之底蕴，正在目录学上。先生能"辨章学术，考镜源流"，方可"指点江山""信手文字"。

二、缅怀严修

先生一生中几部最重要的学术著作即将付梓。

删改、审定、配图，异常忙碌。尤为急切者，有两部——《林则徐年谱长编》与《书目答问汇补》。

1月12日，周轩、茅林立、林子东等分别寄来关于"林谱长编"的增订意见。先生以为，皆有可取，遂专心修改。

但谈何容易呢？增难，删亦难。几乎每修订一处，皆需参校多种文献。年高而目眊，校核文献尤其困难……

20日，忽感不适，天晕地旋，急忙卧床休息。睡后，稍有缓解，仍咬牙坚持。"更需加紧，以抢时间"，不留遗憾。

先生对于《书目答问》读得最熟，经眼了不同版本，凡四十余种，今又征询于各藏处，拍摄书影，附为插图。拍来照片中，所见北京图书馆藏清石印本《书目答问》书影最令人惊讶，内中钤有两枚藏章，一曰"北京图书馆藏"，一曰"陈垣同志遗书"。

"遗书"两字，通常有两层含义，一是人死后留下的文字，记录遗言、遗志，交代身后事等；二是如某位学者逝世后留有存稿，他人代为整理而得

> 2011年8月盛暑，来新夏先生校读《林则徐年谱长编》时的场景

以付印，例如《朱子遗书》《黄梨洲遗书》《船山遗书》等。但"陈垣同志遗书"，与上述二义皆不相合。

先生电话询于陈智超（陈垣先生文孙）。

原来，1971年夏，陈垣师逝世以后，所藏图书绝大部分被捐赠给北京师范大学图书馆，但当时受某领导之命，这批图书又被转交给了北京图书馆。北图受捐以后，刻此一章，作为标识。珍本、善本，入于特藏，一般书籍，则被分入各类。

先生早年就读于辅仁大学，曾在兴化寺街陈师家中，见过这批藏书。书架上，所藏布置有序，用时能立取。先生浩叹，若藏者能复故旧，不但书籍不碍于流通使用，且可以长久保存，借此，亦可知援庵先生学术体系与研究趋向所在。可惜，万卷皆散……

4月2日下午，先生应"崇化学会"等民间组织之邀，参加纪念严修150年诞辰座谈会。

严修（1860—1929）是南开"校父"，字范孙，号梦扶，常居津门，祖籍浙江慈溪。

先生说，自己在南开大学"安身立命"了一个甲子，而严修、张伯苓是南开的缔造者，缅怀先贤，义不容辞。但是，有一点很奇怪，张伯苓的事迹传播甚广，甚至被拍成了影视剧，但是严修，却相对晦暗，翻阅史书，关于他的记载少之又少。先生在南开园内做过采访，能言张伯苓者，近乎全部；而知严修之人，仅乎半数，且能说出关于严修的具体事迹者，更是寥寥无几。

就连南开人自己都忘记了严范孙，遑论其他？

在一些人的传统思维里，严修不是革命者，他主张教育救国、实业救国等，"逊色"于"抛头颅""洒热血"的"轰轰烈烈"；而他又是盐商出身，在那些讲成分的年代里，对他的宣传与研究，又多了一层顾虑；况且严修坚守传统文化，筹建"城南诗舍""崇化学会"等，主张"忠君、尊孔"，标举传统文化大旗，竟与"打倒孔家店"的新文化运动相对垒，这更显示了他"落后"一面；还有一点，严修竟然与袁世凯"纠缠不清"，这还了得吗？在革命史观的"关照"下，严修渐渐被遗忘。

其实，革命也好，改良也罢，都是救国；而教育与实业，又是"救国"的具体途径，如何"厚此薄彼"？至于严修与袁世凯的交谊，里面更是错综复杂，如何一句便予抹杀？

论诸教育，严修对南开大学、对近代中国新式教育完整体系的建立，有"首创之功"。1902年，严修在天津创立私立第一小学，成为近代中国最早一所实行新式教育的小学校，1904年又创立"幼稚园"，同时创办南开中学。1919年，他与张伯苓创办了私立南开大学，完成了严氏高等教育、中等教育、少年教育和幼儿教育的完整体系，为20世纪中国教育史写下耀眼的一笔。

关于教育救国，严修先生在清末新政期间主理学部。他所做的最大努力就是"普及教育"。他说，教育的目的是为"造就多数国民"，使人人可农、可工、可商。而普及教育，尤重女学。为此他论证道，"中国女学，本于经训，先王化民，以妇学为先务。故开办女学，在时政为必要之图，在古制亦实有吻合之据"。

至于严修与袁世凯交谊，这是事实。1908年，光绪驾崩，溥仪即位，摄政王载沣当朝，袁氏被以足疾归乡。严修上疏，"请明示功罪"，为袁氏鸣不平。待袁氏窃国，位居大总统，严修却拒不出仕，此时，他对所谓"政治"已无兴趣。

袁氏膨胀，废共和而行帝制，严修冒死劝谏，被家人阻挠，家人担心他安危。但他却道："为大局弭乱源，为故人尽忠告。生死无惧矣！"毅然进京，劝之不得，遂与袁氏绝交。

为友，尽其诚；为国家民族，则尽其大义。

此外，先生以为严修还有三个方面贡献，简列如下：

其一，慈善事业。严修曾向直隶图书馆（天津市图书馆前身）一次性捐书1200余部50000余卷，奠定了该馆的馆藏基础。并且他同情民瘼，每逢灾变，在家舍粥，在外募捐。

其二，发现人才，爱惜人才。严修支持张伯苓、资助周恩来、搭救范文澜等，类此者，不可胜数。

其三，以文传世，留下文集、杂记、函札等。其中最有价值的是《严修日记》，日记50余年，家事国事天下事，尽在其中，具有重要的存史、证史功能。

先生引《中国私学百年祭——严修新私学与中国近代政治文化》一书中的"题记"，来表明他对严修的评价：

>他是一个学者，用一生来实验一个思想：将私塾改造为学校。
>用一生来会通一条学理：通中西之学，通古今之变，通文理之用。
>用一生来守住一个真谛：立国，自由民主；立人，忠孝仁义。

严修一生，经由君主，尝试立宪，最终选择了共和。

>《中国私学百年祭——严修新私学与中国近代政治文化》作者李冬君（左）与其恩师来新夏先生（中）、师母焦静宜女士（右）合影

三、书生的遗憾

5月下旬，先生健康状况趋于稳定，再下江南。

先赴泰州，参加《泰州城脉》一书评论会。又赴兴化，游览郑板桥故居。这座故居，坐北朝南，前后两进，庭院清雅，内有小书斋一间。先生坐在桌前，手捧一书，游思骋意，神与板桥相交，"室雅何须大，花香不在多"。

至苏州，与朱炳国相晤。朱氏时任江苏常州市谱牒文化研究会会长，热衷收藏及研究家谱，与先生本不相识，2008年8月，常州谱牒文化研究会编纂《中国家谱文化》，朱炳国想请先生题签书名，在无人引介情况下，径拨电话。先生当然支持，这是二人相交之始。

此次南下，约见朱氏，除了叙故情，主要谈论的还是关于谱牒收藏、研究、推动等问题。相谈甚欢，坐忘时间，几个小时过去，犹未尽兴。最后，先生又为谱牒文化研究会题字，以示鼓励：

　　　　源远流长，血脉绵延。魏晋以还，谱牒之学大兴，中原文化弥火弥香，可供史证。炳国热心谱牒，已见成效。期能共联同好，弘扬谱学！

　　次日，游"留园"。
　　"留园"原作"刘园"，系刘姓家族所私有，后被盛宣怀父亲盛康所购，改"刘"为"留"，以望永久"留住"。愿望是美好的，但世间之物，如何可能永久留住呢？如今，这里已经成为公众旅游之所，非一家一姓所持。
　　乘车，沿太湖缓行，往西山，有三岛相望，往年以舟船相渡，如今大桥已成，连成一线，更加便捷，若论情趣，则不如泛舟，行于湖光山色中，所谓得之，亦失之。
　　其间，先生收一弟子——吴眉眉女士。
　　他对吴女士的印象，从一张名片开始。名片乃她本人设计，附小画一幅。先生询问："你的绘画小品甚有情趣，寥寥数笔，颇为传神，未悉能否见惠一方，以陶冶俗情？"
　　吴女士遵嘱，于2008年除夕夜，献墨梅一幅，花间添一轮圆月，先生回信："小品尤见情趣，为寒舍增春色雅兴。唯此幅作于除夕，则为月之晦日，不当有圆月，应有月色而无月光。未识当否？"先生对绘画，亦如做学问，必究其真。
　　此次陪同先生同游留园，吴女士遂有拜师之意。但不敢贸然开口，请求于夫人焦静宜，夫人当即应允，并代为转达。
　　午餐期间，夫人果然提及拜师事，先生却说，她已经很好了，自己也教不了什么，最后只能落个徒有虚名。
　　"那您答不答应收啊？"吴眉眉着急了。
　　先生一笑，赶紧回应道："答应啊！"
　　晚餐间，行跪拜礼，同座有王稼句等学者，吴眉眉可以说是先生有生之年招收的最后一名学生——关门弟子！跪拜后，先生赠以八言——"博采约取，好学深思"。焦夫人则从自己的脖子上取下所佩之玉，然后，轻轻挂在吴眉眉的颈间……

至西山，游雕花楼。

这座楼原名"仁本堂"，以雕花为胜，凡窗棂、隔扇等，均有雕饰，刻工匀称平衡，凹凸相间。遗憾的是，经历运动，原物幸存者，十不一二。阅往昔照片，先生不禁唏嘘，应现业主黄涛之请，为写"燕怀堂"匾额一方。

然后，赴常熟，观藏书楼。

1997年，先生曾作《常熟藏书首脉望》一文，文中考证：明清以来，江浙藏书家为全国之冠，而江苏又稍多于两浙。吴晗所著《江浙藏书家史略》，所收江苏藏书家为490人，常熟藏家，尤称翘楚，赵氏脉望馆、钱氏绛云楼、也是园、毛氏汲古阁、张氏爱日精庐、瞿氏铁琴铜剑楼等，皆以珍藏为世所重，藏书之风，至民国未衰，而赵氏脉望馆为一时之地标。

清有四大藏书楼，山东聊城"海源阁"，归安陆氏"皕宋楼"，钱塘江丁氏"八千卷楼"，常熟瞿氏"铁琴铜剑楼"。这座楼建于清乾隆年间，原名"恬裕斋"，创始人是瞿绍基。

首访"铁琴铜剑楼"，观其楼阁，为重新修缮，不但陈设一新，藏书亦以复制品居多，仅遗有一处旧宅。

又访"脉望馆"，为明赵琦美所建藏书楼。

赵琦美（1563—1624），原名开美，字仲郎，一字如白，号玄度，自署清常道人，为常熟著名藏书家赵用贤之子。

"脉望"，传说为蠹鱼所化，以此命名，自喻书蠹。据赵氏编《脉望馆书目》载，这座藏书楼存书近5000种，有2万多册。

赵氏爱书，损衣削食。钱谦益言其求书、读书、校书之状："穷老尽气，好之之笃志与读之之专勤，近古所未有也。"

他收藏《洛阳伽蓝记》一书，但刻本较差，错漏迭出，便从陈锡元、秦酉岩、顾宁孙、孙兰公处购得四家钞本对照，改正原刻本中488处错字和320个衍脱字。几年后，又得旧刻本，于燕山龙骧邸中再改正50多个错字，前后历时8年。又曾购得《李诫营造法式》一书，但缺了第18卷，前后经由二十余年搜集，最终补全，并以5000钱高价聘请绘图师，重绘插图。他去世后，所藏之书，大多归于钱谦益的绛云楼。传说，书去之日，常熟武庚山中白日鬼哭。

先生知其源流，欲饱览一番，但考察之后，不免失望。如今"脉望馆"，已非藏书之用，改为"古琴研究会"办公场所，非但没有善本，即使复制品，也绝少留存。

以此心堵，怏怏而去……

访翁同龢故居。翁氏乃晚清重臣，清流名士。这里尚有若干遗物，较之铁剑楼、脉望馆等，算是庆幸了。应馆人之请，先生题"两代帝师，一代荩臣"八字，以作纪念。

访毕，车赴萧山，一路风景绝胜，但也无心欣赏，并非辛劳之故，因见藏书楼的命运凋零，难免有些伤情。

至萧山，为区志办做录像，录口述史。

先生谈了三点内容，一是回忆自己童年在萧山的生活经历；二是谈对萧山经济发展的感受；三是提出需要注意社会发展"跛足"问题，在经济发展时，不可忽视科学文化建设。

又往绍兴图书馆录像，先生谈"古越藏书楼"。

"古越藏书楼"位于绍兴，为清末徐树兰（1837—1902）所创。徐氏父子出其家藏，益以资金，建楼设馆，化私藏以济公众，是我国图书馆史上最早对公众开放、第一家具有近代公共图书馆特征的藏书楼……

四、首倡天津邮政博物馆

8月26日下午，先生参加"天津市十大私家藏书论坛"，并做发言，谈到书籍功用，归结为两条，"淑世"与"润身"。

27日下午，"来新夏教授米寿庆祝会"在天津图书馆四楼会议室举行。南开大学教授宁宗一先生、天一阁博物馆馆长虞浩旭先生、《开卷》主编董宁文等学者、作家共40余人出席。

> 2010年夏，来新夏先生米寿留影

> 来新夏先生（中）与青年学者王振良（左一）、张元卿（右一）合影

大会目的是祝寿，"不谈理，只谈情"。

王振良、张元卿两学者的一副联语格外引人注目：

结网依然，争流阅世凭只眼；
传薪不厌，访景填词唱三学。

该联，语义双关，巧妙嵌入先生11种著作，分别是《结网录》《依然集》《一苇争流》《阅世编》《只眼看人》《薪传篇》《学不厌集》《访景寻情》《且去填词》《枫林唱晚》《三学集》等。

《悦读时代》杂志，推出了"来新夏教授米寿贺刊"（2010年第4期）；《天津记忆》杂志，推出了"来新夏教授米寿庆祝专号"（第50—55期），共6册，分别是《烟雨平生——邃谷主人自述》《弢盫自订学术年谱》《沽上闲弹》《天津的人与书》《邃谷主人速写》《邃谷书香》。《今晚报》《中华读书报》等也作了报道……

面对赞誉，先生淡然，他在《弢盫自订学术年谱》序中，表明心迹："反思一生，蹉跎岁月八十八年，而君子三德，一无足述。唯此小册，未敢自炫，但求得一读书人真面目，则云幸矣。"

放下一切，总结一生，他只希望做个读书人。

9月3日，天津地方政府修复"宁园"，先生为写《宁园八十年》一文，自称与宁园有八十年的情分。

宁园建于1930年，原为袁世凯委派周学熙所建的官立种植园，后为北宁铁路局所购，建为公园，至此次重修，经历八十载岁月。

大雄公曾供职于北宁铁路，携眷定居津门。至本年，先生在天津也整整生活了八十年。

幼时，先生常游该园，这里有他的童年记忆。抗战爆发后，日机狂炸，天津北站附近被破坏得尤其严重，从此宁园不宁，不但残破，而且被日军作为军事疗养所和后勤基地。战后重游，先生徜徉其间，若抚摸老友受伤的肢体。欲助乏力，徒唤奈何！

如今，天津市大规模重修，"修旧如故"，八八老翁，眼花手颤，撰文来贺，其中，那八十年的深情啊！

10月9日，先生参加天津邮政博物馆开馆仪式。

该馆坐落于解放北路与营口道交口处，系"大清邮政津局"旧址。以故物还之于故居，其筹划、申报、建设全过程，先生不但一直关注，并且助力良多，如设馆动议，即由先生首倡。

时在十年前，天津市邮政局与今晚报社联合举办"说不尽的天津邮政"征文活动，先生投稿——《兴建"天津邮政博物馆"刍议》。文中直言，天津乃文化名城，却无文化标志，恐有"文化沙漠之讥"，若欲起动，则需有"点"，邮政博物馆即为一点。

天津是中国近代邮政的发祥地。1878年，清政府以北京、天津、牛庄（营口）、烟台、上海为试点，试办新式邮政。而这五处，又以天津为中心。中国最早的邮局（天津海关书信馆，后改名为大清邮政津局），最早的邮票（大龙邮票），都诞生在这里。

渊源具在，但建设条件如何？先生逐一论证。

首先，遗址还在；其次，文物尚存，如李鸿章筹划时的批示、信函等，还有晚清邮工号坎以及海内外往来邮件等。

如此积存，系天津邮局史志办多年积累之故。

这个部门的负责人仇润喜先生回忆说，史志办公室，设立于1986年初，当时仅仅有几位工作人员，一时间，竟不知如何开展工作。读了先生主编的《天津近代史》，其中有对邮政起源的概括，使邮政史志工作找到了"源头"，有了"纲"，立定了起点。

先生还促成了德国著名汉学家石慕宁女士与天津邮政文史馆建立起联系。石慕宁祖上为大清邮政职员，她提供了当年"大清邮政津局"的珍贵照片，然后，又帮助翻译了德文版《德璀琳传》的相关章节，提供了有关邮政津局的重要文献。

《兴建"天津邮政博物馆"刍议》一文发表后，在天津电视台制作的天津近代史专题片中，先生重点讲了天津在中国近代邮政史上的地位，详述

"大清邮政津局"旧址的文物价值。

仇润喜说,每次见面,先生都会先问邮政博物馆筹建进度,举凡关于邮政史、博物馆等方面的问题,有求必应。

此事,历经十年,终于落成,先生楼上、楼下走动,在各间展厅驻足,细细观看,慢慢推敲,累虽累矣,不亦乐乎。

"老朽余年,犹得目睹盛事。岂非幸事!"

五、书生"经世"念

10月13日,中国第二历史档案馆出版《北洋政府档案》全196册,请先生题"北洋档案,史学宝藏"八字。

> 2006年5月,来新夏先生(左)主持国家清史项目《清经世文选编》审稿会后与中国人民大学王汝丰教授(右)合影

11月27日,《清代经世文选编》结集,在京开会,四年辛劳,半生夙愿,得以实现,无奈有恙,先生未能参会。

"经世"一词,最早见诸《庄子·齐物论》。

"春秋经世,圣人议而不辨",所谓"经世",即文以针对当世,论以关注国民,始见于《尚书》典、谟、誓、诰等,均为"经世"之文,后之历朝历代沿用,以治国理政为"经世"。

经世文,多以单篇出现,论事也较为具体,论及军政、财政等,对策性强,有益于治,但资料分散,集中较难。

据先生考证,对经世文章收集整理,从唐代开始,太宗李世民命魏徵等纂《群书治要》,从五帝至晋,观历代经世文,得其"治要",此为端倪。南宋孝宗淳熙五年(1178),吕祖谦奉诏编修《圣宋文编》,修成,孝宗赐名《皇朝文鉴》,为最早的经世文编。

论诸高峰,则在明清。明有《历代名臣奏议》《名臣经济录》《明经济文辑》《明经济文录》《经世八编类纂》《经世文编》等;清代更盛,乾隆年间,陆耀辑《切问斋文钞》30卷,为清代经世文开端,继之者,有贺长龄《皇朝经世文编》120卷,后继以"经世文编"之名而称续编、三编、四编、五编、统编、新编者,有近二十种之多,另不以经世文编为名而实为经世文编者,仍有多种,如《皇朝蓄艾文编》《皇朝道咸同光奏议》等,总数可达数千篇。

如此浩瀚,即使浏览一过,又谈何容易?

先生曾计划辑一选编,采纳重点,撮其精要,裨有识之士拣选,虽已措手,集得资料若干,却因"运动"而辍。

将搜集而来的资料捆载,堆砌在研究室一角,幸而得以免遭劫火,保存下来。可复职后,先生又被调离历史系,当初"经世"念想,被一再蹉跎,恍惚中,四十年光景,匆匆而过。

2002年8月,国家斥重资重修清史,尘埋之稿,有望重见天日,先生遂向"国家清史编纂委员会"申请立项。

重编清史,工程浩大。清史编纂委员会在成立之初,即开始准备整理出版《文献丛刊》《档案丛刊》等。《清代经世文选编》与该计划正相契合,遂于 2005 年 4 月被批准。

一事之成，谈何容易？先生毕竟年过八旬，如何操持？需有一得力者相助，而助此一臂之力者，正是李国庆。

李国庆至今记得申领这项任务时的场景。

那是在 2005 年，新年伊始，他应先生之邀，访于邃谷。一进门，先生就指着一捆捆用报纸包裹着的文件说，"这里面全是经世文"。这些文章，正是那被尘封了四十多年的资料……

从此，他们开始了四年的奋斗，根据台湾出版的《清代经世文编目》复印件，以不同色笔分一二三级，圈选篇目。

之后，又经项目组人员增补该目所未能收录者。

经整理后，成《清代经世文选编待选总篇目》。

篇目已就，再选底本。先生说："《选编》看似简单，其实不然。需要网罗众本，把清代各个时期编印的《经世文编》找齐，从中遴选各家名篇，这样的《选编》才能有代表性。"

于是，四方搜选，除先生珍藏版本外，求诸各图书馆，共搜求清代"经世文编"20 种，选文 1100 篇，200 万字。

一部选编，要尽可能全面，所收文章，应囊括整个时代，涵盖各个方面，而不能仅侧重于某一类，也不能倾向于某个阶段，也就是不能有乾隆而无嘉庆，有太平天国而没有鸦片战争。故此《选编》，上起满清入关，下迄宣统逊位，涵盖其中各个历史阶段。

尤重检索，先生当年承余嘉锡先生教诲，为《书目答问》编制了三套索引，于《清代经世文选编》中，他亦如法炮制，分别是篇名索引、作者索引、

> 《清代经世文选编》，黄山书社 2019 年 3 月版

分类索引。故而，一篇文章，只要知道作者、篇目、分类中的任何一项，均可进行查找，可谓便捷。

试问如此巨作，意义若何？

先生回答说："这笔文化遗产，为清史界的学术研究提供了简要的文献依据和翻检线索，具有一定的史料价值。同时也为当今社会发展，提供历史借鉴，对施政实用，起到参考作用，更对后世有志经世人士勇于承担关注社会、关注民生职责者，有所启迪，行将推动经世思潮的新发展。"

《选编》完成后，先生再提建议，将千辛万苦搜罗来的多种经世文编合集刊印，又成《清代经世文全编》一书。

>《清代经世文全编》，学苑出版社2010年12月版

《全编》所收，上起陆耀《切问斋文钞》，下迄晚清于啸庄《皇朝蓄艾文编》，计清代有二十一种。同时，为了保存文献，将《民国经世文编》一种，殿于书后，共一百七十册（正文一百六十八册，目录两册）。并于本年12月，交付学苑出版社正式出版。

比较二编，李国庆说，前者为清代经世文单篇文章选集，是篇的汇集；后者为清代经世文著作汇集，属于丛书性质。前者旨在择优而录，辑成文集；后者旨在网罗专著，集成一帙。

本年，先生另有两部专著出版，分别是《来新夏谈书》与《砚边余墨》。

《来新夏谈书》，南开大学出版社出版，为"'大家谈'丛书"之一种，同期问世，尚有《叶嘉莹谈词》，本书分上、下两卷，即"藏书卷"与"读书卷"。

藏书卷，论述藏书家、藏书楼，介绍藏书文化，总结藏用理论。

先生言，自己一生只认真做了一件事情，就是读书。

而读书，首先必须有书可读，此即藏书之用。真正的藏书家，必是读书家，秉持"仁人爱物"的精神，注重藏书的使用，那些将书籍秘而不宣、世代宝之者，并非正确的藏书方式。

读书卷的内容，包括读书序评、读书心得等。先生认为，读书需讲求方法，不应贪快，要十目一行，而非一目十行，并且，边读边搜集资料，读而有思，思而有疑，进而可做学问矣。

《砚边余墨》一书，由内蒙古教育出版社出版，成稿于2008年，本为祝贺奥运而辑，但迁延有年，至此才得刊印。这本书同样分为两卷，"阅世"与"读书"。读书，既要读书本文献，也要读"芸芸众生"。人间百态，目之所及，也是积累学问的一种方式。

2011年　89岁

一、增订《近三百年人物年谱知见录》

2011年，先生89岁。

1月11日，自撰遗嘱十条，包括钱财、图书等物赠与问题。承受者为夫人焦挣宜，女儿来明一，儿子来明善。

年已望九，虑身后事，家无余财，手头尚有几部未了之作，幸好，皆有托付，成果之出，也只待时间而已。

去岁末，《近三百年人物年谱知见录》（增订本）由中华书局出版，此著增订由来，缘起于先生《〈近三百年人物年谱知见录〉补正》一文，这篇文章发表在2004年6月《中华文化论丛》第76期上，吸收各方意见，改正原版错误，同时，又新增叙录多篇。

助成此事业者，为潘友林。潘君与先生素昧，1999年，携所著《夏津旧县志校注》登门请序，自此相识，又读潘君《聊城旧志点注》，往返切磋，更进一层，数年后，已可谓相知矣。

潘君自荐，增订《知见录》一事，遂由其协助，另有协助者多人，兹不列举。此事议于 2005 年 11 月，成稿于 2008 年秋，历时三年，终见成果。与原版相比，增订版有五处改进：

其一，原书收叙录 778 篇、谱主 680 人，此次新增 803 篇、572 人，共 1581 篇，1252 人。原书 56 万字，此次新增 50 余万字，共 110 余万字。原版附有"谱主索引""谱名索引"两种，而这次又增加"编者索引"及"谱主别名字号索引"，共 4 种。

其二，新增版本著录，如谢巍《中国历代人物年谱考录》、黄秀文《中国年谱词典》、王德毅《中国历代名人年谱总目》（增订版）、洪焕椿《浙江历代名贤年谱综录》及孙殿起《贩书偶记》等，未有著录，而见其版本，亦增补之，如《杨园张先生年谱》（张履祥）在上海图书馆藏有清道光十四年崔德华手抄本二册，即加补录。

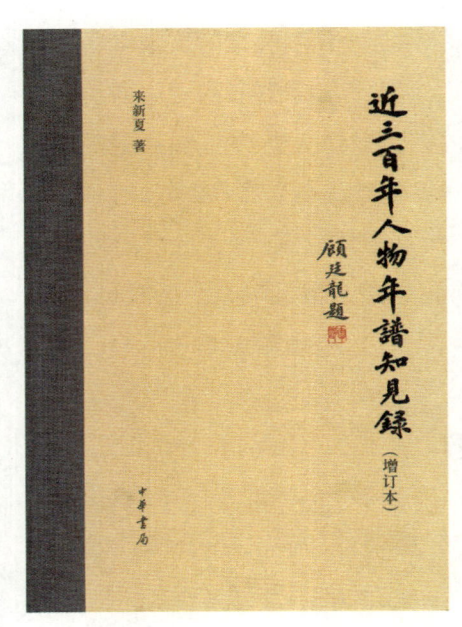

> 《近三百年人物年谱知见录》（增订本），中华书局 2010 年 12 月版

其三，增订后，重分卷次，将原书六卷，改为十卷，十卷中，有一卷名曰"知而未见录"，存一目录，供后人知见。

其四，还有正误，一般是指纠正名字籍贯之误，也有另类，比如某谱主后人，表示质疑，为何将自己先人列入清朝遗老、伪满官员之类，乃增补该先人自著年谱的相关内容，以资证明。

其五，在叙录中，特别注明史料价值，以之备考。

此外，中华书局编审柴剑虹认为有两点要注意。

第一，本书增录谱主，特别注重增录生于 1911 年之前的近、当代著名人物。据其考证，全书收录生活至辛亥革命之后的谱主 410 余位，约占全体之三分之一，而其中，生活至上世纪 60 年代者有 142 人，增加了诸如施蛰存、臧克家、巴金等人的谱记。

第二，书中"按语"——"新夏按"，有803则之多，少则十几二十字，多则五百余字，或指正各家著录之误，或考辨年谱版本、编者、谱主行事系年等，均有先生研究心得融入其间。

书局另一位编审崔文印，又补充了另一个特点。

他指出，书中对每一位谱主，都录有小传，以这些人物小传为基础，串联起了中国近三百年来的历史，开了以年谱著史的范例。而本书最见功力的地方，乃是对一人多谱的分别评价。

《知见录》增订本，是迄今为止著录年谱最多的书目提要，但先生仍有遗憾，如《张苍水集》一书，附有全祖望撰《张苍水年谱》，《国府汪主席行述》一书，附有《汪精卫年谱》，但这两份年谱，皆未收入于《知见录》增订本中。如此遗憾，实亦为此次增订目标所限，原定目标是，待增订本较原版翻一倍时，即停止续编。

书成，多家出版社有意向刊印，先生想起当年初版，由上海人民出版社发行，原中华书局副总编辑赵守俨因故错过该书，深以为憾，并再三叮嘱，如果增订，一定要由中华书局来出。如今，斯人已逝，承诺犹在，遂交付于中华书局，以了当年之愿诺。

二、为《书目答问》作汇补

5月19日，焦静宜代先生吊唁故友曹振武。

振武君乃方志大家，年八旬而笔耕不辍，终因劳累以殁，享年85岁。先生评价他："为人豪爽，颇具燕赵慷慨悲歌之风。初识晤谈，顿有倾盖如故之感。缔交二十余年，虽异地相处，而声应气求，灵犀有通。昔人有云：'平生得一知己足矣。'我于曹君，得其征也。"方志界又走了一位，先生不胜哀悼！

5月8日，先生在京参加中华书局召开的"《书目答问汇补》《近三百年人物年谱知见录》（增订本）首发式"。

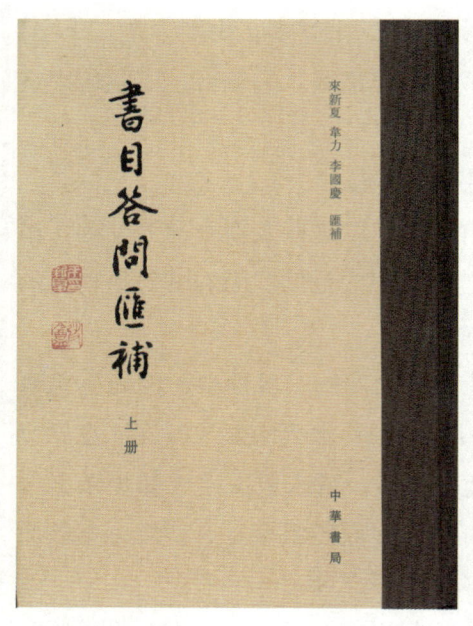

>《书目答问汇补》，中华书局 2011 年 4 月版

《书目答问汇补》是中国目录学的一部"扛鼎之作"，先生为之，不但以毕生心血，且以洪荒之力，从 1945 年问学辅仁，至人生垂老，无尽的甘苦与得失，皆见于《汇补》之中。

欲知《汇补》，当先了解《书目答问》，《答问》一书，系由张之洞所著。斯书宗旨，乃为读书人开列书单，指示门径，书单所收，覆盖经史子集，皆为重点书目，而其版本选择，以学术标准，非以藏家品位，务求其用，重在少误，并不追求"宋椠元刊"。

后之为《答问》作补录与笺注者，不在少数。然各记所记，且分散各处，《汇补》即为《答问》所作的汇录与补正。

对《答问》进行评注、笺疏以及补充书目等，成于各家之手，而非先生个人所作，故曰"汇"字，以示辑录之意。

当然，此中所补，并非镶嵌，也要经过一系列地辨伪存真、去粗取精的过程，同时，又要统一体例、润色文字。《汇补》出版，上下两册，一百二十万字，耗去了先生七十年的精力。

初于辅仁，从余嘉锡师，习目录学，《答问》为必读，又以范希曾的《书目答问补正》为辅助读物，课分两年授完。

然此二书中，鳞次栉比者，皆为书名，加以卷数等，彼此无关联，枯燥难读，可想而知，但先生依然捏着鼻子硬啃。

读过一遍，所得寥寥，仔细一想，仍在门外。

有心请教，可余师不苟言笑，令人望而生畏。

先生心里发怵，故先赴柴府，请教柴德赓师。

柴师和蔼，与学生亲近，明白原委后，便从书架上找到了贵阳本的《书目答问》，使之与先生采用的版本比照来读。

先生对照两书，果然校出若干异同，又反复推敲，验之真伪，遂能窥其影像，并试入其门径，而知其形枯而神奕。

此次"比勘异同"，是难得的经验积累，略有所获后，先生终于鼓起勇气，登门余府，余师一脸严肃，又吩咐先生：

其一，要多读《补正》，并特别提示"字里行间"；其二，扩大阅读，多读与目录学相关的著作；其三，为《书目答问》编三套索引，即"书名索引""人名索引""姓名略人物著作索引"。此乃余师为他布置的"作业"，能完成，《书目答问》才算入门。

按照余师指点，先生再读《补正》，就特别留心于"字里行间"，果然有所得，例如，在"史部正史类注补表谱考证之属"后，先生就读到一行小字附注，说"此类各书为读正史之资粮"。

又读《四库全书简明目录标注》《读书敏求记》《郑堂读书记》等，尤为重要者，是读江人度的《书目答问笺补》（光绪三十年江氏刻本）。该书，有"笺"有"补"，"笺"者，涉及版本、分类、辨证、计数以及评论等；而"补"者，乃增补所不足的书目。

《笺补》流通不广，甚难索阅，为能时常翻检，先生乃手录书中"笺、补"部分，墨笔恭楷，装订成册，毁于特殊年代。

先生言之，字字带泪："这本小册子，就被我曾经教过并知道'目录学'一词的勇士们非常潇洒地扔进了家门前正在熊熊燃烧的那堆'封资修'的黑货中，我只有目送片片纸灰随风飘去。"

利用1943年暑假，先生为《书目答问》编制三套索引，仍然恭楷誊录，装订成册。一本书，经其反复整理、摘抄，两千多书名及其作者，均以默化于心，如春来花开，心里充满了书香。

可惜，"索引"仍被查抄，并以此为"罪状"，没有立即焚毁，爬梳一过，而无所收获，便弃之于地，扬长而去。

幸亏被先生早年学生孙香兰于查抄物资中发现，她秘密保管了一些时日后，才偷偷地将它们归还给了先生……先生也曾一度消沉，但他不甘啊！此生草草，如何能够？遂仿《四库简明目录标注》，搜求各家补录、批注、笺疏等，为《答问》一书做汇补。

碰到一种新资料，先生便在自己所藏的那部《答问》中做誊录，如将叶德辉等诸家所标注的内容，一字不遗地过录。可怜先生那部过录底本，天头地脚，字里行间，尽是墨痕，实在没空处，就粘贴纸条，不知有多少条，用"满目疮痍"来形容，也不为过。

那些艰难岁月里，日复一日，每过录一资料，"都在抑郁的心头绽开一丝欢乐"，遂题跋于书尾："学海无涯乐作舟。"

那过录本，遂成《汇补》一书的底本。经此一番过录，先生已知自己有两种缺憾：一是，对《答问》本身所收诸书及其评说涉猎不足；二是，对《答问》以外有关目录学的著作钻研不够。

于是，又读史、志目录中的汉、隋二志序，私家目录中《郡斋读书志》《直斋书录解题》，专著目录中姚振宗《快阁师石山房丛书》、汪辟疆《目录学研究》、余嘉锡《目录学发微》等。

至此，先生对目录学的研究，已可谓"通"矣。汇补工作，从未中辍。但有所遇，及时补缀，直至退休，亦未终止，等到眼花目眊了，就连自己当年过录的文字都辨认不清，仍不肯终止。

两册《汇补》底本也被查抄，幸而未毁，退还时，先生看到，封面上，自己当年所题"来新夏汇补"字样，被人用毛笔勾掉。先生之书，若有人借，一向慷慨，还与不还，皆不为忤，唯独这已经凌乱破旧了的过录本，即便天王老子，也只准看，不准借。

三、李国庆襄助

过录本《书目答问》，先生概不外借。

唯一的一次例外，却为该书出版迎来契机。

2003年，先生应天津市图书馆历史文献部之邀，为该部研究生班讲授

"古籍整理"课程，为期半年。

天津图书馆本来没有学位授予资格，这届研究生班是迄今为止的唯一一届，是联合天津师范大学等共同举办。

原来，在天图内有许多馆员，因特定时代风波等，没有很高的学历。问题在于，新进人才的学历越来越高，而职称评定等渐与学位相挂钩，这就令那些老馆员们很尴尬了，一方面，工作多年，是业务骨干，承担着最重要的科研任务；另一方面，由于学位因素制约，晋升困难。试问如此，又将如何调动他们的积极性呢？

所以，特别举办了此次函授课程，结业后，授予证书，可作为内部职称晋升用。当然，这并非敷衍，不但聘请如先生等国内知名专家亲临授课，同时也要考试，成绩合格者，方予结业。

李国庆也在培养之列。他与先生属忘年交，亦师亦友。先生特别赞赏其《弢翁藏书年谱》，并亲作书评一篇。

课上，先生偶然提起了自己当年为《书目答问》作汇补的过程，这引起了李国庆等人的关注，欲目睹。先生应允，将书带到了课堂上。因年深日久，书已陈旧，又被查抄，加以反复阅注，纸页残破，李国庆提议，能否修复？

听此，先生一愣，然后，郑重其事地将它递给了李国庆，并嘱咐："此书经历不一般，一是属于查抄退赔之物，二是在余嘉锡先生指导下的研读成果，所以请千万要保管好！"

天图古籍部整理、修复古书，已经无数，施以妙手，订补整齐，且配以函套，虽不能称之"如新"，却也"焕然"了。还书日，李国庆询问先生：此书批注淋漓，为何不整理出版？先生苦笑道："谈何容易啊！我人老目花，早年用蝇头小字过录，现在也看不清楚了。另外，此书还有不足，仍需继续整理，精力不及呀！"

此时，先生双目正患有白内障，一目已经手术，一目仍在病中，况已年高，如何操作？"学生可否试试？"李国庆如是说。

论才学与人品，李君自是上上人选，但整理不易，初次翻阅，难免头皮发麻，读毛笔行楷，蝇头细字，于字里行间与天头地脚处，形如乱麻，如入迷宫；而当静心细读时，不难发现，书写自守规范，字字清晰，复按箭头所指，则文通理顺，朗朗上口。

"汇补"者，乃"汇录""补正"也。行之，须以三步：一是访求诸家批校稿本；二是收集清季以来刊印各本；三是将各家成果按先后，归于同一条目下，一一罗列，复加按语。

尤为可贵者，这一对师生，均以审美治学，苦而乐，烦而雅，多有相视而笑时，李国庆《我随来老编大书》说：

> 我家住在牙河畔南岸，小区故名"在水一方"。每年春夏之交的4月上旬某天晚上，对岸芦苇丛中，会忽地传出过冬休眠醒来后的青蛙叫声。青蛙从冬眠中苏醒过来，透着清新空气，初步判断准情侣待的地方，鼓足气囊呱呱大叫起来。每到此时，我都会在整理稿本进行中的位置，写上"始听蛙鸣声"五字。一天，我到来老家，来老指着这五个字，慢慢地说道："国庆老弟，你还有这般闲情逸致！"

蛙鸣声，响了又停，整整经历了五个年轮。

先后经眼《答问》不同刊印本达五十余种，共收录了十三家批校，多为清末民初时期的成果，诚如崔文印在《〈书目答问汇补〉背后的故事》一文中所说的，"从《汇补》原稿满目疮痍，到最后变得疏朗俊秀、丰富多姿，全是国庆先生的功劳。"

李国庆还收集了《答问》各种版次图录，汇编一处，以此展示该书刊刻、流传情况。同时，还将原附《答问》卷末的《国朝著述诸家姓名略总目》加以补充，为每一位学人增补生平概略及所据资料出处等，使该姓名略遂成一部简明的清代学术小史。

四、书痴韦力

2005年,《书目答问汇补》初稿将成。

某一日,先生忽然想起韦力,心想,若得此君襄助,或校、或补、或提供资料,都将大有裨益。

韦力是谁?

一位低调而又颇为神秘之人,一个致富后一心买书,而被民间收藏者公认为"中国民间古籍收藏的第一人"。

他想低调,但不太可能,因名气在外。

曾经有一次会议后的聚餐,在座某君信口而言,说自己和著名藏书家韦力有如何深厚的交情,而坐在桌旁的韦力却一直沉默,静静听着这位素不相识者,在讲彼此间怎样的故事。

先生认识韦力,是在2002年左右,韦力发表一篇关于版本目录学的文章,先生读后有感,遂有交流之意。

先生主研目录学,韦力擅长版本学,两人如鱼得水,互为江湖,得相望之乐,成互信之仁。某日,先生赴京,顺访韦力,观"芷兰斋"——将两套房打通后,有600平方米,全部用来放书。一排排书柜,俨然而立,中间仅留不足一米的过道,让人往来。

书柜中,摆放了一函函古籍,按经史子集归类,贴满标签,记载书名、作者、版本、出版年代、册数、用纸等。

这仅仅是韦力的一处藏室,另一处在天津,是一栋三层楼的别墅,名曰"西苑书楼",里面所藏,也几乎全是古籍。

究竟收藏多少呢?就连他自己都没有确数。

粗略统计,总数约为七万册,二十万余卷,其中,包括宋、元版书七十多部,明版书一千二百余部,名家批校本及抄校本数百部,活字本一千余部,还有珍贵碑帖一百七十余种。

韦力收书,少年老成,而大规模买进,则在运动年代以后。那时,各级政府为了返还查抄之物,成立专门机构——"抄家资产退赔办公室",他主动联系"退赔办"工作人员，取得"退还清单"，按图索骥，逐家拜访。劫难年代，书是不祥之物。"毒草"的阴影还历历在目，很多人都不敢收藏了，如今可以变现资财，如何不卖呢？

20世纪80年代，韦力进入"三资企业"，任经理，月薪3800美元，而且第一年就有5万美元的年终奖。随后，他又开办公司，直到2000年才退出商业，辛苦所赚，近乎全部买书。

当年，他进书店，都是整架、整架地购买，近年来，他再买古籍，只能通过拍卖会了，然其藏书之心，近乎于痴。

明人张岱言："人无痴者，不可与交，以其无深情也；人无癖者，不可与交，以其无真气也。"以此曰：韦力可交。

二十年前，韦力参加了一次中日古籍讨论会，会上，一位日方代表说：1949年以后，中国已经没有藏书家，而且也不会再有了，要看好书，还是去日本吧！此话如羞辱，却无力反驳。

痴人韦力，暗自发誓，以"深情"，用"真气"。

2008年6月，国图举办"国家珍贵古籍特展"，近四百件展品中，仅有一件来自民间，那便是由他提供的藏本《观弥勒菩萨上生兜率天经疏》，成为这次展览中，唯一的一部辽代刻本。

他手中，还有一部施元之、顾禧注的《东坡先生诗》——"施顾注苏诗"宋刻本，这是最早的苏东坡诗集刻本。

历史上，该刻本曾为众多藏书名家所收藏，至清代，传于翁方纲手中，他将这书视作珍宝，每年举行"祭苏会"，邀请名士学者鉴赏，题诗作跋，竟成传统，以后珍藏者，基本遵奉。

晚清时，该书辗转至藏书家袁思亮手中，然而不幸，遇到火灾。袁欲入于火中，与书同殉，家人急忙阻拦，遂有冒死冲入者，火中取书，但书已过火，书面烧焦，所幸内页还在……最后，书被分成三份，就如同黄公望《富春山居图》，分藏于海峡两岸。

其中，大陆这一部分，就在韦力手中……他不但藏书，读书，还要迈开脚步，去访书，觅书，并为之行万里路，

2013年4月24日，他赴河南安阳，考察灵泉寺，一块石碑，突然倾倒下来，正好砸在他的左脚背上，顿时，鲜血直流。本来问题不大，但因处置不当，造成感染，骨头坏死，不得不截肢。而且并非截肢一次，前后五次大手术，左膝盖以下全部截掉。

每次手术，他都服用大量麻醉药，为此，留有严重毒瘾。康复医生说，戒毒三个月一周期，至少需要两个周期。但即使断腿，他也不回头，装上假肢后，接着出发，依旧走访，写作。

比次，先生心有灵犀，想起这位书痴，电话中，就那么一提，韦力当即表示，可以将自己的成稿纳入先生《汇补》中。

先生看过韦力的书稿后，急忙打电话致歉："我不知道你已经下了这么大功夫，完全可以自己单独成书了。"而韦力则表示，愿意与先生一样，共继绝学。

萧梁时，有学者阮孝绪，欲以诸家目录，撰成《七录》。时有刘杳者，亦饱学士，与阮氏交，知其欲撰《七录》，故将自己多年积累，尽相赠与，先生叹曰："韦力君，固今之刘杳也！"

五、为往圣继绝学

若问先生，一生读书，何书最熟？

曰：《书目答问》。

所谓"纵横三学"——历史学、方志学、目录学，三者如何贯通？关键就在"目录学"上。因其有《书目答问》两千本"成竹在胸"，故能纵横史志，"左右逢源"。

对此，先生如是说："再读其他目录书也不感到十分枯燥而能从中捕捉到自己需要的资讯，钻研学术也没有无所措手的苦恼，自信能在学术迷宫中得到曲径通幽的乐趣。"

是《书目答问》引导先生走入目录学。

是目录学，引导先生治学，登堂入室。

故其所著《书目答问汇补》，乃返本之作，归根之作，堪称"为往圣继绝学"，这就要从张之洞《书目答问》说起。

《答问》问世，张氏明示："此编为告诸生童而设，非是著述，海内通人见者，幸补正之。"

传播中，又由多人分录，辗转移写，产生差异，有前后颠倒者，有版本脱落者，有名氏舛讹者，有卷第缺略者。

补、正，皆有必要，补其所缺，正其所误。

果应张氏言，后世补正之作迭出，自王秉恩"贵阳本"以来，至2006年，翻印重刻、校补注疏、编制索引已达百种。

本来用于指示版本的《答问》，自己也有了版本问题，何为《答问》之善本？《汇补》即因此而作——搜罗众本，汇为一编，以求书目之全；正之舛误，补之不足，以求版本之精。

为达效果，先要优选底本。先生过录本，选择民国二十年南京国学图书馆排印本，过录五家，分别是叶德辉、刘明阳、高熙曾、李笠和吕思勉。当年，求书不易，这部书是先生在天津书肆中偶得，较之贵阳本，不如其善，遂弃用，改以贵阳本为底本。

在贵阳本基础上，又精选八家，分别是江人度笺补本、伦明、孙人和、赵学铭、张振珮、韦力、佚名及某氏校本，集十三家成果，聚为一编，而成《汇补》。体例，依经史子集四部，又增"丛书"一部，使其分类，由"四部"变"五部"，实为先生创新。此后，大型古籍书目，也多沿用这种分类法。

《汇补》将十三家补正，缀于贵阳本《答问》。例如，史部《武林旧事》一条：

《武林旧事》十卷。宋周密。知不足斋本，唐宋丛书本，明陈继儒宝颜堂秘笈本。

江 四库列地理类三。南宋都杭州，密志其杂事。

叶 乾隆癸亥知不足斋本。

佚 乾隆癸丑。

伦 乾隆癸丑。

范 乾隆四十二年凤夜斋刻本，丁氏武林掌故丛编本。明朱延焕增补《武林旧事》八卷，康熙间刻本。

刘 曾见明正德刊五卷本，鲍以文校刻在元方处。

张 珮按：秘笈本之前，筑本冠有"明陈继儒宝颜堂"七字。今按：蜚英馆石印本同筑本。

韦 光绪三年丁氏正修堂刻本，明刻续百川学海本，明万历绣水沈氏尚白斋刻宝颜堂秘笈本，清乾隆道光长塘鲍氏刻知不足斋丛书本，民国上海进步书局石印笔记小说大观本，清光绪钱塘丁氏嘉惠堂刻武林掌故丛编本。

按 是书的知不足斋本刊于乾隆癸丑（五十八年），叶氏所题"癸亥"当误。

原文繁体竖排，字体大小、粗细相殊，一目了然。首句为贵阳本《答问》原文，后缀小字，以示书名与作者、内容等的区分。

接续部分为汇补之文，句首黑字，为汇补者姓氏，如江即江人度，叶即叶德辉，佚则是佚名者，以下皆如此类。

这段文字，寥寥三百余，所含内容却极为丰富。

余嘉锡教导先生读《答问》，要特别注意字里行间。细看江补，"南宋都杭州，密志其杂事"，这一句绝不可忽视。

"武林"系旧时杭州别称，因武林山而名。读此条，可知《武林旧事》，是以"杂事"呈现出来的南宋杭州史料。

另外，引文中汇补诸家的记载，有相矛盾处，例如叶补："乾隆癸亥知不足斋本"，而佚补则曰："乾隆癸丑"，伦补亦曰："乾隆癸丑"。这应该怎么理解呢？最后看按，方得解惑，"是书的知不足斋本刊于乾隆癸丑（五十八年），叶氏所题'癸亥'当误。"《汇补》正文"按语"，皆为先生所言，附录"按语"，由李国庆所加。

这三百字补文，将《武林旧事》从初刻至民国各种版本，一一记录，或点评，或补述，或订误，而知其分别与流布。

将十三家补正，融为一冶，纳于一炉，便是最好的文献存储，先生过录五家，着手于特殊年代，曾经誊录的底本，多已不见，恐"凶多吉少"，故当年过录，就有存史之效，另编四种附录。

附录一，"书目答问版本图释"，对所见各版本，先以文介，如光绪二年四川刻本《答问》四卷，其板式"每半页十三行二十四、二十五字，白口，左右双边。版框尺寸高二十四点九厘米，广十七厘米……"，后附书影，共收录先生经眼各版本四十九种，择其代表，配以五十三幅书影；附录二，"书目答问刊印序跋"，选录部分刊本序跋资料，共八人，计十一篇，全文刊载；附录三，"书目答问题识"，所谓"题识"，乃收藏不同版本《答问》者，因兴趣使然，于所得书上，或所编志中，信笔感言，言其版本异同，考辨线索，治学门径等，十四家，凡三十余则，于文后标明出处；附录四，"书目答问索引表三种"，乃先生当年求学辅仁时在余师指导下所作，三套索引——"书目答问所谓著述家之姓名、籍贯、学派、著述表"，"书目答问著录之书籍而作者未列著述家之书名表"，"书目答问未列著述家而著作著录于书目答问中之各家姓名、著述表"，对此，先生当年有所札记，云：

> 一九四二年，余学目录学于武陵余嘉锡（季豫）师之门。余师命读《书目答问》。为便翻检，草编通检呈进。余师以不但便己，亦可利人称之，并勖更进一步。悠游岁月，三十余年，余师作古多年，而余于学了无寸进，深愧师教。检旧箧得此，重加装帧，缅怀师门情景，聊以致念耳。（一九七五年除夕来新夏识于津门南开大学西坑寄庐）

为了方便读者检索，又作"书目答问汇补综合索引"，对书名、人名进行检索，依"四角号码检字法"排序，又另附《索引字头笔画检字表》《索引字头拼音检字表》等。

《汇补》堪称《书目答问》研究及出版史上具有里程碑意义的著作。李国庆评价先生，积数十年学力，为往圣继绝学，"将自己的学术研究成果倾注斯篇，又慧眼独具，网罗众本，遴选诸家，吸纳前贤及当代学人研究成果，以百川汇海之势，成此汇补，遂成《答问》之集大成者，是继清代江人度《书目答问笺补》、民国范希曾《书目答问补正》之后取得的又一重要学术研究成果"。

六、望九之作：林谱长编

8月8日，宁波召开"地方文献国际学术研讨会"。

先生近来体弱，不堪长途颠簸，只好告假，但他还是提交了一篇《以旧志考辨 以新志存史》的文章，在研讨会上作书面发言。

旧志、新志，是相对而言，今日为新，明日则旧矣。然无论新旧，都可用来补史之缺，参史之错，详史之略，续史之无。

9月，《林则徐年谱长编》由上海交通大学出版社刊行，这是该谱的第四个版本，初刊于1981年，34万字；增订本刊印于1985年，45万字；而《新编》则出版于1997年，68万字；如今的《长编》，共有86万字。可见，先生一直在增补。此外，他还身体力行，推动另外两件事：其一，《林则徐全集》编修；其二，建立"林学"研究。

《全集》编委会，成立于1996年，先生作为主要召集人之一，六年后，全集告成，包括奏折、文录、诗词、信札、日记、译编等六个部分，另有书法专卷，共400余万字，皇皇巨著。

"林学"建立，也由先生首倡，并持续推动。

2003年，在江苏泰州姜堰举行"林则徐与江苏"研讨会，会上，先生正式提出为林则徐研究建立专学——"林学"。

2005年11月22日，又在《光明日报》上，发表题为《林则徐研究与林学研究》一文，继续呼吁"林学研究"，林则徐后裔林子东女士在《深切缅怀来新夏先生》一文中，这样说道："可以说，来先生作为著名历史学家，对林则徐研究做出了权威性贡献。"

《林则徐年谱长编》，为晚清人物年谱长编系列之一种，启功师为这本书题写了书名。然启师于2005年去世，如何能在2011年题写书名呢？原来该题签，是他在20世纪90年代初为《林则徐年谱新编》所题，编者又从启功其他书件里，拣选一"长"字，电脑排版，以"长"易"新"，遂成是签。

《新编》刊印时，《林则徐全集》尚未出版，所引资料，散于各书，不易检索。此次《长编》，将原引资料，一一对应于《全集》各处，复注于《长编》里，以便读者检索，并征引利用。当年《新编》，由于成书较急，出现引证不当、编次颠倒、资料重复、叙事欠缺或论断不恰等问题，还有《新编》限于篇幅，对原始资料较长者，如文告、章程等，仅概述其事，未录原文，此次补录完成。

《长编》编著，历时两年，仅成一稿，统一注释，颇费时力，先生不顾年高体弱，独立承担。可以说，这是他晚年最后一部由自己独立完成的编著。成稿后，又请夫人焦静宜，逐字逐句审读，到最后定稿，又过一年——"年近望九"，终于告竣。

遗憾的是，林公五世孙凌青——原名林墨卿，曾任中国驻联合国大使，已于2010年9月辞世，念其嘱托，未能于之生前完成，先生自责不已，但已竭尽心力，唯愿在天之灵，笑纳一阅。

>《林则徐年谱长编》，上海交通大学出版社2011年9月版

> 1998年12月在香港举行的"林则徐与鸦片战争国际研讨会"上,来新夏先生(左一)与林公后裔、福建省社会科学界联合会主席林子东(右二)合影

七、民刊之友

11月5日,应王振良之邀,先生赴南开大学专家楼,参加《天津记忆》百期纪念会。与会者有天津民间文史工作者30余人。

是刊,是一本纯粹的民间读物。

所言"纯粹",乃无一丝一毫官方背景,只是由几个人自发筹集,他们自募经费、自愿编辑。创刊于2008年10月,至此,已经三年整,却能出刊百期。

目此封面,四个大字非常醒目——"天津记忆",为先生所题。打开书页,版权页上左下角有一段文字被编者加了粗体:

> 2011年秋，来新夏先生在天津武警医院休养期间为《天津记忆》百期拟写贺词

内部交流 免费赠阅
欢迎赐稿 没有酬劳
资料一本 聊以为报
纠错指谬 无任欢迎

第一句，说明性质，内部交流之用，没有刊号，也不能公开销售。

二、三两句，殊有"无可奈何"的味道。该刊只是依靠几个人支撑，如张元卿、王振良、穆森等。核心则在王振良个人身上。所辑文章，别说稿费，即使印刷成本，也颇有负担。很多时候，都是王氏个人出资，约稿、组稿、编辑、排版、校对、印刷、邮寄等，大多由他一人完成。

在世俗眼里，办这份杂志劳心、费力、伤财，何苦呢？唯一份热情所在。这本杂志被编排得简而又简,天津文友笑称它是"小白本",但是所刊文章必行计较,每期大多列一主题,选文精粹,如先生及周汝昌等大家,也常常在该刊发表文章,可见影响。

先生发稿渠道广泛,但对这本小刊,则青睐有加,还将《弢盦自订学术简谱》的首发,选在了这里,以资鼓励。这次百期纪念,先生不但躬身与会,还撰文以贺:"我真诚地希望在事诸君能不为既有成绩所陶醉,亦不因一些偶然的缺失而沮丧,不断加强动力,更建新猷,为民间刊物的方兴未艾,进一步做出自己的努力。"

先生对于民刊,情有独钟,王振良说,这是先生的"草根情结"。先生与他,亦师亦友,他毕业于南开大学中文系,好目录、文献之学,藏书约数万册,问学于先生多年,彼此相交甚契。

先生著述,很少请人作序,但其生前最后一部随笔集——《旅津八十年》,却请了他的忘年小友振良君来作序。

除了《天津记忆》,先生还对南京的《开卷》,北京的《芳草地》《书脉》,济南的《日记杂志》,长沙的《书人》《湘水》,东莞的《悦读时代》,海宁的《水仙阁》,泰安的《泰山书院》,包头的《包商书声》等频加关注,或出任顾问,或题签、撰文。

尤可称道者为《开卷》,先生之于该刊,曾一度"起死回生"。《开卷》创刊于2000年1月,月刊,观其作者群,如季羡林、施蛰存、黄苗子、杨宪益、范用、黄裳、何满子、周有光、杨绛、朱正、钟叔河、流沙河等,谁人不曾盛极一时且名满天下?

这本刊物,也是由一人支撑,即主编董宁文。

董君尽心尽力,奈何出版、刊印等成本,越来越高,这本刊物遂因经费问题,三易东家,先生有心相助,在自己所编《邃谷自订学术简谱》的2013年9月16日条下,有如下一则记载:

> 董宁文自南京来津,与振良谈妥《开卷》经费一事,我则居间搭桥任务完成,甚感欣慰。

原来是先生牵线搭桥，使董宁文与王振良接洽，遂由天津问津书院出资赞助，使《开卷》得以维持。

双方合作，由问津书院每年注入一定资金，解决《开卷》经费问题，其他，均由董宁文会同蔡玉洗一道运作。王振良虽为编委之一，只是代表问津书院挂名，从不干预任何事务。

幸甚！与问津书院合作后，《开卷》得以继续保存原有独立，按其既有风格与选题方向办刊……

民间刊物，没有正式刊号，仅以内部交流自怡，先生戏称"非婚生子"，一语中的。

按规定，民刊不得公开发行与销售。但这类刊物，"还是在文人之间流传了，"先生说，"我喜欢读这些刊物，无论是哪个方面寄来的，都有看头。"这是先生在2008年参加"全国第六届民间读书年会暨淄博笔会"上的公开发言，他支持民刊，并予举例说明，例如某些老作家，从前经常读他们的著作与文章，后来沉寂了，却能突然在这类内部交流的杂志中读到，仿佛"出土文物"，"读起来非常有味儿，是你想听的话，说的都是他心里头想说的话。"

对于民刊的作用，先生认为，这类刊物，因是内部交流，少受外界干扰，所言无甚忌讳，因此，往往更能贴近真实，故其今日之文，作为明日研究者所参考之史料，比官刊更有价值。

更何况它还有一种向心力，吸引民间读书人。

王振良曾经统计了一下先生的通讯录。先生晚年，德望越来越高，名气越来越大，而相交之友却愈发向下，名人名家所占比例越来越低，而中青年学者甚至是民间文史爱好者，越来越多。

这不是怪现象，而是先生文化个体性的自觉。

到了晚年，先生阅世，视角向下，提携后辈之心，常在念中，而将自己一生所学反哺于民，亦使他转向"求诸野"。

社会学术繁荣的重要标志，是民间学术繁荣，而非象牙塔里学术繁荣。象牙塔里学术繁荣，可以代表学术的高度，而民间学术繁荣，才能代表学术的广度。许多学术课题的展开和深入，往往从民间肇始，而民间学术，一般

> 2008年10月，来新夏先生在淄博参加第六届民间读书年会后，游览周村老街时，推车忆当年

具有非功利性的特点，因此动力机制更加完善，具有恒久的活力，给学院派提供了取之不尽的养料。

但他同时也强调，民间研究，并非完美，其先天不足之处，在于"方法的科学性"和"思考的制高点"均有不足。

2012年 —— 90岁

一、九十"不辍"

2012年，先生90岁，乃大寿之年，又逢执教65周年，可谓双庆。

先生寿诞，本在农历六月初八（公历1923年7月21日）。当年笔误，填写身份信息时，出生日期写成公历6月8日，身份证号码遂有"0608"字样。但他人不知，故祝寿多在公历6月8日，先生也不解释，将错就错，刚好避开酷暑，就这么过了。

为先生贺，当以书贺，书有四种，分别是《来新夏随笔选》《不辍集》《友声集》《天津记忆·九秩弢盦》。

《来新夏随笔选》，由赵胥选编，繁体竖排，谢辰生先生为之题签，由朴庐书社刊行。翻开书页，一方闲章特别醒目，钤曰"萧山来新夏教授九十初度暨执教六十五周年纪念"。

这本书，共收先生随笔136篇，分七卷。卷一问学篇，卷二书序篇，卷三书评篇，卷四讲谈篇，卷五掌故篇，卷六阅世篇，卷七吹求篇。综合七卷，无非三类：知识性、抒情性、叙事性。

> 2012年4月，90岁的来新夏先生在书房留影

赵胥是中央美术学院壁画系教授，曾为先生作一巨幅油画像，高约1.5米，悬于邃谷书斋。此君与先生本无瓜葛，他们相识于2009年。彼时，赵胥获得一份饶宗颐先生于1944年所作的长诗诗稿，希望先生能为这个诗稿作一题跋，遂投书以问。

先生回信解释："我本不善书法，加以年高（87岁）体衰，目眊手颤，毛笔字写来甚难看，附于饶公诗后不啻佛头着粪，至祈免于出丑，如实需作此，硬笔是否当意？"已然婉拒，但句句真诚。而赵先生仍然坚持，再投书一封，不意先生竟然直接打电话过来解释，最后还是应允了，不但用毛笔恭题，而且几乎写满纸页：

饶公学识优长，士林共钦，诗词尤称名家。余钦慕既久而缘悭识荆。近北京赵胥君见惠饶公赠石渠先生诗手迹印件，命题其尾。二老共事国专，同历艰辛。饶诗写于甲申岁暮，即民国三十二年十二月，当为公历一九四五年一、二月间。至今殆逾周甲，读之犹若面对，亦以补未获一面之憾。周、冯二公书文并佳，书跋为原诗增色。余不善书，近年体衰目眊，春蚓秋蛇，更难当贤者之目。婉辞再三，赵胥君执意命题，情意难遣，率而作续貂之笔，聊志与饶公之书缘尔。

己丑嘉平题，应赵胥先生雅属
八七叟萧山来新夏题

这是二人相交之始，先生慷慨如斯。

赵胥欲为恩师杨仁恺先生编辑书信集，内中有涉及启功者，需与启师后人取得联系，于是，又向先生求助，为其推荐。先生应允，致信启功师内侄章景怀，信中荐言：

> 中央美院赵胥先生系杨仁恺先生入室弟子，为弟多年交往小友。生性好学，极重师道，素知杨先生与元白师（启功，字元白）颇多交往，友谊甚笃，往来信函较多。赵先生为汇集杨先生致启先生函，如您手头有此类资料望能允其复印保存。

"多年交往小友"，从何说起？彼此相识于2009年，而此函推荐，作于2010年，仅一年而已。却能如此情重！

谢辰生，谢国桢师幼弟，中国文物学会名誉会长，曾任郑振铎秘书，主持起草1982年《中华人民共和国文物保护法》，撰写《中国大百科全书·文物卷》前言，首次提出文物定义。

当年，先生在谢家读汉唐史，写作《汉唐改元释例》，而谢辰生在北京读书，周末回家，故常遇见，两人年龄相仿，交往自多，谈天说地，所谈除了共同对历史的偏好，便是如何救国。

> 2008年11月在"首届中国文化遗产保护天津论坛"上,来新夏先生(左)喜逢少年时朋友、国家文物局顾问谢辰生(右)先生

1942年,谢辰生离津,赴延安,先生高中毕业,去辅仁大学读书,再见面,已是白头翁,时在2008年11月,在"首届中国文化遗产保护天津论坛"上,两翁相晤,可恨匆匆,70年离别,一言道尽,此来为《随笔选》题签,是老友之间难得的留念。

《不辍集》由商务印书馆出版,所收文章,系先生从80岁至90岁间所作。十年之间,成文200余篇,选91篇,分6卷。卷一"议论",卷二"书序",卷三"书评",卷四"人物",卷五"谈故",卷六"忆往"。另有附录一篇,题为《一蓑烟雨任平生》。

稿成,始名《杖朝集》,夫人焦静宜以为不妥,"十足傲气,不宜使用";又改《不凋集》或《后调集》,似乎仍以高年而傲人;再拟《半途集》,取"行百里者半九十"之意,又恐误以"半途而废";最后采取夫人的建议,议定《不辍集》,取意"笔耕不辍"。

《友声集——来新夏教授九十初度暨从教65周年纪念集》,由孙勤主编,

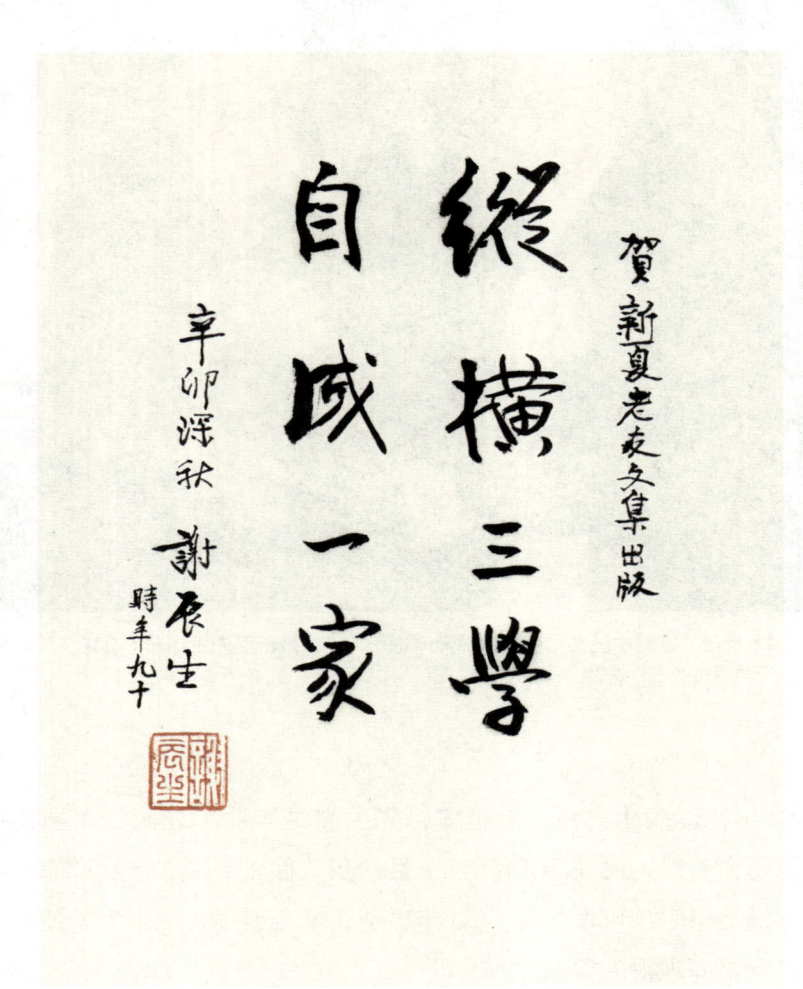

> 2012 年，谢辰生先生为来新夏先生题字"纵横三学 自成一家"

中华书局出版。孙勤女士，系萧山图书馆馆长，本书之文，多为先生挚友所作，所述皆与先生相关，或评作品，或述交谊，或记人生，分上、下两卷，上卷，涉及著述与事功，下卷，记录交往与友情，后附孙伟良撰《来新夏著述提要》，以备检索。

《天津记忆》也出了一期纪念，曰《九秩弢盫》，收有宁宗一、高成鸢、郭凤岐等 18 位学者所作评述及回忆文章，长短不一，专为本次活动所撰，另收贺联、贺诗若干，共约五万余字。

贺寿活动，分别在萧山和天津两地举行。

5月21日，萧山举办"来新夏教授学术思想研讨会暨九十华诞庆典"，与会者近百人。6月1日，南开大学图书馆举办"一蓑烟雨任平生——来新夏九十初度著述展"。6月8日，南开大学主办"来新夏教授九十初度暨从教65周年学术研讨会"，与会者二百余人，一生事业，皆在南开，会上，先生感慨，过往历历，皆在目前，九十人生路一半，誓曰：有生之年，誓不挂笔，敬请监督！

二、谁是《封建论》第一作者

寿诞之庆，有人议论。

对寿庆本身并无异议，皆弟子、亲友共同心愿，先生也想借此对自己的学术人生作一总结。

问题在于，应该在本年庆贺，还是明年呢？

主张于今年庆祝者，依虚岁而论，而主张明年庆贺者，依实岁而论，一时难有决定。

关于虚岁、实岁之议，其实早在2002年庆祝先生八十寿诞时，就已经存在，如今旧事重提。

萧山俗语，"男虚女实"，论年龄，男以虚岁，女以实岁，故先生以虚岁应之，本为习惯，但既有争论，便要考证。

于是，先生又谈了两点论据：

其一，历史学编年纪事，某人出生，即为一岁；其二，虚岁以农历（夏历）记日，四年一闰，累计48年，增加12个月，便可多计一年，故某人49岁时，就可以过50大寿了。虚岁，常用"行年"或"初度"，故先生90虚岁，又被称为"90初度"。

实际上，先生连自己的生日都可以由农历六月初八改为公历6月8日，

> 2012年6月8日，来新夏先生在"南开大学来新夏教授九十初度暨从教65周年学术研讨会"上致辞

足证他对这些说法其实并不介意。

对于生日，先生另有一种纪念："哀母之痛"。生日于己而言，是新生；于母而言，是再生，所以说："在人生道路上，走了九十年挺不易，也很累，但生死有命，什么时候是个头，自己说了不算，听天由命吧！但九十年岁月还是值得庆贺，需要报恩……"

7月2日，先生得罗刚峰君一信，言及《封建论》。

读完这封信，一段三十多年前的往事，涌上心来。

二十世纪八十年代初，曾有一位南开大学的德国留学生，请教《封建论》及其作者，先生脱口就说，《封建论》作者是唐朝柳宗元，并介绍了柳氏生平、作品、学术等，而那位德国留学生却连连摇头，原来他询问的并非这一篇，而是明朝柳稷所撰《封建论》。

这一下被问住了，先生真诚，"知之为知之，不知为不知"，只能婉辞，曰"查以资料，容后再予答复"。

先在《古今图书集成》中，找到柳稷一文，接着查《明史》，无记载。

又寻明代传记数十种，均无获。然于《明清进士题名录索引》中得一信息："明正德三年进士，南充人"。

一查四川《南充县志》，便知柳稷生平。

1990年7月，先生赴烟台参加"中国地方志与文献研究会"。会上，先生列举此事，在座者中，即有罗刚峰。

罗君，籍隶四川，对故土人物，颇有留心。

会后，罗刚峰返川，继续追问《封建论》，为此，他专门查阅了清嘉庆《四川通志》，在卷百四十七《人物志·人物》第四十四篇上找到相关记载。此后依旧留心，又在《古文渊鉴》卷第三十、卷第三十七中，发现了李百药和柳宗元的《封建论》。

两位作者，在时间上，柳晚李一百二十余年。

李氏书卷第三十、第三十六篇上版天头，徐乾学以朱笔批曰："封建不可复行，自是气运使然，议论纷纷，大率胶于成说而不能权之情理耳。斯论既出，柳宗元、马端临继之，始有折衷矣。"也就是说，在柳宗元之后，复有马端临写过此文。

先生不禁感叹："观天下书未遍，不得妄下雌黄。"特将此事写成《天外有天》一文，发表在《中华读书报》上。

三、生死之际立定"生平"

10月，方晨光先生所著《湘湖史》出版，先生为之序。

彼此年龄相差悬殊，先生长于方氏近四十岁，却以"忘年乡友"相称，且连续为他三本著作写序，分别是《文脉湘湖》《水脉萧山》《湘湖史》三种。

"三序"之情，近乎仅有，彼何人也？

方氏籍隶萧山，为乡友文士，特重那一方水土。

湘湖，东邻萧山城区，南接义桥，西濒钱塘江，北接滨江区。"山绕湖转，湖傍山走"，且有距今8000年的跨湖桥遗址。先生将湘湖比西湖，认为绝不逊色。明人张岱也这样认为，他在《明圣二湖》中有语："余弟毅孺常比西湖为美人，湘湖为隐士，鉴湖为神仙。余不谓然。余以湘湖为处子，眠娗羞涩，犹及见其未嫁之时。"

先生眷恋湘湖，至于何种程度？《湘湖史序》，已明心迹："在湘湖荒原获一方小土，立一'读书人来新夏碑'与湘湖相伴。"他甚至想到在自己百年后，归葬于此。夫人焦静宜对方晨光说，这是藏在先生心底的话，就连对她都未曾提及。

死生之事，何等沉重！怎忍唐突对夫人说呢？

但毕竟年高，身后事不得不想，在为乡友所作的序文中，遂发一愿，其实也是一种托付。飘零太久，想落叶归根。

方晨光当年任职萧山图书馆，为促成"来新夏著述专藏阅览馆"，曾于2006年7月中旬来访邃谷，先生有意捐书故里，但具体捐给谁，如何处置，尚无定论。故方氏此行，至关重要。

步行至南开北村，来到邃谷，为一老旧小楼，屋内陈设亦简，印象最深的，仍是满屋图书，除了厨房，就连厕卫都有书。

著述专藏馆之事，方晨光尽其心力，书架摆放、展馆布置、展板设计，均亲力亲为，其间，压力仍然不小。如一展区，题为"来新夏先生生平展"，便遭非议，先生尚在，身体无恙，却以"生平"来说事，这是什么意思？闻之欲改，但先生不以为意，坚决不改。年已八十开外，诸事砥定，何妨"从心所欲"？

董道不豫，可谓知己。他们都有一种萧山人的执拗，当其一问，何以死人有"生平"，活人反而没有？"生平"二字，本来就是以"生"立言，反倒变成了死人的专用，岂不怪哉？先生一坚持，这两字便怒目金刚式地立了起来，生死之际这么一立，拨乱反正。

方晨光当年，在跨湖桥遗址上，也这么立过一回，在做了一次抢救性发掘后，因收获不大，该遗址就被忽视了。2000年，砖瓦厂推土作业，他在现场发现，有文化土层裸露，便立即上报。一开始，主管部门并不重视，仅拨款五万元，这如何够用呢？很多人犯难，甚至打算放弃，而他却力挺，又筹集了十八万元，维持发掘。

就这么维持一下，一个8000年前的文化类型，后来就化作一座遗址公园和一个博物馆出现了，遗址内，出土了一条最古老的中国独木舟，证明了中华文明中有着独立的海洋文化底蕴。

还有一次，萧山计划修建"03省道复线"，召开"工程可行性方案"论证会。作为博物馆方面代表，方晨光提出意见，认为该路线经过"茅湾里印纹硬陶遗址"，根据《中华人民共和国文物保护法》，应报请国家文物局批准，如果遭到破坏，不但于法不容，而且无颜以对祖先。

茅湾里窑址，是西周至战国时期烧制印纹硬陶及原始瓷器的遗址。该窑，乃古越先民重要文化遗存，也是萧山作为中国瓷器发源地之一的实物证据。但修路可富民，保护遗址能当饭吃吗？

有领导想不通，仍持原方案。又一次论证会。

领导来了，以严厉的口吻作开场白：大事已定，不需论证，"请你们做好省文物局的工作，这是你们的责任"，言下之意，线路方案不能更改。发言不到两分钟，就突然点名方晨光与另一位文化局领导，说："你们两人现在可以走了，去做好交办的任务。"就这样，两人被请出会场……但是，有了他们的坚持，最终路线还是改道。

关于此事，方晨光曾述之于先生，得先生嘉勉。

但先生关心他的，不但有关公务，更在于他是一位公务员中的学者，从政不忘学业，在《文脉湘湖》序中，先生曰：

> 晨光历任公务，而能于公私丛集之暇，敏而好学，行有余力，则日以治学著述为业，于当前公务人员中实属难能。晨光既以湘湖为专攻，则随湘湖日益发展、更新，而研究探讨当有更大进展，而为地方文献领域增一专家。

先生惜才，读方氏《水脉萧山》，赞曰"命题之确切，史料之翔实，结构之谨严，叙事之流畅，文字之干净"，皆有可法。

尤可令人效法者，"在于写地方小史能抓住根本，并以之为中心，历历如绘，生动别致，为史学著作辟一新途径。"

关于文化传承与经济发展的关系问题，先生特撰一文，题曰《谨防"文化跛足"》。跛足，即腿残，经济与文化为双足，足健则致远，足疾则畸行。文中，先生仍以家乡为例。他赞叹的是，萧山"高楼林立，各业繁荣"，经济发展有口皆碑，排在全国百强县区之列。但遗憾的是，文化发展相对于经济而言，略显不足。例如，他参观围垦造地的新红山村，此处原来是坍涨不定的沙地，如今别墅成排，但富足之余，竟无一户室内有书架之设，"看不到一点文化痕迹，嗅不到一丝文化气息"，于是疾呼，不可"文化跛足"也！

2013年 — 91岁

一、两层情分的缘分

2013年,先生91岁。

时光荏苒而不复,倏忽间,一岁又除。

元旦晨起,与夫人互贺新年,开始新的一天。

夫人独立惯了,喜欢慢悠悠地生活,想什么、做什么,比较随性。而先生则不同,是个急脾气,无论做什么事情,都希望能尽早完成。他的生活很有规律,座椅、文具的摆放,甚至厨房的布置,都要按照他的要求,而作息时间之类,也都非常明确。

晨7点起床,洗漱后用餐,再沏上一杯茶,开始写作。一上午,基本都在工作;12点午餐,饭后休息,下午2点起床,看报、看电视,接待访客;晚6点用饭,再看《新闻联播》,从前还会坚持在晚上写些东西,但现在心脏负荷不了,遂予停手,简单翻翻闲书,在夜里11点前上床休息。这是条条框框,夫人必须配合。从前闲适的生活步调,现在突然紧张起来。例如外出,她每次都要对先生讲一下,要去哪里,做什么。忍不住诉苦,没有自由了!

"哪里没有自由呢？"先生会反驳她，"问你去哪里，这是关心你，至于你要干什么，我又没有干涉，你这样讲话，多让人伤心？"即使这样，玩笑式的龃龉，也基本都是夫人妥协。

结婚时，虽然说了要平等，可在她内心中，还是觉得丈夫更像自己的老师多一些，夫妻之情外还多了一份师生情。

夫人在出版社上班，工作忙，于是，都是先生下厨。论厨艺，先生比夫人更胜一筹，自称喜欢美味，才有好手艺。

即使晚年，体力已大不如前，若有客人来访，他还是要搬着椅子，坐在厨灶前调和五味，把做饭当作一种享受，但有一样，他做饭经常糊锅，有时开了灶火，又去忙别的，饭就烧焦了。

他还会熬制阿胶，每年都会亲手为夫人熬。

阿胶是他让学生从山东买来的。他对夫人说："在我奶奶在世的时候，我就给我奶奶做，后来给我母亲做，当然也给我的老伴儿李贞做，现在给你做。"做法是，先把阿胶砸碎，再用黄酒泡两天，用筷子搅动，再隔水去蒸。为了做得好吃，在里面再放些核桃、枸杞之类，蒸好后，拿出来，放在外面凉透，最后，再放入冰箱，冷凝成果冻状。虽然麻烦，但每年一入冬天，他必与夫人操持。

先生留有遗嘱，夫人未置一词。"你也提提意见啊，怎么什么也不说呢？"先生忍不住问，夫人却道，无要求。履行遗嘱，由新阳先生主持，子女及夫人同在，听新阳宣读，并无异议。

常有人说，先生高寿，得益于夫人者良多。

而夫人却说，先生自强，无论工作、生活，凡能自理者，从不假手他人，至老如斯，直至临终前，才需别人扶助。

因为心脏不好，再加上腿脚不便，先生不愿下楼。夫人就督促，每天都要散步。于是，南开园里，大中路上，马蹄湖畔，清晨，或傍晚，夫人推轮椅，先生坐在上面，如果想走走，他就站起身来，扶着夫人的肩膀，而夫人则搂住先生的腰，来回踱步。

有人看了，很羡慕，说这老两口，越到老，关系反而越亲密。其实，夫

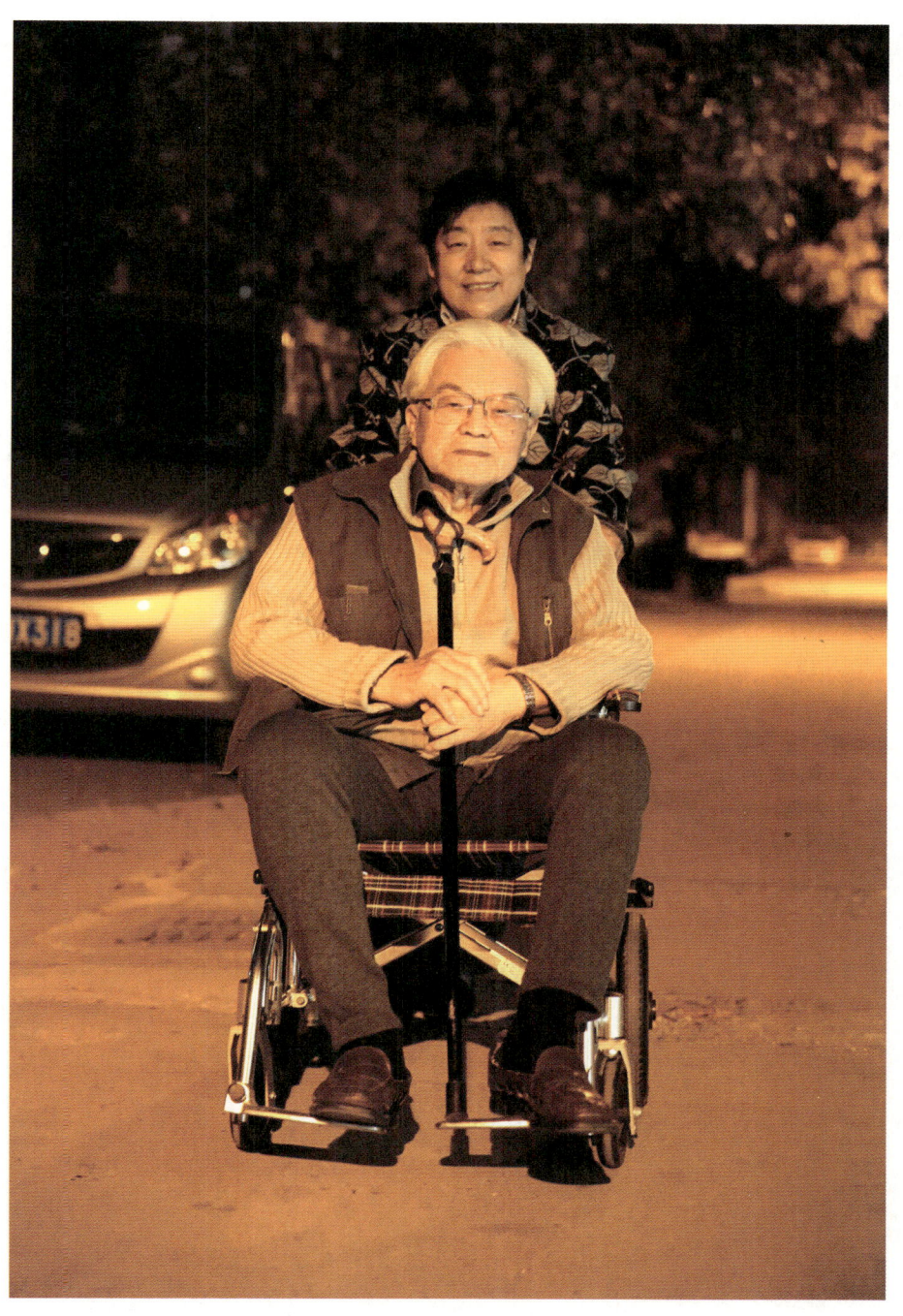

> 2013年10月22日，是来新夏先生与夫人焦静宜结婚九周年纪念日，二人散步时合影（这是来先生此生与焦夫人最后一张合影）

人是担心先生摔倒,因此寸步不敢离开。

她的书房,与先生的书房正对门,一看见先生想动,她就会立刻跑过去,然后,扶先生起来,绝无一点儿迟疑。

若要外出,买菜或生活日用品之类,夫人尽量选在晚饭后,因为晚上少有客人,是先生读书的时间,她会把茶水给准备好,放在先生手边,一切料理妥帖后再出门,匆匆去,匆匆回……

做这些,夫人自然而然,觉得都是应该的:"先师生,后夫妻,两层情分加在一起,就是缘分。"唯真爱能默默如斯。

二、太史心传

1月9日上午,先生校订《〈太史公自序〉讲义》。

这是定稿之前的最后一次修订,取王国维《观堂集林》作参考补充,增补稿中缺字若干,历时四个小时,终于竣事,原题拟作《〈太史公自序〉笺释》,例仿高步瀛《史记太史公自序笺证》。

初稿成于1963年,后又不断增改,历五十余年,其中辛苦,当可想象。20世纪40年代,先生读史于谢国桢师家中,谢师叮嘱,欲读《史记》,先读《自序》,得其要,再读纪传书表。

及至求学于辅仁,陈垣师同样建议他再读《史记》,而且还是要求先读《自序》一篇。此为先师共识,遂潜心研读。

《太史公自序》为《史记》最后一篇,全文万余字,祖述家世,从颛顼起述,叙其裔脉源流,并记迁父司马谈之"论六家要旨",兼言《史记》之缘起及体例,概述纪传志表等各个篇目。

该篇提纲挈领,一览之后,便知《史记》大体。

可以说,《自序》就是《史记》一书的目录提要。

如"曹子匕首,鲁获其田,齐明其信;豫让义不为二心,作《刺客列传》第二十六",曹沫用匕首劫持齐君,迫其归还鲁国土地;豫让为主复仇,不惜毁容自残以近仇人。友劝其假投诚，伪侍赵襄子，寻机刺之，豫让不可，若委身事人，那就不应再有二心。

如此释来，又列众疑，涉及曹沫名字究竟，挟持齐桓公之事有无，以及归还日亩多少等，复加"愚按"，由先生来确认。

此句正文，原仅35字，而先生释文达700余字。

注释包括释词、释语、释意等，附列众人看法，其个人见解，则以"愚按"。综核全篇，"愚按"约百条，分为五类，或解释章句，或补充内容，或表明观点，或考辨正误，或存之疑问。

如"笺释"第277条，"愚按"竟如是说道："项羽按例不应入本纪，而司马迁为他立本纪，并着重渲染英勇风采和反秦功绩，其目的显然是扬项抑刘，并表明其不以成败论英雄的意旨。"此即所谓"太史心传"，由此可见先生与太史公思相接、心绪相通也。

"愚按"之于正误，尤见先生治学能"尽精微"。

如《自序》中有"嘉旦《金縢》，作《周公世家》第三"一句。意思是说，同武王病了，周公告太王、王季、文王之神，愿以身代，并将告册藏于金匮，武王病果愈。此"金縢"，为藏于金匮之意，而在中华书局点校本中标有书名号，意思是篇目的名称为《金縢》。先生以为，这里显然有误，于是在"愚按"中，建议删去。

又如，《自序》中有语"民倍本多巧，奸轨弄法，善人不能化，唯一切严削为能齐之，作《酷吏列传》第六十二"。清人方苞《史记注补正》以为"辞若褒美，而义存讥刺也"。先生则在"愚按"中反驳说："方氏所言略泥，司马迁此语似有褒酷吏惩豪强大猾之功而怜悯他们得'酷吏'恶名之不得已。"

以"愚按"存疑，不掩己之不知，不武断于未明，设有疑问，则提出，如《自序》中有："武王克纣，天下未协而崩。成王既幼，管蔡疑之，淮夷叛之，于是召公率德，安集王室，以宁东土。燕哙之禅，乃成祸乱。嘉《甘棠》之诗，作《燕世家》第四。""愚按"设疑曰：司马迁为每篇记、传、志、表等所作小序，多与所指示的原篇吻合，而唯独此篇与《燕世家》原文相比，除"燕哙之禅"及《甘棠》诗"外，其余纪事缺载，不解其故，唯待有识之士申明……

先生年高而目眵，征引资料不易，再加上病患侵寻，健康状况亦不相容也，故进展缓慢。至此时定稿，得文近 7 万字，笺释 753 条，如果单独成书，规模仍显不足。但该文已经基本完备，先生便不再执着，遂将此稿易名为《〈太史公自序〉讲义》，自谦"浅陋"，不敢以"笺释"名篇，最后发表于《中国典籍与文化论丛》中。

三、师承笔记

1 月 17 日，陈垣师文孙陈智超打来电话，说他正在整理陈垣师遗著《中国史学名著评论》，希望可以将先生早年求学于辅仁大学时期的随堂笔记附入其中，先生当即表示同意。

《评论》一书，本非为著述而作，其实是陈垣先生授课时的讲稿，文辞简约，类于提纲。这个提纲作于 20 世纪 20 年代后期，彼时，陈师在燕京大学、北平师范大学开设此课。取史学上经典著作，加以批评。每书举作者之略历，史料之来源，编纂之体例，版本之异同，以及后人对该书的评价等等，以为学者读史之先导。

陈智超至今仍保有此稿手迹，毛笔竖行，也有少量钢笔记录，写在燕京大学"点名成绩记录簿"上，共两本。他之所以想将该稿整理成书，公开出版，目的是想向世人昭示陈垣先生在教育、教学领域的思想、方法等。

但是，此稿很难独立成书。因为这是授课大纲，仅为线索之用，许多重要内容都没有记录下来。陈垣凭此讲授，而成稿在胸，在课堂上挥洒自如，但是于讲稿本身而言，很难完全反映出他的治学与教学全貌。

所幸有先生当年的课堂笔记作补充，将"讲稿"与"笔记"交互阅读，再参以陈垣所记的教学日记，内容当可丰满矣。

下面仍以《史记》为例，略作说明。

陈垣"讲稿"，原文如下：

《史记》一百三十卷　司马迁，夏阳人，今陕西韩城地。纪、表、书、世家、传。《汉志》著录春秋类，称为"《太史公》百三十篇"。史公《自序》亦只称《太史公书》。《隋志》始称《史记》。《史记》之名盖起于魏晋。《世本》《国语》《国策》《楚汉春秋》、诸经、诸子。卷五四《曹参世家》、九五《樊哙》等传、九八《傅宽传》皆据档案。宋裴骃《集解》八十卷，骃，裴松之子。唐司马贞《索引》三十卷，《读书志》入史评类。张守节《正义》三十卷。

这段文字计有二百余，文字极简，而先生"笔记"关于这段的记载共有二千一百余字，分为五个部分，分别是：名目之由来，史料之来源，编纂之体例，文章之得失，版本之异同。

"名目之由来"中，"笔记"与"讲稿"记载稍有不同。"讲稿"中记"《史记》之名盖起于魏晋"，而"笔记"则是"东汉末始定为专名。"前者为推测语气，后者则是肯定。至于魏晋与东汉末，在时间上虽然相近，但仍有很大差距，这大概是因为"讲稿"作于20世纪20年代末，而"笔记"始录于1943年9月。在这段时期内，陈垣先生不断更新知识，随时修改，遂于此处留一痕迹。

关于史料来源，"讲稿"所提，乃典籍与档案，而"笔记"所录，则又增加了"见闻"与"游历"，如《项羽本纪·赞》中"吾闻之周生曰'舜目盖重瞳子'，又闻羽亦重瞳子。羽岂其苗裔耶？何兴之暴也"，此由"闻"之而来；《游侠列传·郭解传·赞》中"吾视郭解，状貌不及中人"，此为"见"之所得，而《武帝纪》中"余尝西至空桐，北过涿鹿，东渐于海，南浮江淮"，则是游历得之。

据先生"笔记"可知，当年，陈垣师在课堂上，对于《史记》不足之处，也时有议论，指出司马迁与刘邦所距不远，竟然未考证出刘邦父亲的名字，这实在不应该，而后世《新唐书》考证"高祖父名瑞，字执嘉"，这是根据刘氏家谱而来，并不一定可靠。

至于编纂之体例，"讲稿"仅仅一句带过，"笔记"则对"本纪""表"

"书""世家""列传"等一一解释分明。

关涉《史记》一书的文章得失,"讲稿"无述,而"笔记"却有专论。列之三部批评较客观者,分别是北宋倪思《班马异同》、明许相卿《史汉方驾》、金王若虚《滹南遗老集》。并略述每部作者、卷数及批评重点等,如论《滹南遗老集》,其"卷九至十九共十一卷,专讲《史记》辨惑,批评《史记》坏处,寻之隙漏,共分十类:一、采摭之误;二、取舍不当;三、议论不当;四、文势不相承接;五、姓名冗复;六、字语冗复;七、重叠载事;八、疑误;九、用'而'字多不妥,用'于是''乃''遂'多;十、杂辨"。

关于版本异同,"讲稿"仅论及三家注,而"笔记"则增列如竹简隶书本、卷纸本等古本,又列通行本三家注之各种版本,如明监本、同文石印本、百衲本,再列清人考证《史记》之书。

陈垣师讲授《史记》若干版本时,言及"三本",据先生"笔记"载:"版本分为三大类:(一)古本。原本,祖本,最早而要紧之本。(二)校本。(1)对校本,以古本与现本校其不同者;(2)精校本,经学家详细考校之本。(三)注本。读时较便。"

所以,纵列"讲稿"与"笔记",参照互鉴,使读者仿若身临其境,仿佛就在当年的课堂之中。

对比之后,可以得出两点结论:其一,陈垣先生学识渊博,手持片纸,而文如泉涌,如有关史记版本、体例、得失等,在"讲稿"中一笔带过或者根本未曾着之一字,这里大部分的内容,皆为腹稿,且在教学过程中,能随之所遇,即兴旁引相关知识,以广学生视野;其二,先生"笔记"条分缕析,所记内容与陈垣"讲稿"相比,一一吻合,并且更为丰富,足证先生治学之谨,用力之勤。

其实,整理这篇课堂笔记,颇不容易。当年,先生誊清记录,将笔记装订成册,虽历经劫难而幸存。但珍藏多年,纸页酥脆,而身处高年,眼花手颤,进行困难。他在3月18日的日记中札录一条,言之苦状:"核对引文颇费神,体力不复当年,可叹。"

此刻,健康已经预警,但仍咬牙坚持。将笔记旧稿加之标点,再补之注释、订之错讹，历时三月余，终于不负所托。

《中国史学名著评论》一书于2014年1月由商务印书馆出版，全书正文167页，先生的听讲笔记（1943年9月至1944年6月）即达85页，占了一半篇幅，书成，先生甚感安慰，可告慰恩师也。

四、序言风波

3月5日，先生撰《悼伯良》一文。

对某些人恃权欺人，发以不平之鸣。

稿成，录以三份，一份呈送陈伯良夫人何晓云，以慰思念；一份付以某君，希望他能够将这篇文章收入陈伯良纪念集中，以表心意；再焚一稿，以祭伯良，释其为他人作嫁衣的烦恼。

先生嘱咐某君，若以该文入于纪念集中，务必"全文收录，不得删节。若心存顾忌，宁可一字不收"。

91岁的老人，何以动之如此肝火？若非不义太甚，当不至于此。

事情还要从一封信说起，内容如下：

来新夏教授：

您好！我是陈伯良家属何晓云。今年8月20日下午（近傍晚）伯良因事外出，回来时天快晚了，匆忙间乘错了车，下车时迷失了方向，跌入河中溺水身亡。这是非常非常的意外。

伯良走后，他留下来的未了事宜，最近我在陆续为他整理。去年（2011年）伯良把他在历年来收集积累起来的有关海宁的文史资料想汇编成一本《海宁文史丛谈》，并要求您为他写了《序言》，后海宁政协把这些资料要去说："由海宁政协出资去印刷出版，作为政协的政绩。（应2012年政协要换届了）"这伯良没有反对。

就在您写来的《序言》中，政协看了，认为突出伯良的事写得多了，应把政协工作放在首位（是政协经办人这样说）。要伯良把这个《序言》寄还您修改，这可难煞伯良了。还说："《序言》不修改的话，这个《序言》不能用到这本书里。"伯良回答他们："写来序言要求修改或重写，这太（不）尊重人了吧？教授辛辛苦苦写了寄来（要谁写还是你们建议的），不满你们的意，就随便不用。不用随你们便，但我稿子要回，宁可不出书。"这样僵持了些时间，政协稿子（即资料）不肯还，后来书印出来了（有了二个序言）。

今寄上一册《海宁文史丛谈》请收。

敬祝

身体健康 精神愉快！

伯良家属何晓云上
2012年12月15日

这封信的原件现收于先生夫人焦静宜处，除修改个别标点符号外，一字不遗地誊录，以存真实。

读这样的内容，让人如何平静？

陈伯良（1925—2012）者，先生老友也。浙江海宁人，号卓庵，别署靳予。抗日战争前，肄业于海宁中学，后在家乡海宁盐官镇教书。1950年夏毕业于杭州新闻学校，在《浙江工人报》负责文艺组，工作六年，后因历史错案而离杭。1981年平反改错，1984年起任海宁政协委员，曾任海宁政协文史委副主任，1985年在海宁中学离休。伯良倾心文史，尤好乡邦文献，著有《海宁文史备考》《海宁文史丛谈》《穆旦传》等，擅篆刻，辑有《陈伯良印存》。

先生与伯良君相识于20世纪80年代。

彼时，先生任南开大学图书馆馆长。陈伯良致信借书，词义恳切，令人感动。另外，先生祖父来子裕恂公早年任职于海宁中学，而陈伯良亦曾在这里执教，这又是一层缘分。每有所思、所作，辄寄于邃谷，先生不吝，坦诚奉告，书信往还，渐渐相熟。

2005年，陈著《海宁文史备考》，先生勉为题签曰："我素不擅书法，加以年高，右手微颤，各方索题，多被婉拒，而伯良之请，义难相拒，乃择阳光充足之日，凝神定心，为题书名。"

在《愤愤不平为伯良》一文中，先生回忆："整整三十年，伯良为官方编纂有关海宁地方文献著述达二十余种，其中有多种被戴上所在单位的官帽，我常嘲笑他是依人作嫁，他则默不作声，也不以为意，而我则愤愤为伯良不平。"可这一次他不再沉默。

关于荣辱，于己可忍；于友则不可不鸣！

陈公遂言，书可以不出，序言绝不可换！

先生读陈夫人来信，泪水泫然。老友身故，自是一悲，而某些人如此行事，更是令人气愤。信中所谓"序言"一事，发生于2011年春夏之交。陈公新考方就，求序于先生，先生于溽热中，挥汗撰文，寄出，却如石沉大海。原来此中竟有如许波折。

2012年4月，先生将这篇《〈海宁文史丛谈〉序》收入自己所著的《不辍集》中，公开出版。至此年12月，才从陈夫人何晓云处得来《丛谈》的正式刊本。

将《不辍集》所载之序与《丛谈》之序两相比照，有一处明显不同。先生《不辍集》中原稿曰："近年，时闻伯良仍在为乡邦文献尽力，所写篇什，又积有成数，成《海宁文史丛谈》一书，顷得专函来告，并邀为新作写序。"而《丛谈》序中，"顷得专函来告"后，被人突兀增之一句，"海宁市政协决定编辑专集出版"。是谁所增？如今两位当事人俱已仙逝，不可确考，但若推测，不外乎两种：或者是陈公自己，若此，则是无奈；或者为他人所越俎代庖。

无论是谁，这句算是化解了尴尬，先生序文得保，而是书亦顺利出版。但是，这句并不是"荣誉"。关于某单位的功绩与帮助之类，陈伯良已经在此书《后记》中详细写明，何必一定要在先生的《序言》里强塞硬挤？难道凡有记处，必予歌功颂德？

先生难抑其愤,将悼文公开发表,后又收入自己所著随笔集《邃谷四说》及《书卷多情似故人》中,此举,得罪了许多从前的朋友,但他仍然义无反顾。他在给陈夫人的回信中说:"我已过九十岁,所幸还不糊涂,我有生之年要用笔写那些丑恶。"

五、为思想者哭

4月3日,倦极,先生靠在床头。

随手拿起一本小册子,闲翻起来。

这是张梦阳先生自印的一首长诗,书名为《谒无名思想家墓》,前几日邮来,随同寄来的还有一本散文集。张梦阳先生是研究鲁迅的专家,与先生相识多年,他1945年出生于甘肃天水,祖籍山东临清,任中国社会科学院文学研究所研究员。

先生闲翻,但仅仅看了几页,精神立即抖擞,遂聚精会神,一字不遗地读完。这首诗描写一对恋人"苏格拉底"与"俏儿",在特殊年代里,因"成分不好",相爱而不可得。

"苏格拉底"因"思想问题",被北大开除,遣回农村务农,却仍不"安分","常思奋不顾身,而殉国家之急",上书官方,论"农村生产力与生产关系",这是再犯旧罪,当然授人以柄。而"管校代表"想要强奸"俏儿",作为有骨气的男人,他大打出手,于是,蒙冤入狱,病重而无人医治,困死狱中。那"俏儿"却也不肯独活,竟自焚于土窑,以殉爱人……

张梦阳说,这是一个真实的故事,为了让后人记住那个年代,记住那奇男子与奇女子,"我在来日不多的有生之年,以最快的速度,平实的文字,写就这部不像诗的长诗"。

先生掩卷,这诗"拨动了我的心弦,终于让感情的死灰复燃。我感动了,哭了,流下久已枯涸的泪水"。

急忙提笔,写了回信:

梦阳：

　　我很抱歉，我因为闲暇无事，随手拿起你寄来的自印本《谒无名思想家墓》的长诗，一气读完，心在颤，面颊上流着不知什么时候流下来的泪。我惭愧，我亵渎了你的诗。"苏格拉底"和"俏儿"是一对真正的凤凰，"苏格拉底"的执着忠诚与"俏儿"的善良大爱，不管他们是否有其人但你把社会的罪恶与不平的双刃剑戮向人们的良心。我早已不哭了，因为我经历了太多的折磨、太久的不公，但是我懦弱没有反抗，只有"引颈就戮"，人家说我什么我都会笑脸相迎，把泪水倒流进肚里，但你的诗掘开了我心灵的缺口，我高兴，我有泪水，到了"送别"那几章，到了俏儿一家的毁灭，我哭出声来。梦阳，你太残酷。你居然用笔写下这么令人心痛的往事。这薄薄的自印诗集要比你那本正式出版的精品集值得珍惜得多。这首长诗不需要再修改，因为它让一位已经淡定、漫步在走向百岁的老者在行程中感动了，停下脚步回头再审视，记住这些人。感谢你梦阳，启动渐渐沉寂者再图一搏。谢谢，含着泪拉杂地写这些送给你。

张梦阳先生终于将此长诗正式出版，而序言即以先生这封回信代替。
"一代人有一代人的记忆，磨难造就了丰富的心灵。"这是中国海洋大学徐妍教授在读过张梦阳长诗与先生回信后的感言。个中种种，如何细说？不妨读诗吧：

　　　　深爱你的俏儿也没能见你最后一面，
　　　　凄惨地捧着袋骨灰回到家里。
　　　　你深刻思考、精心写作的"上书"，
　　　　果然连灰烬都没有留下痕迹。
　　　　这该是什么样的惨苦？！
　　　　什么样的毒计？！

不！就像俏儿的死一样

你们又像灿烂的花朵照耀寰宇。

因为你有思想，

深信思维着的精神最为美丽。

俏儿虽是一个农村姑娘，

却懂得也炽热地爱着你的美丽。

你来自著名的未名湖畔，

倘若活到今天，

凭着你卓越的才华、深厚的功底，

特别是世上稀有的理论勇气、思想魄力，

肯定会名满天下，位居首席，

占尽博士、教授、博导，

和五光十色的风光名义。

但我又觉得不会——

你还可能无名无利，

绝对进不到"圈子"里。

说不定仍然被视为"异类"，

因为你认定了思想的自由，精神的独立……

5月1日，随"乡友"赵万新再访翟庄子。

先生于1970年夏被"疏散"到津郊小村，乡居四年，于是将自己也视作该村一员。此君是翟庄子学校赵校长之子，故有"乡友"之谓。

2010年5月，先生曾经自行重返翟庄子，这是当年相别以后，首次再踏上"故土"。

当日重访，他印象最深刻的还是这里的交通。

路难行矣！在距离此村还有半小时车程的时候，车速骤减。仍是当年的土路，上下颠簸，左右摇晃，如何能快？

> 2010年5月3日，来新夏先生重访"特殊年代"时被下放的故地翟庄子村

终于进村了。

村容不曾大变。循忆而行，很快就找到了当年借宿的白树发家。房屋已经翻盖，是三间砖坯结构的平房，院落一如当年般凌乱，只是房东夫妇苍老许多，半白了头发。

从初来此地，至这次重回，40年矣。

回津后，先生写下一文，题目是《重回翟庄子》，发表在《今晚报》上。文中最后一句："我能不能再有机会回翟庄子看看！"这里埋下一个心愿。

这篇文章被赵万新读到。见先生未忘旧情，激动之余，他立刻撰写一文，题目是《很想拜见来新夏先生》，但是如何联系呢？他直接写信给南开大学图书馆，由图书馆办公室转交到先生手中。

先生立即回信："大作捧读。谢谢对我的评论。但不宜发表。我不太喜欢人们的过分赞誉，因为虚名有何可取。"

彼此，因为这封信建立起联系。

1月23日上午，赵万新访之邃谷，并带来了翟庄子出产的杂粮、白菜、大葱等。先生很高兴："我就喜欢这些东西。谢谢你们。"那句"我能不能再有机会回翟庄子看看"，常在赵万新脑海里回荡。4月30日上午，他打电话过来，询问先生是否有兴趣再访翟庄子？先生当即回答："明天可以吗？"

　　赵万新驾车，先生与夫人偕往。

　　一路，放眼望去，尽是绿油油的麦田。路、河、桥，一切如旧："我又回来了"。

　　先到白家探望，再访赵校长一家，和老邻居、老朋友们拉拉家常，午饭在赵家吃的是地道的农家饭。他们悄悄地来，没有惊动村委会和更多乡民，又悄悄地走，此一去，再也没有机会回来……

　　再回翟庄子，又不免回首前尘，先生说："下放至今四十余年，当时尚

> 2013年5月，来新夏先生（右三）再回翟庄子村探望房东和乡亲们

不到五十岁，而今年登九十，大好时光，荒废学业，诚可慨叹！"

忧伤没有忆尽，烦扰又来！

7月3日，李某手持当年特殊年代被查抄的《叶伯英年谱》，内夹先生当年所写墨笔长跋。原物归还，本来应当，但对方竟然索价六万元。岂非欺人？直接拒之！

六、大学国文教育

10月28日，先生撰就《先生与Boss》。

时下，关于教育问题，论者颇多，北京大学陈平原教授还曾专著一书，书名是《大学何为》，大学是干什么的？

先生一生事业，"舌耘笔耕"。其以"舌耘"，成就杏坛，而使桃李遍天下；其以"笔耕"，而有著作等身。

《先生与Boss》一文，特为大学教育而发。

当年，先生赴美国考察教育，首次听到有学生称老师为"Boos"。对于这个单词，他不太理解，"Boos"，汉译为"老板、头儿、首领"，老师，怎么就成了老板呢？原来一些教师，特别是理工类，往往有科研经费，师者不暇，遂请学生参与，协助实验、记录数据、搜集资料等，当然也给以一定薪资，所以有"Boos"之谓。

将亲切的师生关系变成一种金钱的雇佣关系。

即使当年先生身在国外，对此也仍不能接受。

可谁知这个称谓，近年来却在国内大学生圈内流行甚广，这种"与世界接轨"的方式，应该认同吗？先生极力反对。

这并非守旧，先生也并不是那种坚持"天地君亲师"一类的泥古夫子，只是"Boos"之谓，连最起码的尊重都没有，怎比从前称恩师为"先生"呢？"先生"是敬称，承之所育，而心存敬意。此中蕴含着一份至爱至尊的感情。师者，仁心，如何愧对？

先生此文，这是他对大学教育的一种规劝。

无论学生还是校长，都应对师者有起码的尊重。

先生还特别关注大学课程设置，尤其对"大一国文"，先生连撰两文：《从"大一国文"说起》《再说"大一国文"》。

他认为，公共课中应设"大一国文"，若无合适教材，可以辅仁大学《国文读本》为底子，重新编订，以应急需。

当年，辅仁大学的语文课，有两大特色，一是以名师任教，二是用权威教材。教过先生国文课的老师，就有启功等，皆一时之选。至于教材，则为陈垣校长亲订，题为《国文读本》，铅排线装，人手一册。后缀《论孟一脔》，此为同时代辅仁所独有。

《读本》选文于经、史、集三部，"经"选"春秋三传"；"史"选"前四史"、《通鉴》及《五代史记》；"集"选韩愈、柳宗元及苏氏兄弟等。"子部"

> 2013年11月9日，来新夏先生在书房内留影

未入，因其多歧义，不宜初学。

选文数十篇，一年使用，与课时大致吻合。

陈垣师选文，文史不分，多出史籍，因其所虑，乃以史为范，通史致用，质而能文，以之立人，此乃国文根本。

对此教材，先生记忆尤深的是那份附录——《论孟一脔》。"论"者，《论语》也；"孟"者，《孟子》也；"脔"，是切割好的小块肉，"论孟一脔"，是指从《论语》《孟子》中割取精华。

附录，为陈垣师所编，选《论语》与《孟子》各二十二章，共十页，繁体，无标点，让学生句读，入古文语境。

所选各文，均有代表性，文字古雅，宜于诵读，重辞章，不唯辞章，更有历史和义理方面的考量，重在人格培养。

作文方面，还有选同一内容而有不同写法者，让学生比较，对于学习写作，可称示范，于文史诸生，尤有裨益。

2014年 92岁

一、读书过年

2014年，先生92岁。

1月，临近春节，先生发表两文，谈余暇读书。一篇发表在《编辑之友》杂志第二期上，题目是《过年读书》，另一篇发表在《天津日报》1月27日版上，题目是《书事二题》。

读书何用？先生的回答："淑世""润身"。

"润身"，是对己而言，"淑世"，则对人来说。

先生5岁开蒙，至92岁，读书八十余载，《读书过年》自述其十几岁时，初以读笔记、小说之类辞旧，后来听了家人建议，改读四大名著，用两个春节读完，从此养成读书过年的习惯。

高中时，经谢国捷师指点，先生利用过年的时光通读了二十四史中的前四史：《史记》《汉书》《后汉书》《三国志》。

牛棚岁月，阅读受限制，只能读"红宝书"四卷。

八十年代以后，先生百忙，过年就成为点读古籍的最好时光，他点读过的《阅世编》《闽小纪》《闽杂记》《清嘉录》《天津风土丛书》等地方小志和杂书，后来都由出版社正式出版了。

先生过年点读的习惯，一直保持至终老，本年春节，他正在点校的是《溃痈流毒》，这是他此生点校古籍的最后一部。

对于假期点读的便利，先生分析如下：

其一，一般地方小志和杂书都是篇幅短，段落小，易于拿起放下，不影响接待来客；其二，读书时只需一本书，一支红笔，不致到处摊书，影响室容整洁；其三，读了书不仅自己长知识学问，而且还能出成果，给读者提供良好的读物，为自己也多点买书钱，一举数得，何乐不为？

先生言之浅白，语近调侃，点校成果，岂是人人可得？但他建议读书人，利用假期完整时间，进行系统阅读，根据假期特点，选择合适的读物，有计划地阅读，则是一个读书人的宝贵阅历。

先生如是说，每年春节假日，虽然不过十几天，但如果一个人能活到七八十岁，加起来，也有三年多时光，这就等于董仲舒"三年不窥园"的程度，如何可以不利用呢？他建议广大读书人：

要坚持过年读书的习惯，不论怎样，总要读一部分量适当的书，把它读完。要读你想读而没有时间读的书，不要硬着头皮去读无兴趣的书，以免为节假日增添烦恼。要读章节分得小的书，否则中间有人来访，不易放下。不要读大部头精装书，一则拿不动，再则需要正襟危坐地读，不若线装书、平装书那样，或坐、或卧、或斜倚、或持卷走读，均可不受限制。如条件允许，最好随手写点札记，以备他日不时之需。

读书人有"三余"说，出自陈寿《三国志·魏志·王肃传》，说董遇好学,人有来从学者,他不肯教,就说"读书百遍,其义自见"。来人说,我哪有那么多读书的时间?他就告诉来人,读书当以"三余"。来人问,何谓"三余"?他说:"冬者岁之余,夜者日之余,阴雨者时之余也。"先生"读书过年",也就是"岁余"读书了。

二、文献乡邦

1月,《旅津八十年》由南开大学出版社付印。

先生寓津八十余年,视之为故乡,整理相关文字,辑之一集,共五卷:卷一"天津史事",卷二"天津回忆",卷三"天津碑刻",卷四"天津的人",卷五"天津的书"。先生小友王振良君,序曰:"地域之风土人情,师友之音容笑貌,史事之明晰深刻,行迹之坎坷纡徐,则可一览而尽收眼中也。"

本书附录有"旅津八十年记事",选自《邃谷自订学术简谱》,先生一生在津的重要学术事件,皆录于此,编年序次,简明扼要,为研究先生在津八十年行谊,存一珍贵文献。

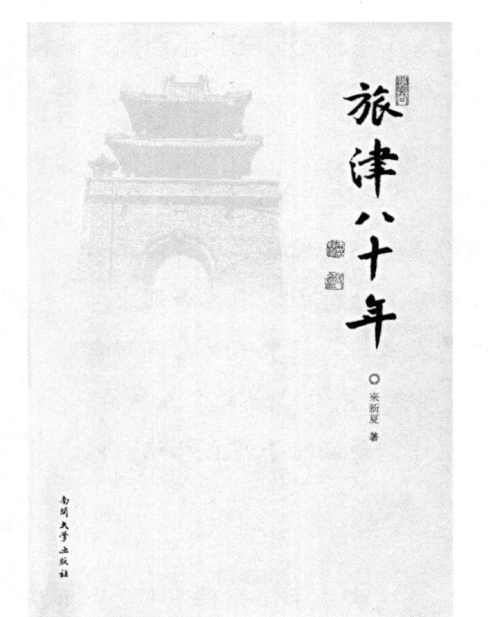

先生之于天津,食于斯,长于斯,学于斯,老于斯,一腔心血凝于斯,著有:《天津近代史》《天津风土丛书》《天津建卫六百周年丛书》《天津大辞典》《天津通志·旧志点校卷》等。

>《旅津八十年》,南开大学出版社2014年1月版

先生为《天津近代史》发凡起例，划分阶段，奠定格局；以《天津风土丛书》，重启乡邦文献《梓里联珠集》《沽水旧闻》《敬乡笔记》《津门杂记 天津事迹纪实闻见录》《天津皇会考 天津皇会考纪 津门纪略》《津门诗钞》《老天津的年节风俗》等于今世；以《天津建卫六百周年丛书》，述说《天津的城市发展》《天津的人口变迁》《天津的方言俚语》《天津的园林古迹》《天津的邮驿与邮政》《天津的九国租界》《天津的名门世家》《天津早年的衣食住行》等；以《天津大辞典》词条万余，录述天津自1404至2000年间，共600年史事；以《天津通志·旧志点校卷》，辑清代志书及民国志书各六部，清代志书有：康熙《天津卫志》、乾隆《天津府志》、乾隆《天津县志》、道光《津门保甲图说》、同治《续天津县志》、光绪《重修天津府志》；民国志书有：《天津县新志》《天津政俗沿革记》《天津志略》《说磬》《杨柳青小志》《志馀随笔》等。其中《志馀随笔》六卷，由先生点校。

其于津沽如斯，之于萧山又如何呢？亦是不遗余力。

自20世纪80年代初（1982年）第一轮修志初始，即先后担任《萧山县志》《萧山市志》顾问长达33年，引领萧山方志一直走在全国前列。1987年，《萧山县志》获全国新编地方志优秀成果一等奖。《萧山市志》则成为全国社会主义时期第二轮修志试点。

先生还整理汇编了《萧山丛书》，收录历代萧山籍学者著述以保存乡邦文献，原计划，自2013年始，分年出版，每年一辑十册，共成一编。清代鲁燮编《萧山丛书》，含相关著述十一种。

萧山人文荟萃，文献充盈，而鲁氏所收，仅仅为其中一小部分，其他还有大量文献散存各处，若不能汇而辑之，终有散佚之虞。这是先生着意新编《萧山丛书》的直接原因。

又请李国庆襄助，李氏回忆说，2011年7月，就鲁燮光编《萧山丛书》情况，联系国家图书馆，得到的答复是："关于我馆藏善本《萧山丛书》十一种十六卷，九册，共五百八十拍，清鲁燮光编，鲁氏壶隐居藏本，除第六册《固陵杂录》抄的字不太清晰外，其八册抄得都比较好，只是用纸较薄——透字，没有页码。"

>《萧山丛书》（第一辑），学苑出版社 2014 年 9 月版

循此线索，反复磋商，终于复印了这部抄稿，从而为着手编辑新辑《萧山丛书》打下了第一步的文献基础……

如今，这套丛书已经出版了六辑：第一辑于 2014 年 9 月出版；第二于 2015 年 12 月出版；第三辑于 2017 年 12 月出版；第四辑于 2019 年 12 月出版；第五辑于 2021 年 12 月出版；第六辑于 2022 年 11 月出版。

殊可伤感的是，先生只看到了这套丛书第一辑的样本，而未能于生前一睹它的正式面世，这又是一个遗憾。

三、书生之死

3 月 31 日，先生因心脏衰竭，经抢救无效，于 15 时 10 分逝世。

夫人焦静宜后来在《他在馀霞满天中走进历史》一文中回忆："先生走了，走得平静，遗容是那么安详。因为他是欣慰的。"

坦荡从容而无所愧疚。

先生曾立下誓言："有生之年，誓不挂笔"，那么，看看他是如何履行这份诺言的。

入院抢救前一个月，依然忙碌。以下内容，根据先生所编《遂谷自订学术简谱》整理：

2 月 6 日至 8 日，撰写 2013 年南开大学地方文献研究室工作汇报，填署科研成果表。

15 日，应赵胥托请为《缪钺先生编年事辑》一书题签。

17 日，为广东人民出版社所约随笔集《难得人生老更忙》一书作序。应出版社要求，这本书在正式出版时更名为《邃谷四说》。

19日，完成《关于〈溃痈流毒〉的几点考证》。这是先生此生所写的最后一篇学术考辨类文章。

同日，天津电台编辑温光怡前来探望，商定下周录像讲座一事。电台拟请津门十位学者讲述有关国学专题，邀请先生讲授"书文化的传承"，共十讲，每讲20分钟。

21日晚，身体忽然不适，头晕得厉害。次日晨起，症状略微减轻，一直等到晚间才渐渐恢复。

24日，天津电台记者前来录音、录像，今日方讲第一、二讲，历时一个小时完成。或许是因为又完成了一项新任务，精神为之一振。

26日，上午9时至10时许，继续录制"书文化的传承"第三、四讲。已经驾轻就熟，过程颇为顺利。

27日，晚睡前，忽然咳嗽，内有白痰，睡后平稳。

28日，上午录制第五、六讲，约一个小时。因病情之故，甚感疲劳。至晚间，体温已达38.8℃，咳嗽加剧……

上述是先生在一个月之内的大略事件，中间偶有几日没有内容，但也并非闲暇，因为类似撰写文章、整理讲稿之类，构思结构、征引资料、考核校订等，绝非一日可成。

忙碌间，身体健康已经反复示警，如头晕、咳嗽之类，若能多多休息，也许不会发展至危及生命，但他已经习惯了忙碌，根本停不下来。

终究无法再继续坚持。

3月1日，入天津总医院治疗，病情反复，步步增深。

据诊断，先是感冒，引发肺部感染；但是于3日14时突发心梗，被紧急送入ICU抢救，历时4个半小时，有所缓释；在8日至14日间，病情一度平稳。但仍有低烧，心脏偶发室颤；随后几日，渐渐加重，终至于不复，在31日发生心脏衰竭，抢救而无效……

先生年高，体质本弱，是因劳累而不治。

军人死于沙场，文人卒于笔下，岂非宜乎？

> 2014年2月28日来新夏先生的书桌

病重期间，二弟新阳从台湾来探。此生，兄弟二人聚少离多，但本次相见，先生口不能言，二弟则是泪眼相视。

记得去年10至11月间，新阳先生回津。先生将他叫到自己房间内，语重心长地叮嘱："这些年来我也没给你什么值得纪念的东西，这部铜版微雕的论语折屏送给你作为纪念吧！"他仿佛早有预感一般，本之同根，是谓手足，此作诀别。

病重之际，先生一生最后两篇文章相继发表。

2月26日，《中华读书报》发表《关于〈溃痈流毒〉的几点考证》；3月6日，《难得人生老更忙》一文在《海南日报·文化周刊》上发表。

在《溃痈》一文中，先生留下一个遗憾。

《溃痈流毒》一书复印资料，为2005年美国国会图书馆亚洲研究部主任居蜜女士所赠。她委托先生整理、点校，希望可以将它正式出版。但憾以公私丛杂，未能及时着手，以致该书置之高阁，几近遗忘。后来整理旧物，偶

> 来新夏先生（右）与其二弟来新阳先生（左）合影

然发现，遂发一愿："以垂暮之年，尽生前二三年之力，完成整理点校工作，以报老友。"

但殊为可惜者，天不假时也……

《难得人生老更忙》，是一篇通透之文。

这篇题目语出于启功。当年，先生80大寿，启功师赠诗以贺，其中有一句，"难得人生老更忙，新翁八十不寻常"。为感念师恩，亦以此诗存勖，遂以该句题书、题文。

人生过了九十岁，还有什么事情值得计较？其他都无所谓，唯有学问，仍然"锱铢必较"，但那是"议论"而非"争论"。先生以自己九十余年的经历、淬炼之智慧，再行规劝之语：

我喜欢各说各的话，各唱各的歌，彼此参考修正，和谐地融成一体，不要为了某种不同观点和看法，面红耳赤，鸡争鹅斗，甚至

> 启功先生用硬笔为来新夏先生题写"难得人生老更忙"

衍化为批判，耗伤了感情，拉远了距离，何苦来呢！季羡林先生生前曾提倡过"要议论不要争论"，其实这是一扫过去多年"运动"中阴霾、还我晴空的善策。我服膺其说，所以把一己之见划为议论类，希望论辩者多议论，少争论，尤其是恶意的搏击，有的争论当在互通有无的过程中推动学术。

议而不争，当为读书人圭臬。

多些心平气和，少些杀伐戾气，但愿学术昌明，且勿"运动"折腾。此中之劝，是老人心语，但在意会而已。

历史学到最后，先生总结治学要略，只说一句，"为先人讳"。

不但活着的人要有尊严，逝者亦然。学习历史者，不是钻营古人的疮疤、隐私，以博人眼球，而是以宽慈之心，行济世之志，择人之善者以入史，成"究天人之际、通古今之变"之实学。

先生一生，一路坎坷，在心灵百受蹂躏下，最后走向平和，走向宽恕，恕人、恕己。

还是多读读先生的文字吧，请特别留意于"字里行间"：

视坎坷为人生必经之途，视一时辉煌为过眼烟云，视未被启用为淡泊明志，视生老病死为人人难逃之自然规律，视欢乐为一时之兴至，视离合为宴席之聚散，视家无余财为君子固穷，视家人父子为友朋相交，视挨整受压为心无愧怍……

呜呼！先生归去兮。
"竹杖芒鞋轻胜马"，"一蓑烟雨任平生"！

四、学术未亡人

夫人在发给亲友的讣文中，落款署名"未亡人焦静宜"。

在一段时间内，她一直不能平静，体重骤减 20 斤。仿佛一下子生活没有了重心，吃不下也睡不好。

是抑郁了吗？她自己也担心。

总想从前，点点滴滴，片片段段，就在脑海里萦绕，如何能放？她知道，这样不行，所以强迫自己不再去想，但又不得不想，根本不受控制。她是遗憾，自己陪伴在先生的身边太短，只有十年。先生与夫人于 2004 年 10 月 22 日登记结婚，当天正是重阳节。

但夫人不能就此消沉，因为还有许多后事需要料理。

先生一生没有太大遗憾，主要著作都在生前出版，当然，这是因为他的勤奋，是他与时间赛跑的结果。但是也有一些未了的事业，如，《难得人生老更忙》（后改名为《邃谷四说》）以及与上海人民出版社所约的《来新夏随笔自选集》等，都还没有出版；另外，最大一件事，先生文集篇目已经大致选定，并且排在了出版计划之中，而考校内容、征寻原典，非夫人者谁又能为？某篇文章发表于某时，收在哪里，又有什么背景，只有她最为熟悉。

所以，收敛悲伤，又坐在书桌前，她是南开大学出版社的资深编辑，为了料理丈夫的诸般著作，也为了将先生的学问传承下去，进而发扬光大，她又重新振作起来。

先编纪念文集。

> 来新夏先生与焦静宜夫人合影,背景石头上镌刻着"天荒地老"字样

先生逝世后,亲友故交,识与不识者,多有文章发表;各地传媒,亦列以专刊、专版,为之纪念,这竟然成了当代文坛难得一见的大景观。如此情谊,怎么能不铭记呢?先有王振良等与夫人相议,汇众篇于一编,以存纪念。

首先在《问津》杂志上汇之专刊,于2014年9月至10月印行,分上下两册,题曰:《忆弢盦》。每册各三卷。上册有"传媒之声""感念情深""乡谊交游";下册有"音容笑貌""往事风采""学术人生"。另附诗联、唁电,凡130余篇。

又成专著,仍名"忆弢盦",副题乃是"来新夏先生纪念文集",在《问津》版基础上再次增补新篇,至200余篇,仍分上下两册,共七十五万字。

同时,夫人又助编两部研究先生著作的书稿,分别是《一个人的一座城——来新夏著述专藏阅览馆研究》与《来新夏著述经眼录》。

前者为萧山图书馆馆长孙勤编著。详论专藏馆的特色以及价值等,同时对先生学术、人生做以精要述评。尤其难能可贵的是,书中还有对夫人的专访,这是所有与先生相关著作中的首次。夫人为之提供资料与审定内容等,颇费心力;后者为孙伟良所编,列述先生各种著作,存之版本,序之目录,列诸序言。一册在手，而先生所有著作，皆可得之大貌。夫人对于该书的出版关心很多，上下联系，提供修订意见，补充资料等。

最繁重的，当然还是整理先生的书籍及作品。

先编《来新夏先生在南开》，再编《来新夏文集》，此二书如今皆已告竣，并先后出版。

《来新夏先生在南开》，是"南开大学校史丛书"之一种，由柯平、张兰普、郝瑞芳及夫人共同所编，以丰富的资料真实记述了先生在南开大学教学和教育管理岗位上的奋斗历程，以及在此期间所取得的主要成绩等。

全书按先生所经历的几个单位分列专题：南开大学历史系，南开大学分校图书馆学系，南开大学图书馆学系、图书馆、出版社、地方文献研究室等。共分八卷，每卷先列一概括性述评，然后"追忆当年"，再予"文献存真"，以求真实。文献不足者，则采取口述史方式补充，采访当年当事者，以录真实。例如第一卷"南开岁月"，这是总说性质，评之学术，论诸过程，尤其珍贵者，乃补存了先生在相关运动中的档案以及平反材料，以证清白……

《来新夏文集》是为庆祝南开大学成立100周年，由南开大学历史学院学术委员会主编"南开百年史学名家文库"之一种，共有十位学人入选，分别是蒋廷黻、范文澜、郑天挺、雷海宗、王玉哲、吴廷璆、杨志玖、杨生茂、汤翼骧以及先生等。

群贤荟萃，南开史苑菁华。

先生此编，是选集，共七十八万字。列于四部分，分别是先生一生学术所致力的四个主要方面，即历史学、方志学、图书文献学及其他。所谓"其他"者，乃随笔也，大抵读书、品书、知人、阅世、游踪之类，是先生"衰年变法"的具体体现。

台湾图书馆通过来新阳先生联系夫人，希望能补齐该馆内所收藏的先生所撰的各种著述。

夫人当然应允。

对方寄来书单，所列包括专著及主编各类，共79种，夫人整理后寄出。

此又完成了一项大事业。从此，海峡对岸的读者，可借此了解先生矣。

夫人正在着手编著的，还有两部书稿。

其一，是《来新夏书信集》，为先生一生与师友交往、论学的存证。

其二，是《来新夏文集》，此部是先生单篇文章的结集，而有别于前述祝贺南开百年者。

先生一生著作，包括主编之类，综合各个版本，总数在一百三十余种。先生自己所著，字数也在一千万字以上。这些，是他留给这个世界的财富，更是他生命的另一种延续。

但于先生而言，编此文集并非本意。他说，跟学术界的前辈们相比，自己还没有达到编文集的程度。这当然是谦虚，是夫人等来门弟子的坚持，才有该著的最终编印。

《来新夏文集》一项颇大的工程。虽经几年曲折，如今终于问世，共九卷，五百六十万字，由广东人民出版社于2023年6月正式出版，而《来新夏书信集》于2023年5月由浙江古籍出版社正式出版35万字。此足以告慰先生于九泉。

五、只是读书人

身后论评，如何议之于先生？

有说历史学家、方志学家、目录学家、图书馆学家、散文作家者。皆可，亦皆不可。

说其"可"者，盖从学术方略而言。先生一生纵横三学，随笔文字也能自成一体，如何不可言之于家？

但是先生自己却不这么认为。

他惯于谦逊，对于别人对自己的赞誉，甚能冷静。奉承也好，真心也罢，总之，都是浮名，如何计较？

他自己评价自己，只是一位读书人而已。

所以，在他归葬湘湖以后，立之一碑，上题"读书人来新夏"。

先生一生，以读书为职，亦以读书为志。

言以"读书为职"，是指教书育人。他一生绝大部分的时光都在南开度过，口讲笔录，尽其心力；以"读书为志"，是指写作。学问是从书本与社会中得来，再经思考与总结，成之于文，汇集于书，且扩散出去，还史于民，文明方有传承，此其志业也。

先生做教师，特别注重尊师重道。儒家有所谓正名者，"名不正，则言不顺"。师生之间，师则为师，必有仪范；徒则为徒，必要恭敬。这并非笃溺于礼教伦常，只是"师道"不可废也。

他自己也以身作则，对待教过自己的每一位老师，都怀有感恩之心。在他的随笔散文里，关于怀念师恩的作品占有相当比例，如记陈垣、启功、余嘉锡、柴德赓、张星烺、范文澜、吴廷璆、谢国桢等，字字真情也。

他对待学生，宽严相济，如慈父对于子也。

为学之惰，必有督责；而对于学生的进步与成绩，也一定大加夸赞。至于因材施教、助人于困苦者，不胜枚举。当然，他也受过学生的诬陷，甚至打骂，但他最后还是选择了原谅，那是因为在扭曲的时代，扭曲了人格，又如何归罪于某位个体？

先生爱才，提携后辈，从来不耽繁屑。或写信推荐，或作文表彰，或序之著作，或评之学问，总之，必尽全力。

传道、授业、解惑，不遗余力。

而先生又是怎样做学问呢？

历史学、目录学、方志学，三者畛域不同，却有内在联系。先生以目录学打根底，兼收史志，蓄冶于一炉。

目录学是一门工具性学科，它所研究的对象是书目本身，先生以"辨章学术，考镜源流"为主旨，而成其学问。这门学问，因其无家法、师承之类的派别桎梏，又不关涉阶级、思潮之类的"政治正确"，故而，最适宜以此作平台，融文史哲于一体。

先生自己也说，正是因为有了目录学作辅助，而腹有几千部书目之积存，故能纵跨几个领域，而有"左右逢源"的美感。他一生所作随笔，成文千余篇，汇集成三十余部，几乎是打散了写的中国文化史，而能有如此成绩者，其所端赖，仍是目录学的积累。

论治学方法，概括而曰："植根于博，专务乎精"。

所谓"博"者，侧重于基础。知识根底要打得牢靠，文理可兼学，务必得之常识，不能连一点儿概念也没有。即使是专门学习历史，中外古今，也要知之大概。不能研究中国近现代史者，不知有唐宗宋祖，而研究中国古代史者，不明白鸦片战争。

所谓"精"者，是侧重于专业。能见别人所未见，能擅别人所难擅，具体于历史学科而言，开拓某个领域，建立某种学说，持之某种思想，解决某些问题等，可谓"创新"也。

"博"与"精"，乃辩证而言。只有在博览的基础上，才能向精深发展，再加上持之以恒，方可成就专业、专才……

用一句"读书人"来评价先生，看似简单，实际是最高褒赞。那他究竟是一位怎样的读书人呢？

曰"骨气"，这是读书人的"魂"。

孟子尝曰"富贵不能淫，贫贱不能移，威武不能屈"，此之谓也。有人说，先生"傲气"，然此"傲气"，出于"傲骨"。

先生在政治上，几次被整肃，但从不低头，给他平反，他也从不感恩戴德，更不会感激涕零。以此傲骨，支撑头颅，而有"独立之精神"，而立"自由之思想"。

曰"勤韧"，"立足于勤，持之以韧"。

来裕恂公家训，归结起来六个字，"学到老，苦到死"，先生一生谨持，用"苦学"来贯穿自己的整个人生。

处厄而不弃于学，曾经被困十八年，不但不能登台讲课，也不可发表文章，但他依旧执卷苦读，执笔苦著。

曰"审美"，先生审美，包含两端。

一为仪表。当年"运动"之后，他重返讲台，头上打着发蜡，油光可鉴，裤线根根笔挺，脚上穿着一双男士高跟皮鞋。这是什么样的装扮？融合中西方审美于一身，一股老派学者范儿，呈现于那个思想初萌的年代里。他就这么洒洒落落地登上讲台，仿佛这么多年的运动、改造等，没有侵染他一丝一毫。他是在以自己美的仪表来展示自身的文化个体性，以美来引导学生们深入文化中国的根底。

二为学术。学术如何可以审美？当然可以。别忘了，学术在追求至真、至实的同时，还要追求至善、至美。研究学问，如果不能导人向善、导人向美，则学无所用矣。先生学术之美，首先美在思想，其以文史交融之笔，写出仁者的心灵取向，以审美解放思想，给人以美的启蒙；其次，美在文体，"以之我笔，写之我心"，不追俗流，不阿权贵，在众多学者皆作曲涩文章的时候，他却一笔清新，在学海书山中，拂掠一缕微风，吸引更多的民众去阅读与思考。

曰"无私"，先生之学，即"为人之学"。

此为先生治学之宗旨，为其学术根本之所在。斯旨，乃承之于陈垣师，所谓"兹事体大，智者不为，不为终不得其用"，故以毕生之力，为学术基础建设，造就开放式公共学术平台。

既其随笔等，其目的，也是他"还史于民"的实践，或启迪，或批评，或建议，或讴歌与赞扬，皆有益世之心，皆以助人为志，在学术的道路上，做一颗坚实的"铺路石子"——基石也！

先生虽已逝，但是他那读书人的魂仍在人间。

后记

我与目录学：纪念来新夏先生

"一切皆因果"，因不虚发，果不忘生。

来先生是一九二三年生人，吾生虽不晚，但终未缘得面谒先生，亲聆教言，而与先生颇有因缘，也应是早已熟悉的，一如古人云"见字如面"吧。

一九八三年，大学三年级时，我曾购得先生大作《古典目录学浅说》，亦仔细研读，获益良多，也为我后来从学（目录学）之道乃至入出版界打下良好之基，而今又得机缘为先生之学术传记《一个中国书生的编年史：来新夏学术纪事本末》的出版服务，幸何如之。

时间跨越四十年，冥冥之中，不正是佛说的"一切因缘而生"吗？

晚生先生四十年，而我大学毕业今已届四十年矣。我从未在文章里回忆过母校的生活，今天写起纪念先生的文章时，竟回想起母校校园中的点滴，已是满目温暖，感慨系之。

今天的我们，总是在回想八十年代的激情岁月。那是一个充满感性情怀与理性批判的时代，是一代中国人重新觉醒的时代。激情、天真、使命感、人文、启蒙、自由、开放、纯粹、向上……多么令今天的我们回念、向往。

八十年代的大学，同样充满了无限的希望。

遥想当年，我的母校湘潭大学还是"一片不失野性和宽大的原野"。一个一九七四年才恢复建校的大学，一切都在草创中，包括校舍与院系。我们的老师来自中国社会科学院大学、北京师范大学、东北师范大学、武汉大学、中山大学等名校，他们筚路蓝缕，寄居农舍，而能"得天下英才而教之"，发凡起例，传道授业。当是时也，建校时间太短，许多专业课程亦乏名师，未能如数开授。院系不幸而学生幸，方能遍请海内名师，一时间，全国名师汇集湘大，单就历史一科，如胡华、熊德基、赵俪生、田昌武、李学勤、步近智、黄宣民、彭明、陶懋炳……诸位先生济济一堂，或讲座沙龙，或开设专题，或会讲研讨，思想盛宴，景象万千。真正让我们体会到大学之大，大师之大。也正是因为此举，湖南师大的陶懋炳先生为我们开设了史学史课程，他所列的书单中有来先生的《古典目录学浅说》，也就成了我自学目录学的初始。

八十年代初，历史系能开设版本目录学者甚少，湘大也不曾有此课程，未能延请名师主讲，但研究古史的先生们均谈过版本目录学对历史学之重要，我大学阶段的目录学知识全部来自先生的这部书。

先生的著作无疑填补了历史系一空白，先生系统叙说了目录学著作和目录学家，尤为重要者又在古代目录学著作的类别体制、编撰过程和历史演变，分述了目录学与分类学、版本学、校勘学等相关学科之间的关系。特别是末章"古典目录学的研究趋势"，为我从事目录之学的阅读与研究指明了方向。

一九八四年我大学毕业留校任教。先在校图书馆古籍室工作一年，那是我最难忘也最受益的一年。在指导老师王晋卿先生的指导下，我完成了校图书馆古籍室的建设，朝在斯，夕在斯，一天二十四小时，近大半时间都在古籍室，轻轻拂去典籍上的灰尘，有如发现新大陆一般。细读版刻题记、序言与目录，辨识印鉴、纸张。登记造册，填写上架卡片，撰写提要，述作者爵里、生平大要，著作版本异同。最难忘的是夜晚，窗外月明，室内孤灯，手持一卷，轻吟浅唱，好不自在。我习惯了这清静的天地，满目先贤，翰墨飘香，手不释卷，孜孜以求。这是我人生或有些许学术模样的底气，是最最难得的岁月。吾已将古籍室上千种文献的格局烂熟于心，一年后回历史系授课，但凡有先生索寻古籍而无果，吾均可指引典籍在何排、何架、何格，文史哲三系老先生最是欢喜。说开去，这些也是受来先生指引之故罢了。

受先生目录学思想之引导，先生所列目录学名著，也就成了我的必读书。逐渐涉猎了《艺文志》《通志·校雠略》《郡斋读书志》《直斋书录解题》《四库全书总目》《书目答问》等等，而用力最勤者，莫过《四库全书总目》。

九十年代中期，与同学洪波主持《四库全书总目》的整理工作，历时三年，得以完成。得傅璇琮先生之助，由中华书局出版。

此本吾等颇为用心，私以为有几大可喜之处。

其一，《总目》与书前提要之校勘。当是时台湾影印了文渊阁《四库全书》，吾们得其便，惜因只一阁，文津文澜诸阁还未出版，七阁互校之愿望只能等待来日。

其二，查核存目典籍今日之藏存缺失之全貌。为存目丛书的影印，应有帮助，学者也得其便。

其三，标志了《总目》与文渊阁四库的册数之对应，按图索骥，极大地方便了研究者。

最难者是其四，将《四库总目》之最新研究成果散入整书当中，如余嘉锡先生《四库全书总目提要辨证》、胡玉缙先生《四库全书总目提要补正》等等，以及散布于杂志报刊中有关《四库总目》辩证之单篇论文，亦在补入之列，估算当在千条以上，使其当为最善之善本。

继《四库全书总目》整理之后，便有了整理《续修四库总目提要》之动议。此时，我已在李学勤先生门下，学习明清之际学术史。学习之余，几乎都在王府井中科院图书馆，当年《续修总目》手稿藏于此，虽未能将整理之愿完成，但撰有《续修四库全书总目提要考略》一文，以作交待。

自入出版界以来，与学术疏远了。但仍以出版学术为己任，且心心念念者，即希望出版有助于学术进步，或完成一些需要学者与出版人共同努力的项目。来先生倡导的用目录学研究整理图书，当是出版人应尽之责；沿着先生指引的方向再往前行，也应是学人与出版人的共同责任。

近十年来，吾一直呼吁《三修（民国）四库全书》的编纂与《三修（民国）四库全书总目提要》的编撰。吾曾撰有《三修〈四库全书〉刍议》一文，亦积累了海量的文献，撰写了编纂凡例，召开了学术研讨。万事俱备，只待春风。

以上是我与目录学的些许关联。

呜呼，先生之风，山高水长。先生之学，继往开来。致敬先生。

冬君、刘刚先生，学界之神仙眷侣，其思想与学识，博雅而专精；道德与文章，学人敬仰。虽不能至，心向往之。二位先生得来先生之学统，薪火再传，寇德印先生继之。两代合撰之《一个书生的编年史：来新夏学术纪事本末》，成就了学术史上一段佳话。

为人立传者，或本传、自传，或年谱、日记，或正传、别传，等等。本书之体例，又为传记者开一新天地也。谨为传主贺，为作者贺。

上班时杂事繁多，难得清静。而旅途飞行，也是难得之清静。喜欢飞行中的清静，窗外千万里无云，一洗如镜，吾心中却温柔满怀，感怀先生的恩泽，感念作者的辛苦。是书的出版，学术界读书界之幸也。

彭明哲

2024 年 3 月

附录

附录一：来子家训

来裕恂 撰

为人之道，都载经史及各种善书中，吾又何必再有所训？但经史浩繁，善书散佚，恐儿孙辈束诸高阁，弃同弁髦，即偶然寓目，而或以为老生常谈，绝不措意。爰约示二十六条，言简而赅，庶易于观记而有所感觉。能不负吾之教导，诚恐弥留之际，形神分离，不获与汝言誓，故愿及未填沟壑而言之。

凡人必要有业，业不是专指大事业，即小行业亦是业。先君子肖山公存恒言曰："世间惟失业人最贫。"

凡人只有一"学"字，可以为圣贤豪杰。学不是专指读书言，凡事皆有学，皆要学。谚所谓，"学到老"是也。

凡人只有一"苦"字，可以为圣贤豪杰。苦不是专指无钱用言，每事皆有苦在其中。要忍苦耐苦，方能成大事业。孟子曰："天将降大任于是人，必先苦其心智"。谚所谓"苦到死"是也。予生平常将"学到老、苦到死"六字放在胸中，刻刻不敢忘。

凡人读书，务要虚心。白居易诗云："竹节虚心是我师"，盖虚心则随事讨教，逢人问业，而学日进矣。

凡人读书，先求文字，及文字有成，需求学以实之，及学有所得，当进而求诸道。道也者，其体即孝、悌、忠、信、礼、义、廉、耻之八德，而用即修身之道、齐家之道、处世之道、治国之道。

其于书籍也，先务博，后反约。得学与道兼备之书读之，自然有体有用。

凡人读书必须勤，日有不足，夜以继之。昔大禹惜寸阴，陶侃惜分阴，董遇爱"三余"，江泌随月升屋而读，孙康映雪而读，匡衡凿壁取光而读，司马光警枕，醒而即起，起而读，古人如此之勤，所以能成大学问家，大政治家。汝凡人无论如何贫苦，总须培植子孙读书，方不坠其家声。若任其嬉游，或徒有读书之名而无其实，恐入于下流，而不可救药矣。

凡人第一要服善，人有善，我师之，便有益。切不可自视过高，见有善，己不能及，不惟不服其善，反嫉妒之，此大病也。服善便是谦，谦则受益。

凡人于"勤俭"二字，恒视为口头禅。习闻其说，不以为奇，要知此二字须连同做，盖俭而不勤，徒自取苦。窘迫万状，人且以惰责之。若勤而不俭，无异左手拾而右手撒，虽朝夕从事，终归于尽。故此二字，须合作之。

凡人须敬祖宗，孝父母，尤必须兄弟睦，夫妇和，则子孙有榜样，而后有贤子孙出。庶几且家有兴盛之望。

凡人最不可忘本。父母师长之德，固不可忘。即人有德于我，忘之而不报，亦为负心之人。故人有德于我不可忘，我有德于人不可念。

凡人当隐人之恶而扬人之善，人有不善，当做不知，切不可传播，令他人知之。孟子有句书，言"人之不善，当如后患"。何所谓"后患"者？因不善者知之，必恨之入骨，而图报复，要中伤耳，人亦何苦寻此烦恼也。

凡人切不可论人短长，尺有所短，寸有所长，何人没有长处？何人没有短处？我何必惹此间是间非。

凡人切不可贪小利。《论语》"见小利则大事不成"。古来圣贤豪杰都是务其大者、远者，区区小利，何足动我心哉？即使大利，亦不足动我之心。总之，权之以义耳。

凡人总须爱惜名誉，倘为利益而牺牲名誉，不独己身堕落，且令人骂其父母，辱其子女，不孝不慈，孰有甚于此者？

凡人尤须爱惜精神。所谓爱惜者，非惜身养命不辛苦之谓。予生平睡全夜时甚少。从前求学时代，倦而睡，醒即起来看书，及谋食时代，倦而睡，醒来改生徒文课。至从政时代，倦而睡，醒即起来批阅公牍。现在到老时代，倦而睡，醒即起来著作，何等勤，何等苦。今年已七十到也，神明不衰，志气不堕，精力不疲。古人云，"一分精神，一分福泽"，我则谓"一分精神，一分事业"。

凡人须学吃亏。夫吃亏何必学？因既知吃亏，必不肯吃亏，所以要学。古人云，"终身让畔，不失一段，终身让路，不失一步"，谚云，"吃亏就是便宜"，此等语意，其味深长。

凡人宁可节衣缩食，切不可仰面求人，人格须自己提高。

凡人有过，知之必改。若遂非文过，多方掩饰，吾谁欺？欺己耳。他人岂为吾所欺哉？

凡人须将孟子"事孰为大？事亲为大。守孰为大？守身为大"这四句书牢记胸中。何大乎事亲？即"百善孝为先"是也。何大乎守身？即"万恶淫为首"是也。奉养之事，爱敬之心，人神共鉴，天地所钦。苟且之行，暧昧之为，人神共愤，天地不容，尚慎旃哉。

凡人遇有横逆之来，必须顺受，切勿计较。孟子三箇必自反，斩了多少葛藤。颜子犯而不校，终成复圣。

凡人最不好自作聪明，不可与入尧舜之道。上之则为乡愿之自以为是，下之有杀身破家之患。孔子曰，"愚而好自用，贱而好自专"。生乎今之世，反古之道，如此者，灾及其身者也。

凡人生于世，都是在一个"忆"字、一个"悔"字中过日子。事先都犯"忆"字病，所以不能诚其意，凡为情欲所牵者，皆是"忆"的缘故。事后，无论何人何事，鲜有不悔者。然已晚矣。所以人在世上，要寡过，先从寡悔上做功夫，但寡悔当从寡尤始。

凡人必须从"敬"字上做一番功夫。能敬，不至于看人不起，而生骄纵心，作侮慢状。所以徒教人不骄不慢，尤是从末上说，要知"敬"字是根本。"敬"便是诚意初步。

凡人为官，必须清廉。杨震"四知"，人人知之，而不效之，依旧贿赂公行，苞苴不绝。必有玷官声，而为人所指摘矣。

凡人对于子孙，总以教为先，小学毕业，必令入中学，中学毕业，必令入大学，大学毕业，必令赴外国游学。最好有专门之学。

凡人切不可忘记家乡。谚云，"树高千丈，叶落归根"。吾见世之人，不论富贵贫贱，一出远门，往往留恋不返，发达而在他乡开族者少，流落而为贫贱者多，可惧孰甚！

附录二： 萧山来氏祖德传略

（据来裕恂著《哀思录》整理）

水自有源，树自有根，列祖之德，切不可忘。

来姓，商王胄裔，源远流长，萧山一脉，祖德泱泱。自平山公来廷绍起，至先生新夏一代，凡经二十六世，历八百年。

第一世： 平山公来廷绍

萧山来氏始祖名廷绍，字继先，号平山，别号思洛子。原籍河南开封府鄢陵县咸平乡淮安里，生于宋高宗绍兴庚午六月廿一日。光宗绍兴癸丑陈亮榜进士，历任朝散郎直龙图阁学士，后进阶宣奉大夫。

平山公于宋宁宗嘉泰壬戌出知绍兴府，道经萧山患病，寓祇园寺，卒，时壬戌十二月十五日，终年五十三岁。

第二世： 西麓公来师安

公名师安，字宁之，号西麓，平山公来廷绍长子。温而敦厚，和顺从容，与父一起上任绍兴。

途中，平山公病卧萧山，两月不起，卒于祇园寺。西麓公泣曰："故乡远在千里外，且为异族统辖，我如何越历关山，冒行险阻，以惊扰我先祖魂魄？"

遂立誓，待平定河内，恢复中原，定奋不顾私，返灵故土。但是，有宋一朝，何曾北定？

葬父于萧山湘湖方家坞，西麓公不敢远离，春秋祭扫，不曾间断。后来，入赘于夏孝乡（长河镇）李氏，自此定族萧山，享年八十三岁。

第三世： 长河公来大德

公名大德，字惟守，号长河。生宋理宗宝庆辛亥正月十七日。

大德平素明敏严饬，温良正亮，乐学不倦，却笑傲功名，优游里仁，倍享山林之乐。

大德内侄邱本高为作墓志铭，铭曰：

> 有斐君子，来君之桢。忠信温良，自幼而行。
> 诗书乐育，不倦推诚。材植远林，宝产遐壤。
> 无知无玩，自生自丧。骨月归土，用瘞斯原。

呜呼！斯土永栖君子之魂。

第四世： 江邨公来贤

公名贤，字子孝，号江邨，生宋理宗宝佑甲寅四月初十日。

来贤性格沉静雅饬，言行不苟，乐与文雅名儒交游。他认为，仕路艰难，以科举登庙堂，往往不得至大官，而朝廷寻疵摘瑕，小有过慢，动辄刑僇相加，最后，仅求苟活于市井阡陌，亦不可得，故绝意仕途，潜隐山林。

公于冠山脚下筑一书舍，置典其中，园不盈亩，栽植多品花木，怡然自得，翩然世外，因号"江邨逸叟"。

第五世： 恬斋公来尚宾

公名尚宾，字克静，号恬斋，生于元成宗元正乙未三月初三日。

尚宾自幼端慧，记忆惊人，每每读书，三五成诵。及成年，英迈豪宕，不拘俗儒，务以圣贤为师，能文章，工诗赋，发人所未发之言。一时学者，多尊以为师。

委定二年，经浙江宣抚使吕公弼推荐，来尚宾任信州路儒学学正，宣教江右。

尚宾勤于书，敏于事，无心官场，任期未满一年，便向朝廷申请辞职。当道官员交相举荐，朝廷不但不准他辞去原职，反而升迁，欲加大用。

公去志确然，曰："我心非石，不可转也。"

在学政任上，有学生因家贫而不能维持学业，公慷慨周济，因此有贤良之称。据《萧山来氏族谱》记载，当公离任，"子弟依依恋恋，不啻如赤子之于慈母，不忍舍去"。

由信州返萧山，公只携带简陋行李，凡几千里山水，徒步而回，清廉至此。在官任上，锱铢无所取，至家乡，在冠山筑一草庐，晨夕耕读，清苦一生。

赐进士及第儒学教谕戴子静为来尚宾撰写墓志铭，铭曰：

> 积功砥行，蔚为儒宗。
> 振铎江右，大破愚蒙。
> 恬兮淡兮，进退从容。
> 浩然归来，云净天空。
> 山高水长，先生之风。

第六世： 斌山公来韶

公名韶，字仲美，一字邦卫，号斌山。生元仁宗皇庆壬子六月初二日。

斌山公力学好古，尚义尊贤，视富贵若浮云，一生不赴省试。

公之贤，台省闻名。故有司以遗逸推荐，授福建盐课司提举，却被他严加拒绝，坚辞不任。

有人力劝，公并详细解释，志不在官场，又何必费此唇舌？托以兵乱，道路阻远，而不与俗儒纠缠。

《萧山来氏族谱》记载："公结庐于冠山之阳，日与樵夫野老相谈笑，取乐而已，志终不屈"。

元末，四方割据，战火遍布，凡元朝旧吏，或奔走宦途者，命多舛恶，此时世人方悟，"斌山公远见卓然"。

赐进士及第山东利津县县丞韩守正为撰墓志铭，其铭曰：

富贵浮云，斩冕轻尘。
弃官归隐，避地洁身。
结庐冠山，互为主宾。
乐水乐山，志士仁人。
我铭不诬，勒之贞珉。

第七世： 潭居公来思名

公名思名，字以实，一字叔顾，号潭居，生元顺帝至正乙丑闰七月廿七日。

潭居公知古今，达事变，自少至长，能砥砺其行，学而不辍。见士大夫有失德废义者，每每自警："士起寒微，以学行自名，至万千利欲，遂亡其正。""须知骄奢恶习，生于富贵之中"。

见志趣高洁、学有所长者，公则倾身下之，师法其长，从其所善。

敦信乐达，不事浮华。

朝廷奖励贤德，欲推荐为官，潭居公力辞，在龙潭西侧、冠山东麓选一上好宅地，索居泉林，桑榆以自乐，日夕课训子孙，未尝有离古道。

乡贡进士柳州府儒学训导李实为撰墓志铭，其铭曰：

允矣惟公，高明显融。不忒其仪，不迁其中。
蔚然美誉，长者之风。而子而孙，养正由蒙。
善见思齐，恶闻省躬。生无荣爵，五福攸同。
死无美谥，累世褒封。天赐而后，绵绵无穷。

第八世： 康顺公来励

公名励，字宗亮，号康顺，生明洪武丙辰五月廿七日。

来励淡然功名，诗书温礼，朗朗古风。于冠山之阳，垦田数顷，"日率僮仆辛苦，暇则笑傲烟云，随赋诗以自适。"

若有过客，把酒临风，曲水流觞，论文相和，"襟期遥寄在霄汉外"，名士相慕，每每拜临。

正统年间，岁逢饥馑，朝廷劝捐，公捐粟五百石，慷慨无吝。而后，又输粟兴入京，朝廷嘉奖，恩给冠带。公以隐士为乐，岂因纳粮而搏之功名？力辞不受。

"直气浩浩乎胸襟，清风漠漠乎寥廓"，公之为人，磊磊落落，一生最善作诗，有《蚓鸣集》若干卷。心系田园，"吟咏以适性情，动息以安耕凿，或卧石以眠云，或经丘而履壑。"公为隐者，魏晋风度，桃花源头，当有情怀萦绕。

第九世： 皞如公来皋

公名皋，字淳厚，号皞如，生洪武丁丑四月廿四日。

来皋尊贤尚义，孝友持家，有田数百亩，虽家丁众多，但必躬身耕作，寒霜暑雨，未尝旷一日之劳，课业子孙，上下多贤。

家境饶裕，感念升平，每与人言："吾为太平之氓，田足以耕，水足以渔，山足以樵，原足以牧，上奉父母，下抚妻子，无饥寒之乏，踣器之虞，虽终勤动，则乐有余矣。"

朝廷降诏，号召百姓纳粮捐物，公出粟米五百石，帮助赈恤。

后，病笃，卧床不起，在弥留之际，仍念捐输："吾今至此，命也。所憾者，劝分之粟未输。"叮嘱子孙，勿忘大德，言毕，夷然而逝。

朝廷立碑，旌表其德。乡人魏骥为撰墓志铭，铭曰：

孝友以尽其己，勤俭以持其家。

藏瑜匿谨，就实去华。
取乐田园，笑傲烟霞。
直道而行，正命而死。
大德之原，卜以托体。
福佑后人，子孙孙子。

第十世： 素菴公来实

公名实，字民朴，一字景诚，号素菴，生于永乐壬寅八月廿七日。

素菴公承嗣祖业，家境殷实，为广田产，在异乡增置产业，交由一名家丁打理。

但是，此丁性行低劣，本有妻室，略享富贵后，立即抛却糟糠，另赘一妇，霸占素菴公资产，不受管掣。

公大怒，遣人擒拿。家丁闻讯逃至杭州，投一状纸，诬告来实，官府查无实据，将诉状返还。

经此番戏弄，公更加愤怒，再次派人捉拿。

此丁被缚，自料必死，骂不绝口。公愤愤而欲惩戒，旁边有塾师献策："按律，无烧死之说，可以用火！"

遂命人准备一艘小船，里面装满薪油，鸣锣敲鼓，缚家丁至水边。他只是希望以此震慑，让其认罪伏法，并非动之杀念，故特意安排人松绑家丁。

熟料此丁，见公有意缓和，愈发张狂，满口污秽，毫无悔改。

无奈，只得命人点起火来。刹那，浓烟翻滚，烈焰腾腾。

家丁被推上船头，立刻吓破了胆，他以为真要被活活烧死，连爬带滚，不迭磕头："请饶一命！"

见目的已达，公掀髯而笑，欲就此罢手，忽有一人冲上前来，猛抢锄头，正砸在那家丁头顶，瞬间，浆血迸流。

此是素菴公表兄，平素与家丁暗相勾结，怕事情败露，竟起杀念。

猝不及救，公知事情已无可挽回，于是推尸入火，毁灭痕迹。素菴公平素慷慨好施，乡人承惠者众多，感念恩德，无人举报……

某日，萧山县尉行视江塘，归来晚暮，途经公宅。正有佣人在门前纳凉，遂命人上前求火。

佣人酒酣，不但不给，反而出言不逊。县尉积怒于胸，引为仇敌，搜剔往事以泄私愤。

很快，家丁之死被查出。公被缉拿，经年折磨。后来，事情真相终于查清，得脱牢狱，在回家途中，公路经杭州宝梵寺，于是在此休整。

晚饭，默默难下咽，回想几年牢狱之苦，颇多感慨，不禁悲从中来。忽然，他大啸一声，状似佯狂，声色凄烈，而神情刹那凝滞，竟愤愤而死。

坦荡阔达，却以非人罹祸。

第十一世： 省斋公来询

公名询，字访之，号省斋，生正统丁卯十二月二十日。南京吏部左侍郎东吴钱溥为题像赞，赞曰：

> 厥心臧，厥行善，厥身修，厥德衍。气充志高，道明才展。年未艾而命终，儒方试而学典。虽不获报于其躬，以子贵而光显。是铁中之铮铮，而为王臣之謇謇。

第十二世： 乐斋公来俨

公名俨，字时敬，号乐斋，生成化戊戌正月十七日。同邑御史何舜宾为撰像赞，赞曰：

> 身能修，行也。学知好，性也。年不永，天也。名不显，命也。子克家，可庆也。德为尊，宜敬也。人杰由地灵，和声以鸣盛也。

第十三世： 近桥公来复祉

公名复祉，号近桥，生正德壬申十一月十六日。会稽陶望龄为题像赞，赞曰：

  佼佼庸中，磊磊落落。博古通今，怀韬具略。友爱笃夫弟昆，宽敦化及鄙薄。教子以义方，读书有述作。诚哉千人之诺诺，不如一士之谔谔。

第十四世： 新宇公来嘉绩

公讳嘉绩，字新宇；好读书，严义利之辨；性耿介，不阿权贵之门。

有一事可证新宇公气节。公有亲属位列相国，曾受业于来氏，与公兄弟相论。此相从台省归来，亲赴公宅拜见，公却杜门谢客，以示绝不攀附。

值乡试，此相欲推荐公之次子有勋入闱，公仍不允。家法严峻，于此可窥。

家境贫苦，教书糊口，除辛苦所得外，一芥不以苟取。

某日，公之子有勋接到一份厚礼，是因其帮助过别人，受惠者因恩而赠。他反复推脱，见对方盛意，真诚可感，勉强接受。

熟料，新宇公以为此是不义之财，大发雷霆，责怪有勋妄取，盛怒之下，竟动起手来，他抽起挑担上的横木，顺手砸下，正落在有勋头顶。当即扑倒，气绝身亡。

公错杀爱子，德义昭昭，可感可憾！

第十五世： 见吾公来有勋、振吾公来有劝

有勋，字见吾，生万历癸酉，因新宇公错手而亡。

此事，论痛至骨髓者，莫若有勋妻子戴氏，午夜梦回，仍泣涕不止，但晨起时候，却能收敛悲伤，以免引起公婆伤感。

戴氏矢志，妇代夫职。对待新宇公，尽尊尽孝，及公婆去世，哀毁尽礼。

戴氏膝下无子，半生勤勉，耕织为业，积累资财若干，购买民田一块，充作新宇公墓地，附以有勋之墓。

汤金钊为新宇公、见吾公、戴孺人题像赞，赞曰：

天地有正气，得之为坤乾，惟新宇公，刚方严正，不倚不偏，赠绝知交，荣郐荐贤。子友物馈，子命身捐。哀哉见吾茂才，痛隔黄泉。贤哉子妇，抱恨终天。恐伤翁心，暗地泫然。起敬起孝，侍奉翁前。纺织为生，舅姑丧阡。积铢累存，年复一年。为置祀产，烝尝绵延。国典旌表，绰楔华鲜。缅孺人之不朽，应史传之纂编。

新宇公有三子，有勋为长，膝下无子，但戴孺人不肯立继，有勋公后嗣无人。新宇公第三子振吾公决定，自己膝下子孙，亦为见吾公子孙，每逢祀事，尽致孝礼。

所以，先生新夏一脉，既是见吾公苗裔，亦为振吾公后代。

振吾公名有勋，字振吾，生于万历丁丑七月初四日，卒于崇祯辛巳五月三十日，年六十五，葬曹林坞。

第十六世： 咸宁公来建侯

公名建侯，字咸宁，生万历乙卯三月廿七日，邑庠生，卒清康熙丙午六月廿七日，年五十三，葬徐家坞。

来觐为咸宁公题像赞，赞曰：

明制秀才之额少，县无几人，如吾萧者，应考之童，可三千人，得一矜，难矣。公当明清之交，实为明代诸生，虽曰诸生，已难能而可贵矣。

第十七世： 而禄公来慎馀

公名慎馀，字而禄，生清顺治丙申十一月十三日，卒康熙辛卯四月初四日，葬湘湖金家坞。

第十八世： 允方公来绂

公名绂，字允方，生康熙辛未四月廿三日，邑庠生，卒乾隆丁丑七月初五日。

公幼即颖悟好学，孝于亲，友于弟兄，十七岁初试科第，位列第一。后赴院试，突患恶疾，不能参考。又过十八年，就读于州县学官，位列高等，乡闱屡荐，未能得中。

家境维艰，而禄公迫于无奈令允方公放弃举业。允方公归家后，以教书为务，维持生计。父母起居，照料有常。及二老弃养，公独任丧葬，馆谷余资，仍分给兄弟，操持内外，以德字为先。

公之学，渊博深厚，文章笔意，颇类归有光，科举未能高中，此命由天。允方公学生汤滏记载一事，令人喟叹。

相传，在雍正年间的某场科考，允方公应试，首场顺利，次场交卷的时候，天色突然大变，狂风骤雨。

考生们怕试卷被淋湿，争先狂奔，现场一度拥堵。公手持试卷，被裹挟其中。结果，试卷被挤碎，加之大雨滂沱，卷面湿透，无法拼凑。

更为惋惜的是，头场成绩已经评定，公被拟为魁首。当日，主司执卷，惋惜良久……

第十九世： 晨崖公来学谦

公名学谦，字有光，号晨崖，生康熙甲午十月初八日，邑庠生。乾隆丁卯举人，义乌县教谕。

公幼承家学，不随俗流。为文章，不尚浮词，清刚遒劲，颇有古风。

于乾隆丁卯年中举。朝廷遴选，拟任知县，公投书请辞，希望得一教职，以宣化一方。于是，改任义乌教谕。

义乌任内，笃敬为公，勤苦有加。县有大事，县令欲所举措，都是先去咨询晨崖公，然后再颁布施行。

任期将满，乞辞，全县庠生挽留，于是又任一年。终因年老疾深，实在无法坚持，遂回乡归隐。

一生节俭，当年赴京考试，挟书箧，载破被，推一独轮车，或骑毛驴，往返四千里。涉水渡河，膝盖以下的水深，不选择坐船，挽起裤脚，肩挑行李，步步摸索，不避激流，不躲涡旋。

居家之日，犹勤勉不惰，挑水灌园，锄草拾禾，与佣保杂作，其一生劳苦，薄于自奉，这是天性，亦为家风。

第二十世： 在文公来觐

公名觐，字在文，生乾隆戊辰六月廿七日，太学生。卒嘉庆丁丑六月初三日，年七十，葬包家湾山。

第二十一世： 钝斋公来嗣曾

公名嗣曾，字思鲁，号钝斋，生乾隆甲辰九月十六日。

钝斋公素行纯谨，积学颇深，邑郡试曾列高等。而厄于时命，未能再申其志。

第二十二世： 蓬山公来鳌

公名鳌，字蓬山，生嘉庆己巳八月廿八日，太学生，候选仓库大使，钦加六品衔，精于古礼，著有《中庸礼考》。

其表弟朱风标，官位显赫，权当相国，他深知蓬山公才能，多次致书，欲招揽入幕，都被严加拒绝。

终此一生，未尝请托朱相一事，志节彪炳，由此可证。及殁世，朱风标亲为蓬山公题像赞，曰：

登诗礼之堂，而宁静淡泊，即可观其志气。入孝友之第，而谦让爱敬，即可知其后之显贵。维我表兄，与世泯争，对天知畏，淡于利名，深沉果毅，勇于问学，琳琅炳蔚，博览群书，短檠知味，一樽独酌，长歌自慰，足不涉乎仕官之途，貌有似乎山野之类。外若落拓，中有经纬，异居薰莸，显分泾渭。其才识足照鉴千秋，其度量能含容万类，其品之高，如凌霄之松柏，其德之盛，如甘棠之蔽带。固鲰生所心钦，亦士林所感喟。

第二十三世： 肖山公来镇、宝鉴公来镜

肖山公名镇，字肖山，生道光壬辰九月初一日，太学生。

宝鉴公名镜，字宝鉴，生道光乙亥十二月初七日寅时。生而遇穷，未成年而母殁，饮食艰难，无奈辍学经商，在义桥做学徒。

金田起事，在江南，儒生、学士以捍卫正统为己任，组织民团、乡勇与之周旋。

咸丰辛酉晚秋时候，太平军入萧山，绅商士庶倡办民团，宝鉴公即为其中一员。

一日，一股太平军进攻义桥，已经兵至市外村庄，沿河官路而下，迫在眉睫。

宝鉴公与乡勇遥见太平军逡巡在河对岸不远处，人数不多，乃率众奋力杀出。兵刃相接，对方不敌，狼狈而去。公穷追不舍，不料其大队在后，瞬间蜂拥而来。

寡不敌众，全军覆没，宝鉴公殉身于此，年方二十三岁。

太平天国战败以后，朝廷抚恤宝鉴公以"云骑尉"。

其战死之日，肖山公人在湖南，闻噩耗，昏天暗地，痛失手足，乃以自己第三子裕恂承嗣于宝鉴公。

蔡元培为宝鉴公题之像赞，曰：

觥觥来公，生本寻常。幼年丧母，未冠学商。
及国难起，奔走仓皇。空拳赤手，螳臂车当。
知方有勇，以卫梓桑。率队河干，瞋目遥望。
敌来河浒，先弱后强。乘胜追击，血洒身亡。
邦人君子，尽为心伤。大难削平，国典褒扬。
皇言赫赫，以慰国殇。忠魂有依，美德益彰。
懿维我公，功在地方。不朽有三，宜享烝尝。
时未成室，嗣以侄郎。令德垂裕，厥后克昌。
哲嗣蜚声，宰我故乡。能体先志，廉洁方刚。
越民感戴，至今不忘。皆由遗泽，作善降祥。
余以公义，奉为表坊。余以公勇，视若元良。
公之殉节，国已表彰。阖邑钦仰，天府瑶光。
敬赞一辞，万古馨香。

第二十四世： 雨生公来裕恂

雨生公名裕恂，字雨生，号匏园。生于同治癸丑四月十一，卒于1962年7月。

第二十五世： 仲威公来大雄

仲威公名大雄，字仲威，生于1902年，卒于1996年2月14日。

第二十六世： 弢盦公来新夏

先生名新夏，字弢盦，生于1923年农历六月初八日，卒于2014年3月31日。

附录三： 来新夏先生著述简表

（据孙伟良编《来新夏著述经眼录》整理　截至 2024 年 5 月）

序号	书　名	出 版 社	著作形式	出版时间
1	《美帝侵略台湾简纪》	天津历史教学月刊社	独立编著	1951
2	《第二次鸦片战争》	通俗读物出版社	独立编著	1956
3	《北洋军阀史略》	湖北人民出版社	独立编著	1957
4	《第一次国内革命战争史论集》	湖北人民出版社	来新夏、魏宏运合编	1957
5	《美国是武装干涉苏俄的积极组织者与参与者》	生活·读书·新知三联书店	【苏】别辽兹金著，来新夏、魏宏运、吴琼译	1958
6	《中国农民起义论集》	生活·读书·新知三联书店	李光璧、钱君晔、来新夏合编	1958
7	《火烧望海楼》	百花文艺出版社	来新夏、张文轩编剧	1960
8	《中國軍閥の興亡》	日本桃源社	来新夏编著，岩崎富久男译	1969
9	《古典目录学浅说》	中华书局	独著	1981
10	《林则徐年谱》	上海人民出版社	独立编著	1981
11	《阅世编》	上海古籍出版社	清·叶梦珠撰，来新夏点校	1981
12	《近三百年人物年谱知见录》	上海人民出版社	独著	1983
13	《方志学概论》	福建人民出版社	主编	1983
14	《中国近代史述丛》	齐鲁书社	独著	1983
15	《北洋军阀史稿》	湖北人民出版社	主编	1983
16	《结网录》	南开大学出版社	独著	1984
17	《鸦片战争史论文专集续编》	人民出版社	来新夏、焦静宜编，署名为"宁靖"编	1984
18	《林则徐年谱》（增订本）	上海人民出版社	独立编著	1985

（续表）

序号	书　名	出版社	著作形式	出版时间
19	《闽小纪、闽杂记》	福建人民出版社	《闽小纪》，明·周亮工撰；《闽杂记》，清·施鸿保撰。来新夏点校	1985
20	《社会科学文献检索与利用》	南开大学出版社	来新夏、惠世荣、王荣授编著	1986
21	《清嘉录》	上海古籍出版社	清·顾禄撰，来新夏点校	1986
22	《天津风土丛书》	天津古籍出版社	主编	1986
23	《天津近代史》	南开大学出版社	主编	1987
24	《谈史说戏》	北京出版社	来新夏、姜纬堂、马铁汉、李凤祥、商传等合著	1987
25	《中国古代图书事业史概要》	天津古籍出版社	独著	1987
26	《中国地方志综览》	黄山书社	主编	1988
27	《中国近代史资料丛刊·北洋军阀》	上海人民出版社	主编	1988—1993
28	《中國軍閥の興亡》	日本光风社	来新夏编著，岩崎富久男译	1989
29	《中国古代图书事业史》	上海人民出版社	来新夏等合著	1990
30	《史记选》	中华书局	主编	1990
31	《外国教材中心工作研究》	南开大学出版社	主编	1990
32	《古典目录学》	中华书局	独著	1991
33	《中国的年谱与家谱》	山东教育出版社	来新夏、徐建华合著	1991
34	《薪传篇》	中国青年出版社	独著	1991
35	《明耻篇》	中国青年出版社	独著	1991
36	《图书馆学　情报学　档案学简明辞典》	南开大学出版社	主编	1991
37	《萧山县志稿》	天津古籍出版社	来裕恂著，来新夏点校	1991
38	《河北地方志提要》	天津大学出版社	主编	1992
39	《志域探步》	南开大学出版社	独著	1993
40	《薪传篇》	台湾书泉出版社	独著	1993
41	《中国的年谱与家谱》	台湾商务印书馆	来新夏、徐建华合著	1994
42	《古籍整理散论》	书目文献出版社	独著	1994
43	《中国地方志》	台湾商务印书馆	独著	1995
44	《中华幼学文库》第一辑	南开大学出版社	主编	1995

（续表）

序号	书　名	出版社	著作形式	出版时间
45	《中日地方史志比较研究》	南开大学出版社	来新夏、齐藤博主编	1996
46	《冷眼热心——来新夏随笔》	东方出版中心	独著	1997
47	《林则徐年谱新编》	南开大学出版社	独立编著	1997
48	《路与书》	中国青年出版社	独著	1997
49	《中国的年谱与家谱》	商务印书馆	来新夏、徐建华合著	1997
50	《清代目录提要》	齐鲁书社	主编	1997
51	《古典目录学研究》	天津古籍出版社	来新夏、徐建华主编	1997
52	《依然集》	山西古籍出版社、山西教育出版社联合出版	独著	1998
53	《枫林唱晚》	南开大学出版社	独著	1998
54	《史记选注》	齐鲁书社	来新夏、王连升主编	1998
55	《一扫蛮烟 清气长留》	中华书局	来新夏讲解	1998
56	《邃谷谈往》	百花文艺出版社	独著	1999
57	《来——南迁萧山的来姓》	新蕾出版社	来新夏、来丽英合著	1999
58	《一苇争流》	广西人民出版社	独著	1999
59	《天津通志·旧志点校》	南开大学出版社	来新夏、郭凤岐主编	1999—2001
60	《来新夏书话》	台湾学生书局	独著	2000
61	《中国近代图书事业史》	上海人民出版社	来新夏等合著	2000
62	《北洋军阀史》	南开大学出版社	来新夏等合著	2000
63	《千年不灭的荣光》	台湾文字复兴有限公司	独著	2001
64	《天津大辞典》	天津社会科学院出版社	来新夏、郭凤岐主编	2001
65	《历代文选·清文》	河北教育出版社	来新夏、江晓敏选注	2001
66	《且去填词》	天津古籍出版社	独著	2002
67	《来》	陕西人民出版社	来新夏、来丽英合著	2002
68	《邃谷文录》	南开大学出版社	独著	2002
69	《出枥集》	新世界出版社	独著	2002
70	《三学集》	中华书局	独著	2002
71	《名人文化游记》（国内卷）	新世界出版社	来新夏、韩小蕙主编	2002
72	《名人文化游记》（国外卷）	新世界出版社	来新夏、韩小蕙主编	2002
73	《林则徐全集》	海峡文艺出版社	来新夏、陈胜燊、杨国贞、萧致治主编	2002

（续表）

序号	书名	出版社	著作形式	出版时间
74	《古典目录学浅说》	中华书局	独著	2003
75	《古籍整理讲义》	鹭江出版社	独著	2003
76	《学不厌集》	海峡文艺出版社	独著	2004
77	《只眼看人》	东方出版社	独著	2004
78	《老资料书》	天津人民美术出版社	主编	2004、2005
79	《天津建卫六百周年丛书》	天津古籍出版社	主编	2004
80	《清人笔记随录》	中华书局	独著	2005
81	《邃谷书缘》	河北教育出版社	独著	2005
82	《书文化的传承》(插图本)	山西古籍出版社	独著	2006
83	《皓首学术随笔·来新夏卷》	中华书局	独著	2006
84	《清代科举人物家传资料汇编》	学苑出版社	主编	2006
85	《谈史说戏》	山东画报出版社	来新夏、马铁汉主编	2007
86	《邃谷师友》	上海远东出版社	独著	2007
87	《阅世编》	中华书局	清·叶梦珠撰，来新夏点校	2007
88	《80后》	北方文艺出版社	独著	2008
89	《清嘉录》	中华书局	清·顾禄撰，来新夏点校	2008
90	《十里长街读坎墩》	杭州出版社	主编	2008
91	《天津历史与文化》	天津人民出版社	主编	2008
92	《来新夏说北洋》	上海科学技术文献出版社	来新夏、焦静宜合著	2009
93	《中国图书事业史》	上海人民出版社	来新夏等著	2009
94	《访景寻情》	岳麓书社	独著	2009
95	《书前书后》	山西出版社集团·三晋出版社	独著	2009
96	《中国古典目录学》	韩国京畿道坡州市韩国学术情报	来新夏著，朴贞淑译	2009
97	《史记选》	中华书局	主编	2009
98	《交融集》	岳麓书社	独著	2010
99	《中国的年谱与家谱》	中国国际广播出版社	来新夏、徐建华合著	2010
100	《来新夏谈书》	南开大学出版社	独著	2010
101	《谈史说戏》	山东画报出版社	来新夏、马铁汉主编	2010

（续表）

序号	书名	出版社	著作形式	出版时间
102	《近三百年人物年谱知见录》（增订本）	中华书局	来新夏等著	2010
103	《依然集》	山西出版集团·三晋出版社	独著	2010
104	《中国地方志历史文献专辑·灾异志》	学苑出版社	主编	2010
105	《清代经世文全编》	学苑出版社	主编	2010
106	《砚边余墨》	内蒙古教育出版社	独著	2011
107	《来新夏说北洋》	上海科学技术文献出版社	来新夏、焦静宜合著	2011
108	《书目答问汇补》	中华书局	来新夏、韦力、李国庆汇补	2011
109	《北洋军阀史》	中国出版集团东方出版中心	来新夏等著	2011
110	《林则徐年谱长编》	上海交通大学出版社	独立编著	2011
111	《中国地方志历史文献专辑·金石志》	学苑出版社	来新夏、赵波主编	2011
112	《书文化九讲》	山西出版传媒集团·三晋出版社	独著	2012
113	《不辍集》	商务印书馆	独著	2012
114	《来新夏随笔选》	朴庐书社	来新夏著（赵胥选编）	2012
115	《中国地方志文献·学校考》	学苑出版社	来新夏、黄燕生主编	2012
116	《中国古代图书事业史》	国家图书馆出版社	来新夏等著	2013
117	《古典目录学》（修订本）	中华书局	独著	2013
118	《书之传承》	天津教育出版社	独著	2013
119	《立身之本》	天津教育出版社	独著	2013
120	《邃谷序评》	上海辞书出版社	独著	2013
121	《天津历史与文化》	天津大学出版社	主编	2013
122	《旅津八十年》	南开大学出版社	独著	2014
123	《目录学读本》	上海交通大学出版社	来新夏、柯平主编	2014
124	《古典目录学浅说》	北京出版社	来新夏著	2014
125	《萧山丛书》第一辑	学苑出版社	来新夏、沈迪云主编	2014
126	《书卷多情似故人》	上海人民出版社	独著	2015
127	《说掌故 论世情》	上海人民出版社	独著	2015
128	《问学 访谈录》	上海人民出版社	独著	2015

（续表）

序号	书名	出版社	著作形式	出版时间
129	《邃谷四说》	广东人民出版社	独著	2015
130	《评功过》	商务印书馆	独著	2016
131	《辨是非》	商务印书馆	独著	2016
132	《述见闻》	商务印书馆	独著	2016
133	《北洋军阀史》	中国出版集团东方出版中心	来新夏等著	2016
134	《谈史说戏》	山东画报出版社	来新夏、马铁汉主编	2016
135	《古典目录学浅说》	北京出版社	独著	2016
136	《清代经世文选编》	黄山书社	主编	2019
137	《来新夏文集》	南开大学出版社	焦静宜等编	2019
138	《来新夏先生在南开》	南开大学出版社	柯平、张兰普、郝瑞芳、焦静宜编	2019
139	《来新夏先生书信集》	浙江古籍出版社	来新夏著，王振良编	2023
140	《来新夏文集》	广东人民出版社	来新夏著	2023